YANKE MOKE DE LILUN YU SHIJIAN

研课磨课的理论与实践

郭文革　著

河南大学出版社
·郑州·

图书在版编目(CIP)数据

研课磨课的理论与实践/郭文革著. —郑州:河南大学出版社,2018.5
ISBN 978-7-5649-3343-2

Ⅰ.①研…　Ⅱ.①郭…　Ⅲ.①中小学—教学研究—师资培训—教材　Ⅳ.①G632.0

中国版本图书馆 CIP 数据核字(2018)第 118729 号

责任编辑　韩　璐
责任校对　林方丽
装帧设计　陈盛杰

出版发行　河南大学出版社
地址:郑州市郑东新区商务外环中华大厦 2401 号
邮编:450046
电话:0371-86059750(高等教育与职业教育出版分社)
0371-86059701(营销部)
网址:www.hupress.com
排　　版　郑州市今日文教印制有限公司
印　　刷　开封智圣印务有限公司
版　　次　2018 年 9 月第 1 版
印　　次　2018 年 9 月第 1 次印刷
开　　本　787mm×1092mm　1/16
印　　张　12.5
字　　数　296 千字
定　　价　35.00 元

序

郝志军[①]

文革同志2012年至2013年在我院做访问学者，作为他的指导老师，听到最多的就是他和他的培训团队开展“三磨研修”（磨课、磨题、磨文章）的实践探索和动人故事。他从教三十余年来，从教高中数学课到担任进修学校教师培训教育理论课程，从探索培训课堂教学方法到创新县域教师培训模式，一路走来，立足本职岗位，边实践、边学习、边总结。访学结束他形成了3.5万字的《创新义务教育阶段县域教师培训模式研究》结业论文，并荣获河南省教育科学优秀成果一等奖。本书所呈现的内容，是他多年对中小学教师培训教学实践探索和理论思考的结晶，是他们教师培训团队探索历程与成长轨迹的真实记录。

深化课程与教学改革是落实立德树人根本任务的基本途径，建立新型教学关系，转变教与学的方式，成为教学改革的重心，而研课、磨课直接影响教学关系和教学方式的改进，是提升课堂教学质量的关键环节，必须着力抓紧、抓好、抓实。目前，教学改革已不是一个认识问题，而是一个实践问题，是需要教育行政部门、培训教研机构、学校和教师共同形成合力，扎扎实实付诸实际行动的问题。要因地制宜，大胆改革，勇于实践，提炼实践经验，提供示范样板。2016年1月发布的《教育部办公厅关于印发乡村教师培训指南的通知》进一步明确了研课磨课的地位和作用，研课磨课活动如雨后春笋在我国中小学校广泛展开。从听课评课到研课磨课，成为我国中小学校教师研修活动本土化探索的“升级改版”。本书以辩证唯物论知行统一的哲学观为指导，借鉴西方学习理论，吸取我国本土积累的教师研修理念和策略，对国内外有关研课磨课的理论成果进行梳理，提炼出了大量研课磨课方面的案例。特别是作者结合自己的判断，按照研课磨课活动组织的主体不同，把中小学在职教师开展研课磨课活动分为公开课研课磨课、校本研课磨课、教师中心研课磨课和项目运作研课磨课四种形式，并分章逐一论述。本书既是我国中小学教师研修带有草根性的实践经验总结，又

---

① 郝志军，现任中国教育科学研究院课程教学研究所所长，研究员、博士生导师。兼任国家教材委专家委员会委员、中国教育学会教育实验研究分会理事长、中国教育学会教学论专业委员会常务理事。

有积极的理论探索，对广大中小学合乎规范而有效地开展研课磨课，不断提高教学质量具有积极的示范和借鉴价值。具体说来，本书有以下几个显著特点。

（1）将学理和政策有机融入实践。研课磨课是教师研究课堂教学事实、总结课堂教学经验教训、探寻课堂教学规律的行动过程，本书坚持以“实践、认识、再实践、再认识”的哲学认识论为指导，同时借鉴西方学习理论、国外课例研究等成果，以及我国近年来教师研修本土实践理念和策略，有机地结合在研课磨课理论和运用到研课磨课实践之中，使一线教师、学校校长、教研组组长和培训团队成员阅读本书有关内容后，在研课磨课实践中不但知道每一环节应该怎么做，还清楚为什么这样做，既知其然，还知其所以然，从而提高了研课磨课参与者的理论自觉性。本书梳理了我国近年来国家出台教师培训的有关政策，并重点对转变培训模式、改进培训内容做出政策分析，对我国新课程改革理念落地常态课堂的路径进行实践综述和理性分析，增强了研课磨课的政策导向。

（2）实用性、针对性强。研课磨课是中小学教师近年来逐渐参与的一种新型研修形式。本书对其实施过程和操作要求不是笼统地进行叙述，而是在开篇前两章概述其内涵、意义和理论依据后，以组织者主体的不同把研课磨课分为四种形式，从第三到第六章单独分开论述，条理脉络清晰，指导不同群体参与、实施和操作研课磨课活动的针对性强。一线教师可以从中学到研课磨课的实施流程和操作技能技巧；学校校长、教研组组长可以从中找到组织校本研课磨课的组织策略和实施方式方法；培训团队成员可以把研课磨课作为教师培训的一种综合性实践课程，从中找到如何开发、如何设计、如何实施，等等。

（3）丰富的研课磨课案例样本。本书在各章节呈现了大量丰富鲜活、资料翔实、可操作、效果好的研课磨课案例，以及从中提炼出的教师研修策略和教师专业成长规律，从而架起了研修理论通向研修实践的桥梁，使研课磨课不只是书本理论和政策文件，而是帮助教师将理论学习运用到、政策要求落实到日常研修实践中。这些案例有的来源于作者亲自主持组织或指导参与的研课磨课实践，有的来源于相关书籍或报刊，一线教师、学校校长、教研组组长和培训团队成员可以结合自己的需求进行翻阅，找到拿来便用的例子，找到产生共振的策略和理念，同时在活学活用中进行实践变式和模式创新。

另外，本书记录了作者立足教师培训工作实际，探索教师培训模式的心路历程。从中我们还可以体验到一个基层教师培训工作者以帮助农村教师成长为己任的一种情怀，分享到他和他的教师培训团队团结合作、勇于创新的追求精神。

2018 年 5 月

目　　录

第一章 研课磨课概述

第一节 什么是研课磨课

一、研课磨课的字义诠释

(一) 课堂的含义

在我国古代,“课”和“堂”是两个独立的词语。“课”的最初含义是“试验、考核”的意思。说文解字中释义:“课,试也。从言,果声。第也,税也,皆课试引申之义。”到了南北朝时期,才在“课”的最初含义的基础上,生发出“按规定内容和分量教授、讲习、作业”的含义。到了近代,“课”逐步成为班级授课制的重要概念。王策三先生认为:“把教学内容和实现这种内容的教学手段、学习方法展开的教学活动,按学科和学年分成许多小的部分,分量不大,大致平衡,彼此连续而又相对完整,这一部分内容和教学活动,就叫作‘一课’。”同时,由于教学中经常一课接着一课进行,并且把每一课规定在统一且固定的单位时间里进行,有时,人们也把“课”作为教学中相对稳定的时间跨度单位,如“一节课”“两节课”等。“堂”的最初含义是“殿堂”,它高于一般房屋,用于祭献神灵、祈求丰年等。后来,“堂”泛指房屋的正厅,特别是指比较正式或尊贵的房间;再后来则进一步引申为“朝堂”“佛堂”“厅堂”“堂屋”等。

“课堂”一词是伴随着近代班级授课制这一教学组织形式的出现而产生的。在英文中“classroom”一词的意思是将课堂、教室合在一处,泛指专门进行教学活动的时空场所,也包括教师和学生。汉语中把“课”和“堂”两个字连缀成词,将“师道尊严”“教师传道授业解惑”等观念包容其中,显示出课堂的神圣,因为,“堂”历来就是一个比较正规严肃的地方。而英文中的 classroom 与汉语课堂相比,似乎更“大众”一些。

什么是课堂?王鉴在《课堂研究引论》[①]中认为,课堂的含义包括三个递进的层次,一是把课堂理解为学校教学活动发生的场所,二是把课堂理解为课程与教学活动的综合体,三是把课堂理解为课程与教学研究的一个自然实验室。本书把研课磨课课堂的含义理解

---

① 本文刊于《教育研究》2003 年第六期。

为第三个层次。

（二）研磨的字义

按照《现代汉语词典》解释，“研”本义是细磨与深入地探求。《正字通》有言：“磨，旋转碎物成屑也。”“磨”是磨去杂物废屑，从而获得实质，《现代汉语词典》解释为“用磨料磨物体使光滑、锋利或达到其他目的”。“磨”引申义为研讨、观摩。而“研磨”本意是一种将固体物质化为较小颗粒的单元操作，细磨使粉碎或光滑，引申义为研究、琢磨。

（三）研课磨课的含义

经过对“课堂”“研磨”词义的追根刨底，我们不难发现研课磨课的喻义。为提高课堂教学质量所进行的研讨活动用“研课磨课”这个词来概括，实在是太形象、太准确了。有一句励志名言叫“宝剑锋从磨砺出”。磨剑所用的磨料是磨石，被磨的物体是剑，在一定的地点，人操作着剑循环往复地在磨料上摩擦使其锋利。由此看出磨剑的三要素是磨料、剑和人。在这三要素中人是核心要素，不同的剑所选的磨料也不同，因为砂石磨料、油石磨料适应不同的剑具。剑磨的是否锋利取决磨剑师的技艺和力度。磨课与磨剑相类似，也需要磨料、课程材料与人，它们是磨课的三要素。磨课的磨料与剑的磨料不同，它不是具体的物质，而是教育理念、教学理论、学习理论、学科思想与方法，是学习者的认知规律，这些磨料与课程相磨是一种融合与创新，由教师操作，反复磋商。教师是教育思想、课程内容、教学设计的建构者与实践者，是最活跃最积极的因素。剑是实物，而“课”是用语言表达的一种成果，是课程内容，包括课标、教材、教法、素材等。“磨”是实践操作，方法优选。可见，研课磨课就是对课标的定位，是对教材的解构与重组，是对教学思想与方法的反思，是对教学资源的开发与整合。

二、与研课磨课相对应的课例研究

（一）国外的课例研究

国外同行大多没听说过研课磨课这个词，研课磨课相当于国际上的课例研究。所谓课例研究（Lesson Study），是指教师系统地合作研究课堂中的教与学行为，从而改善教师的教学经验和学生的学习经验的综合过程。课例研究是一种教师联合起来计划、观察、分析和提炼真实课堂教学的过程。

当今，日、美教师也在通过课例研究开展校本教研活动。在日本，这种活动被称为“授业研究”（jugyokenkyn），被美国教师移用后，又译为“课例研究”。课例研究源自日本，被绝大多数日本小学校采用。课例研究是从日文术语 jugyokenkyn 直译而来。Jugyokenkyn 由两部分组成：一个是 jugyo，意思是课；另一个是 kenkyn，意思是研究。因而，从字面意思看，课例研究就是研究、考察教学实践。日本名古屋大学的研究团体把课例研究理解为教师对课堂行为与活动的合作研究，其理念是通过这种研究创造各种机会和有效的方法来改变、丰富及改善学校学习环境。在美国，课例研究的主要倡导者莱维斯（C. Lewis)则认为课例研究是教师专业发展方式，是改进教学的策略。

日本基础教育阶段的课例研究早在 20 世纪 90 年代就已扎扎实实地开展，美国加利福尼亚大学米尔斯学院的刘易斯、迪格勒、黑巴特等人从 20 世纪 90 年代初开始对日本的课例研究进行研究与总结，认为日本的课例研究是日本教师专业发展的核心方式。随后，日本广泛开展了课例研究。许多日本教育工作者把教学实践成功转型归功于参与课例研究。作为改进教学的基础，课例研究被用于检验和更好地理解新的教学手段、教学内容和教学体系。课例研究使教学手段更具有可操作性，使教师深入地理解教学内容和学生的思考方式，由此，课例研究使理论和实践紧密结合起来。美国以及世界其他国家和地区，课例研究主要是指小型的、基于学校的合作式教学。然而，日本的课例研究表现为不同尺度，包括学校层面的，更大尺度的，乃至国家层面的。对日本和美国课例研究进行比较可以发现，日本重视长远、宏观的目标，把教学作为重点，课堂上注重对学生的观察，研究手段以现场观察为主。教师参与大尺度和国家层面的课例研究时，需要长距离旅行，就某一主题召开数百人参加的会议。对于中尺度和学区尺度的课例研修，教师在学区培训日聚在一起，可以选择参加不同年级、不同学科和不同主题的课例。学区和学校层面的课例研究仅限于一个特定的社区，这种研究有助于教师的专业成长。

目前，西方学术界正在全面推广日本的课例研究，目的是提高课堂教学的效率，把它作为一种教师校本培训的基本途径，从而致力于教师专业发展。尽管教师职业发展对课例研究的兴趣日益浓厚，但对于日本以外的国家而言，课例研究仍显得陌生，许多学校和教师对课例研究的认识处于入门阶段。况且，在课例研究氛围形成过程中，对如何有效地发挥研究在教师学习中的作用，尚未形成共识。

（二）我国课例研究的本土化实践

上海市教育科学研究院副院长、华东师范大学教授顾泠沅在借鉴香港大学徐碧美教授伙伴互助、个案研究的基础上，强调了专业引领和教育叙事研究方法的运用，经过与青浦区教师进修学院长达一年的合作研究，于 2002 年创造性地探索出以学科课例为载体的专业引领下的教育行动模式。从 2003 年开始，顾教授领衔的教师培训以区域推进的方式在 9 个区进行推广，通过培训培养了一批骨干教师，使各个区县的教师进修学院、教研室拥有了一批研究人员，并与高校、市教科院等研究机构的专家形成了一个网络。同时，教育部基础教育司在全国各省市自治区教研室主任国家级培训中率先推广，至此，以课例研究为载体引领专业成长的模式日臻完善。随后，教育部“国培计划”设立了网络研修与校本研修相融合项目，不少中小学在校本研修中尝试实践，课例研究得以较大面积推广。

近年来，我国以课程改革和课堂转型为抓手，在借鉴中创造，在发展中创新，进行了一系列以课例研究为方式优化课堂教学的实践和探索，总结起来有如下特色。一是在课例研究的取向上，明确指向课堂教学的改进。二是在课例研究的选题上，直接针对课堂教学瓶颈。三是在课例研究的执行上，积极促进研训一体的融合。四是在课例研究的指导上，注重起步阶段的专业引领。随着新课程改革的不断深入，对教师专业发展提出了越来越高的要求，以课例为载体的校本研修制度在理论和实践层面受到越来越多的关注。究其原因，课例是教师课堂教学活动实实在在的反映，以课例为研究对象开展课例研究，是教师从事实践研究的重要方式，能极大地促进教师的专业发展。但是，我们应该意识到，目前我国的课例研究还处于探索阶段，无论是理论研究还是实践操作都还不够成熟，这在一定程度上阻碍了教师专业的发展。

三、我国研课磨课概念的形成

（一）磨课概念的提出

磨课一词最早由谁提出，现无从查考。笔者第一次接触磨课一词，是在江苏海安县教师进修学校。《为优秀教师成长铺路搭桥》①一文中提出：磨课就是要对课堂教学进行反复、深入的学习、研究与实践，认识规律，掌握方法，提高能力，优化习惯。

2007 年 6 月上海教科院徐子煜教授对磨课的最为直接、简洁的解释是："磨课指教师对教学活动的反复实践、反复琢磨、反复改进。"他认为，磨课意味着用集体的智慧来重新构建课堂教学，也就是说运用不同的教学设计、教学方法会产生不同的教学效果，通过不断地上、不断地改，最终要形成一种最能让学生学得通透的方法。这种重建不仅应体现在教师的教学思维与行动中，更应体现在学生的学习中。磨课是一个过程，并不是最终的目的，它是教师为了获得更高的教学功效而采取的一种自我修炼的手段。因此，磨课活动在很大程度上是为了锻炼教师的"临床"经验。从某种意义上说，磨课活动是集教学、教研、培训于一体的完整教研方式。

中国民族师范教育研究中心主任、兴义民族师范学院教授鲁子问博士认为："简而言之，磨课就是通过多次打磨一节课，提高教学有效性，从而提高教师专业能力。"

从完整的定义而言，磨课是一个教学集体（通常为一所学校的一个学科的教研组，也可以是几所学校同一学科的教师组成的跨校教研组），为了解决某一教学问题，通过在一定时期内，对该教学问题的相关教学内容进行反复地、深入地学习、研究与实践（至少是五次集体研讨、三次个人备课、两次课堂活动），找到对这一教学问题比磨课之前更为有效的解决方案，从而显著提高整个教研集体对这一问题的教学有效性，并掌握解决教学问题的方法，形成解决教学问题的能力，实现教师的专业发展，从而显著提高教学质量。

从以上定义我们可知磨课包含以下四个要素。

谁磨课（Who）：一个教学集体，通常为一所学校的一个学科的教研组，也可以是几所学校同一学科的教师组成的跨校教研组。

多长时间（How long）：在一定时期内，至少一周，一般不超过一个月。

如何磨课（How）：对某一教学内容进行反复地、深入地学习、研究与实践，至少是五次集体研讨、三次个人备课、两次课堂活动。

为了什么结果（For what）：（1）找到对这一教学问题比磨课之前更为有效的解决方案；（2）显著提高整个教研集体对这一问题的教学有效性；（3）教研集体掌握解决教学问题的方法，形成解决教学问题的能力；（4）实现教师的专业发展；（5）显著提高教学质量。

---

① 本文刊于《人民教育》2006 年第 15—16 期。

2013年西南大学教育学部唐小为在《如何让"磨课"取得最佳效果》[①]中认为，优质课赛课之前的磨课活动是我国特有的教师培训形式。通常参赛教师会现场执教一个从未教过的班级，上一堂精心准备的课。而此课通常并非参赛教师个人"作品"，而是由教师群体合作打磨而成，融入了该群体对相关学科教学的集体智慧。这种课一般都要换班试讲多次，而同教研组的听课教师会提出改进建议，参赛教师反复修改设计以利再战。

2016年江苏连云港师范高等专科学校李明高教授在其编著的《教师八大功课》一书中指出：所谓磨课，是指教师针对自己的教学设计反复地推敲、认真地斟酌，让自己的教学趋于完善、完美的过程。磨课的对象不同，方式也迥异。有个人独立思考的"独磨"，有与同事共同探讨的"互磨"，有专家指导下的"引磨"。按时间段来分，又可以分为课前磨、课中磨、课后磨。对一个优秀的教师来说，每一堂课就好比是一块没有经过打磨的矿石，纵然可能是一块优质的宝石，但它毕竟是粗糙的，只有经过精心打磨，粗糙的矿石才有可能变成细腻光彩的宝石。从这一角度而言，磨课的过程实际上就是让粗糙的矿石变成光亮如镜般宝石的过程。

（二）从磨课到研课磨课

研课磨课第一次在我国官方文献中正式提出，是在《教育部办公厅关于印发乡村教师培训指南的通知》所包含的《送教下乡培训指南》文件中。文件指出：县级教师发展中心（培训教研机构）会同高等学校，根据教育行政部门相关要求，做好培训需求调研，确定培训主题，研制实施方案，按照诊断示范、研课磨课、成果展示、总结提升等主要环节实施送培。学校组织教师围绕研修主题，按照研修任务，结合校本研修，开展研课磨课。研课环节着力开展课例研讨，进行对照反思，突出经验学习；磨课环节突出课堂教学问题解决，围绕教学目标、教学内容、教学方法与手段、教学评价等进行打磨，不断改进教学设计。送培团队针对学校研课磨课的难题，通过示范教学、同课异构、专题研讨等方式进行现场指导，生成合格课、优质课、精品课。

文件明确了学校是研课磨课环节实施工作的负责方，教师是研课磨课活动的参加者，教育行政部门、教师研训机构、有关高校是学校教师研课磨课的支持者、指导者和引领者。研课磨课的主体是学校教师，过程是课例研讨和各教学要素研磨，目标是改进教学设计和提升课堂教学实效。研课磨课既是国培送教下乡培训项目实施的一个不可或缺的环节，又是学校教师开展校本研修的一个重要形式，它的价值就在于打通了课改理念落地学校常态课堂的最后一公里。

2018年吉林教育学院邹春红、东北师范大学附属小学刘仙玲在其主编的《教师如何研课磨课》一书中认为：研课磨课，就是将集体教研的目光从静态的教案预设转移到生成性实施教案的动态课堂，聚焦真实而具体的关键问题，以教师群体的智慧和力量，对课堂教学进行有主题的观察、分析、诊断的教研过程；是通过几轮的持续性观课研讨、教学反思、教学问题改进来优化的课堂教学；是教师间民主、平等地发表意见，共同就真实问题提出看法或建议的学习型研讨过程；是教师对教学理念、教学方法、学科本质、教学技能的新

---

① 本文刊于《中国教育报》2013年5月22日。

认知、新发展。该书是一本我国学者较早论述教师研课磨课的教育专著。

研课磨课作为一种以课例为载体的教师研修方式，其发展在我国表现为，提法从借鉴日本的授业研究，到我国引进课例研究，再到我国本土特色的约定俗成；其主体从最初的教师个人参与，到学校、研训机构、国培省培项目团队组织实施；其目的从最初的打造一节优质课，到作为教师发展、课堂改进和教学质量提高为价值取向；其形式从最初的备课试讲，到介入说课、微型课、观课议课、同课异构、成果展示等；其重视程度从最初的民间发起与实施探索，到官方文件倡导和明确提出要求。可以预测，随着我国课堂教学改革的逐步深化，研课磨课实践活动在中小学教师中广泛开展是大势所趋，教师教育工作者应进一步总结和研究，提高理论和实践水平，时不我待。

第二节　研课磨课的四种形式与实践样态

2006 年笔者在《人民教育》上得知江苏海安磨课的消息，前去实地学习考察。之后笔者尝试在本县举办初中数学、英语、物理教师磨课班，逐步组建自己的磨课研修团队，在教师培训中大面积推行磨课研修。目前指导本县部分乡镇和学校自主开展磨课活动，还应邀到国家教育行政学院国培班和兄弟县市分享磨课经验。十年来，教师们参与磨课的热情和背后的成长故事，时时感动并激励着我。特别是 2016 年《教育部办公厅关于印发乡村教师培训指南的通知》，明确要求把研课磨课作为教师培训的主要环节之一，更坚定了我研究和践行磨课研修的决心。为方便研究，本书将“磨课”一词统一表述为“研课磨课”。

笔者于 2016 年 7 月 31 日将“磨课”一词输入搜狗搜索引擎，得到 31670 条相关结果。将“磨课”作为关键词输入知网，得到 149 篇相关文章，但都很难从中找到磨课的权威定义。磨课一词最早由谁提出虽无定论，但它源于我国中小学集体备课的传统教研实践。朱永新博士的新教育倡导一课多磨，打造学科共同体。叶澜教授的新基础教育实验学校成立磨课俱乐部，研磨学科课型。赵桂霞的新学校广文中学探索和实践以教研组为单位的常态磨课。吴正宪小学数学教师工作站双师同堂、同课异构，开展课例研修。他们都为我国教师的研课磨课研究提供了实践和理论支撑。

张铁道研究员在其《探索教师研修 20 年》中认为，从现实情况看，中小学在职教师专业学习和能力发展主要有下列三种实现方式。

一是学校层面组织（或教师自主从事）的专题学习与研究活动，主要包括在教学实践中积累经验，为增强自身教学实践能力开展的自主学习、校本学科教学研究，以及参加针对提高教育教学质量而开展的课题研究等；

二是参与各级教研机构或教师培训机构提供的各种教研与培训项目；

三是基层教师参与学习各级教育行政部门委托教师继续教育机构组织的学习课程。

笔者受此启发，对国内外有关课例研究的成果进行梳理，从我国研课磨课开展的现实情况出发，结合自己的判断，按照研课磨课活动组织的主体不同，把中小学在职教师开展研课磨课活动分为公开课研课磨课、校本研课磨课、教师中心研课磨课和项目运作研课磨课四种形式。

一、公开课研课磨课

中华人民共和国成立后，我国的学校教研组活动从最初主要钻研教材教法，到因当时有相当多的教师没有能力独立完成教学设计而逐渐演变成集体备课；再到伴随着听评课要求的提出，公开课教学在学校出现，以后在单一观摩示范教学的基础上，增加了课后研讨和评课环节，出现公开课教学的另一种类型——教学研讨课；最后产生了有不少争议的，通过比赛的方式，对参赛教师的课堂教学水平作出评判的教学竞赛示范课。这样，公开课在我国先后经历了示范性公开课、教学研讨类公开课、教学竞赛类公开课三个类型。① 公开课研课磨课活动作为我国特有的教师培训形式，从历史上概源于此。

公开课研课磨课，是指上课教师或其教研组选择教学内容，上课教师首先对教学设计有一个大概的设想，与主管本学科教学的老师及其他同行共同研究，形成具体教案，然后借班上课，根据教学效果对原有设计进行适当调整。通过这样一次或多次的"实战演习"，最终打造出一节完美的公开课的过程。② 毋庸置疑，这种研课磨课可以使教师教学基本功力得到全方位提高，但由于其目的是打磨出一节完美的好课，使这节课能够"像样地公开"，价值取向看重行政，很容易偏向功利，目前教育界对公开课尽管有"造假""表演""花瓶"等批评之声，但常见的公开课研课磨课活动，我国不少优秀教师大都经历过，它可以看成是我国教师专业共同体运作的最初形式。

【实践样态 1】

浙江省温州中学李芳老师迎战省第二届高中青年数学教师优秀课评比，提前 8 个月准备，先是闭门造车，接着在学校教研组的通力支持下，经过一系列的打磨，这节课的教案从最初的设计到最后的呈现，已大相径庭。这期间，李芳的教学详案写了一遍又一遍，试讲从本校到他校、从本区到他区。在几多回合里，接收、体味、演练，再推倒、重修改，又演练。整个过程螺旋式上升，让李芳在各方面都得到了长足的进步。李芳准备温州市特级教师骨干教师大讲台活动的一节公开课，相对于三年前的被牵着鼻子走，这次，她完全自己策划，有意识地从自主设计到他人借鉴，按照原生态备课、二次备课、二次试讲、指向"生成"的试讲、再次备课五个环节逐步展开研课磨课。③

二、校本研课磨课

在基础教育课程改革的背景下，"校本"思潮被引进我国，由于它所倡导的指导思想和实践指向与中小学面临的变革需求相一致，因而在教育界特别是中小学产生了广泛影响。江苏海门市教育局局长兼新教育研究院院长许海新博士在教师专业发展的实践探索中，

① 胡惠闵，王建军：《教师专业发展》，华东师范大学出版社，2014 年版，第 208 至 243 页

② 胡惠闵，王建军：《教师专业发展》，华东师范大学出版社，2014 年版，第 208 至 243 页。

③ 《在数学磨课中成长》，本文刊于《中学数学教学参考》(上旬)2013 年第 1 期。

起初把研课磨课活动称之为“校本教研”，后来改为“校本研究”，再后来就叫“校本研修”。① 基于此，笔者认为，校本研课磨课作为校本研修的一种形式，其出现顺应了我国基础教育改革的形势，满足了中小学所面临的不同程度的变革需求。

校本研课磨课就是指某个学校教研团体在一定时期内，以课堂教学案例为载体，以某一节具体的课为研究对象，以课堂教学中含有的问题或关键事件为中心，采取多种形式，运用科研方法，进行反复、深入地学习、研究与实践的过程。它涉及教师团体一起开发课例，实施课例，检查学生学习结果，分享教学成果，在经验学习的基础上进一步提炼课堂教学等内容。可见，这里的研课磨课是一个过程，并不是最终的目的，研课磨课的价值取向淡化行政，回归和强化专业，重点放在发现问题、解决问题、改进实践，它是我们教师为了锻炼“临床”经验，获得更高的教学功效而采取的一种自我修炼的手段。这种研课磨课活动，是集教学、教研、培训于一体的完整校本研修方式。

【实践样态 2】

江苏海门市教育局局长许海新在原任职的实验小学，为锤炼教师的课堂教学技能，采取磨课的方式，围绕一堂课要做到个人备课、集体备课、一人试教、案例研究、公开教学、拍摄实况、整理实录、呈现实况实录、完成随笔、资料形成等“十个一”，整整做了五年实验，培养了一大批青年教师。②

【实践样态 3】

上海市闵行区实验小学组建非行政组织“磨课俱乐部”，开展“同课异构式”的前移后续磨课，促进了大量教师的成长。③

三、教师中心研课磨课

这里的教师中心，是指区县级教师培训机构，即教师发展中心。面对我国课程改革深化和教学质量提升的无形压力，中小学教师都有各自的专业困惑和学习需求，县级教师培训机构遵循成人学习特点，开展基于问题解决和实践改进为主旨的能力发展服务，规划和实施有效的在职教师研修，成为发展教师专业能力、助推课程改革深化的关键。基于此，我国部分县级教师培训机构，在完成新课程通识培训任务后，以真实的课堂教学实践为基础，开展了分层次、分学科、分学段的教师研课磨课培训探索。

教师中心研课磨课，即某学科基层教师参与本区域教师培训机构提供的，通过对课堂教学进行反复、深入的学习、研究与实践，从而认识规律，掌握方法，提高能力，优化习惯的研修方式。该形式的研课磨课活动，由培训机构负责策划和组织实施，以提高教师的施教能力为目的，培训流程事先都作了较为周密的安排，并辅以相应的评价，能有效帮助教师获得所需要的专业能力发展体验，并为校本研课磨课活动的开展提供范式和骨干引领力量。

---

① 许新海:《做新教育的行者》，福建教育出版社，2004 年元月第二版，第 182 页。

② 许新海:《做新教育的行者》，福建教育出版社，2004 年元月第二版，第 181 至 182 页。

③ 康曰文:《前移后续研修使研究着工作成为教师的生存状态》，本文刊于《人民教育》2016 年第 03—04 期。

【实践样态 4】

江苏海安县教师进修学校进行为期半年的后备骨干教师培训，每月都用 3 天时间研课磨课，主要采用实践比较、课例剖析两种形式。①

【实践样态 5】

河南滑县教师进修学校自 2007 年以来，举办的多期中小学学科骨干教师研修班，以及后来推广到初中数学、语文学科教师全员培训，探索总结出“一备一讲三展三评”研课磨课流程，为县域培养了一支“用得上，靠得住”的本土学科研修团队和课改“种子”教师，培训做法辐射到河南汝州、河北武强等省内外县市。

四、项目运作研课磨课

随着国家对教师培训工作的政策支持和资金投入，2006～2008 年，教育部连续三年组织中小学骨干教师国家级远程培训和西部农村教师远程培训计划项目，2009 年开始提出国家级培训政策，即实施“国培计划”项目。为提高培训实效，项目运作研课磨课形式应运而生。

项目运作研课磨课是基层教师参与教育行政部门委托教师继续教育机构组织的教师教育形式。指一个教研集体，为了解决某一教学问题，通过在一定时期内，对该教学问题的相关教学内容进行反复、深入的学习、研究与实践，找到对这一教学问题比磨课之前更为有效的解决方案，从而显著提高整个教研集体对这一问题的教学有效性，并掌握解决教学问题的方法，形成解决教学问题的能力，实现教师的专业发展，从而显著提高教学质量。

【实践样态 6】

项目运作研课磨课的典型代表，是山东省教育厅以省为单位开展的中小学教师全员远程研修实践探索。从 2008 年开始，该省以项目推进的方式，通过远程研修磨课平台，在分散研修期间与教学、校本研修实现双对接，在研修模式上，按照理论学习、行动导向和参与体验三个版块设计学习序列，采取集中研修与分散研修相结合的办法。参与研修的教师除了集中参加一周的相关理论和专题课程学习外，还要用大约 6 周左右的时间，以学校教研组或备课组为单位，在专家指导与同伴协同下，经历“三次备课，两次打磨”的课例实践研究全过程，直接面对自己的课堂教学和以校为本的教研活动。在研修管理方式上，创新“三线四级”的组织管理模式，有效提升了远程研修的贴近性与有效性，为全员参与和全员提升的教师专业成长提供了新的范式。此项实践探索的设计者蒋敦杰院长将此项目名之为“磨课”。②

【实践样态 7】

2016 年《教育部办公厅关于印发乡村教师培训指南的通知》把研课磨课作为教师培

---

① 江苏海安县教师进修学校：《为优秀教师成长铺路搭桥》，本文刊于《人民教育》2006 年第 15—16 期。

② 赵小雅：《网络改变教师成长范式——记山东省中小学教师全员远程研修的实践探索》，本文刊于《中国教育报》2012 年 10 月 18 日。

训的主要模式以来，重庆市北碚区教师进修学院院长朱福荣带领他的研修团队，依托“国培计划”实施小学语文、体育，初中语文、英语、数学，学前教育6个项目，开展了项目运作研课磨课的实践与探索。他们借力用力，有效聚合西南大学、主城研修机构、区优质教育集团和学院资源，建立、健全了高校、培训机构、学科核心研究组和送培学校四位一体的乡村教师专业发展支持团队，分为学术支撑团队、教学指导团队和校本研修团队三个层面，大家共同设计而又有所侧重，为学科教师专业成长制定了最精准的培训方案。此次培训分为诊断示范、研课磨课、成果展示和总结提升四个环节，诊断示范重在把握“实际”和“实用”；研课磨课，定位“实践”；成果展示和总结提升，贵在“实效”。同时建构起一种机制，让校本培训成为乡村教师专业发展的后座力。培训以课程的视野看课堂，以观摩学习、案例剖析、实战演练、主题研修为主要方式，突出课例研修。在具体操作中将校本研修贯穿送教四个环节，通过送培活动让教师研起来，通过校本指导让教师学起来，通过研课磨课让教师动起来。此次培训除了看不见的思想、意识的激活，更有看得见的、实实在在的收获，积累了丰富的课程资源，其中德育课程资源6个，培训课程资源280G，微课大赛作品100G，国培微视频100个。①

第三节　研课磨课的意义

一、研课磨课的现实意义

（一）新课改倡导的课堂教学理念

今天支撑中国教育的三大教育实验改革（也可以说是三面旗帜、三驾马车）为新课程、新基础教育、新教育，都遵循“从理念到行动”“理论先行，理论与实践紧密结合”的“集体行动逻辑”。“理论主体”“政策主体”“实践主体”并肩作战且经常召开“圆桌会议”。

（1）新课程改革（大哥大）是一种行政主导下的教育改革模式。其理念是为了每个学生的发展。其行动指南是国家指导课程教学改革的两个重要文件：一是《基础教育课程改革纲要（试行）》（2001年6月8日教育部印发）的颁布实施，标志中华人民共和国成立以来最大规模的基础教育课程改革启动；二是2014年《教育部关于全面深化课程改革　落实立德树人根本任务的意见》的颁布，预示着课程改革将在更广范围、更深的层次全面推进。

《教育部关于全面深化课程改革　落实立德树人根本任务的意见》解读中指出，课程改革总结起来是：一个核心，即落实好立德树人的根本任务；三大目标，即基本建成教材体系，基本确立人才培养机制，基本形成育人格局；五项任务，即学段、学科、环节、力量、阵地五个统筹；关键环节（顶层设计）是研究制定学生发展的核心素养体系和学业质量标准；主

① 本文刊于《重庆日报》2016年7月21日11版。

要环节(基层突破)是落实学校在教学进度安排、教学内容选择、教学方式手段应用方面的自主权。七个重要问题为:一是把握育人方向,坚持立德树人导向(内涵和要求);二是加强和完善课程和教学进度建设,国家、区域、学校(包括教师)多个层面探索和研究课程教学管理制度;三是聚焦课程的深度整合,开足开全国家规定课程(基本要求、底线),深度整合课程;四是进一步深化课堂教学改革,重点和核心是教与学关系的根本调整;五是做精细化的研究与寻找操作的策略与方式,关注策略方法模式的研究与创新,要让理念落地,让课堂的教学有一个根本的变化;六是加强考试和评价的研究;七是强化信息技术教育,基于大数据的挖掘分析,给学习者提供学习资源。

(2) 新基础教育(大姐大)是一种专家主导加教师参与模式(以叶澜为代表),主张以课堂为起点——在课堂中到底应该怎么做。叶澜教授在《让课堂焕发生命的活力》中提出以课堂为起点的新基础教育,她的主要的观点如下。一是"四个还给",即把课堂还给学生,让课堂焕发生命活力;把班级还给学生,让班级充满成长气息;把创造还给老师,让教育充满智慧挑战;把精神焕发的主动权还给师生,让学校充满勃勃生机。二是以人为本。三是服务目标。四是生态教育。五是教育的意义。六是课堂的意义。七是教师的智慧。八是教师作用的发挥。九是模式问题。十是教师的定位。

(3) 新教育(小弟弟)是一种自愿参加与行政推动相结合的组织形式,基本立足点是改变教师的行走方式,通过提升教师的专业素养,来提高课堂的教学质量。

新教育的发起人朱永新教授提出的"构筑理想课堂",是指通过创设一种平等、民主、和谐、愉悦的课堂氛围,将人类文化知识与学生的生活体验有机结合起来,追求高效课堂与个性课堂。理想课堂分为有效课堂研究、对课堂的多元文化理解、风格与个性的课堂三个层次。理想课堂有六个"度",即参与度、亲和度、自由度、整合度、练习度、延展度。理想课堂有三重境界,第一重境界是落实有效教学框架;第二重境界是发掘知识这一伟大事物内在的魅力;第三重境界是知识、社会生活与师生生命的深刻共鸣。

(二) 研究课改理念落地常态课堂的典型代表

1. 田慧生谈操作策略

中国教育科学研究院院长、教育部基础教育课程教材发展中心主任、博士生导师田慧生教授指出要提炼出让新课改埋念真正落地的有效操作策略、方法与模式,方法模式的探索始终有三个阶段,叫作"入格""定格""出格"。

2. 叶澜新基础教育理念落地课堂途径探究

华东师范大学教授、教育系副主任卜玉华在《课型研究:架起理论与实践之间的桥梁》中提出,指导教师理解新型教学的最佳路径为课型、单元教学、类主题教学、跨学科融通。上海市闵行区花坪小学王叶婷提出推进路径深度学习加课例分析与合作磨课,具体操作总结为"五步骤""三带三做"研修模式。江苏省常州市局前街小学姜明红提出长程策划使专题研究更深入。上海市闵行区实验小学提出前移后续研修使"研究着工作"成为教师的生存状态。

3. 许新海当年改进课堂的途径

新教育研究院院长许新海提出学校的教师专业成长要走三条路径。第一条路径,是专业学习。第二条路经，主要围绕课堂进行磨炼，围绕课堂做到“十个一”。第三条路径，教师深度卷入课程研发。

4. 王敏勤提高课堂教学效率的五大方略

天津市教育科学研究院基础教育研究所原所长、全国和谐教学法研究会理事长、内蒙古通辽市教育教学研究院院长王敏勤提出“一二三四五”，即一个设想、两个支点、三个途径、四个问题、五个环节，简称为提高课堂教学效率的五大方略。其中三个途径分别是“说教材”活动、“同课异构”活动以及写“课例分析”。

（三）研课磨课对我国进一步深化新课程改革的现实意义

从我国课程和课堂教学改革的现实看，一般说来，新课程改革在“总体设计——课程标准——课堂教学”的设计链中，总会存在“总体设计与课程标准之间”和“课程标准与课堂教学之间”两个落差，其中第二落差需要通过教师培训(教师专业成长)来解决。课程实施是一种教育实践过程，是教师行动研究的过程，亦即教师专业成长的过程。归根结底，新课程的实施，呼唤校本研修这一新的教师培训制度的确立。① 研课磨课作为教师研修的一种形式，在顺应我国基础教育改革深入发展、满足中小学不同程度变革诉求中应运而生。

目前，我国新课程改革从侧重于自上而下顶层设计与思想发动的探索阶段，已发展到侧重于自下而上的基层学校课堂创造的深化阶段。教师是一种天职，天职是一种呼唤，教师要倾听基础教育课程改革的呼唤，并在不断倾听中去回应课程改革深化对教师专业化发展的诉求。理论性、通识性的教师研修学习，已不能有效解决教师在深化课堂教学改革实践中所面临的种种复杂的现实问题，而与理论课程相对应的教师研课磨课，需要适度加大比重，并根据课程原理和培训具体情境再进行系统周密的设计，以提升教师培训的专业化水平，适应教师应对现实课堂教学变革的需求。

在教师研课磨课中，是把课堂作为课程的实践版，让课堂成为教师的培养基。基础教育课程改革的理念需要在日常的课堂教学实践中得以落实，教师可以在研课磨课的过程中，实现对课堂教学优秀传统的传承并赋予创意的挑战，在接受扎根教师自律性和成长性的新的教师培训课程中，实现由传统的教书匠到反思型实践家的教师形象的不断重建，真正实现教师、学生和新课程共同成长。

二、研课磨课意义的多维度分析

从教师课堂教学意义上，研课磨课的目标是基于教学问题，找到对这一教学问题比研课磨课之前更为有效的解决方案，从而显著提高教学质量。这是研课磨课的直接目标，或者说，是研课磨课在教学层面的目的。

从教学研究意义上，研课磨课是一种集体教研活动，研课磨课的目的是显著提高整个

① 钟启泉:《中国课改:挑战与反思》，本文刊于《比较教育研究》2005年。

教研集体对这一问题的教学有效性，教研集体掌握解决教学问题的方法，形成解决教学问题的能力，实现教师的专业发展，从而显著提高教学质量。

无论是从教学意义，还是教研意义，我们都可以看到，研课磨课的终极目的是显著提高教学质量。这是《国家中长期教育改革和发展规划纲要》的基本要求，也是国家和社会发展对教育的本质要求。提高教学质量有多种方法，而其中最为关键的是提高教师专业水平和能力。教师的专业发展是教育质量的基石，教育质量是人类社会发展的基石。

对于我们现在与国家社会所要求的教学质量存在的差距，《国家中长期教育改革和发展规划纲要》有着较为清晰的说明："我国教育还不完全适应国家经济社会发展和人民群众接受良好教育的要求。教育观念相对落后，内容方法比较陈旧，中小学生课业负担过重……"尽管这些问题不是我们每位教师、每节课都存在的问题，但这确实是我们当前教学中总体存在的问题。

导致和存在这些问题的原因较多，从我们的课堂教学而言，其原因主要在于：我们的日常教学总体上是基于我们个人的教学经历的，存在着不少低效、无效乃至负效的教学活动，从而导致我们的教学与国家社会所要求的教学质量存在一定的差距。即使对于那些相当成功的、有效的经历，我们也可能没有把经历上升为经验，没有形成理性的、系统的反思，没有找出规律，没有形成指导解决同类问题的方法和原则。

研课磨课就是把教师经历中的低效、无效乃至负效的教学实践磨掉，把经历磨成经验，上升到系统的、理性的反思总结，形成经验，从而为以后解决同样、同类、相似问题找到方法和原则。研课磨课所磨的是教师的这些经历，是他们日常教学中日复一日、课复一课的"自在的日常教学"，这样的经历充满杂物废屑，导致教学可能低效、无效乃至负效，所以要磨去的就是教师"自在的"课堂上的杂物废屑。所以，从问题的视野看，研课磨课的目的，就是通过反复研究和实践，找到解决低效、无效乃至负效的教学问题的方法，形成解决这些问题的能力。这其实与研课磨课的教学目的是一致的。

从教师发展的视野来看，研课磨课是培养教师解决教学问题的能力、促进教师专业发展的活动。而这也是教研层面的研课磨课的目的。研课磨课还可以用于区域教研，如组织本地区教师共同开展研课磨课，集中解决本地教学中存在的主要问题。

综合而言，研课磨课的目的和意义可以从多层次、多维度分析。研课磨课的教学目的是解决我们当前教学中存在的问题；研课磨课的教研目的是寻找解决当前教学问题的方法，培养整个教研集体解决教学问题的能力。研课磨课是推进新课程课堂教学改革、落实新课改教学理念的需要，是促进教师专业发展和提升教学质量的需要。

【阅读链接 1.1】日本的授业研究①

一、授业研究的含义与目标

日本的授业研究，是指针对教与学过程的教师合作研究。英语表达是 Lesson Study，

---

① 刘竑波：《日本在职教师教育实践模式——"授业研究"探析》，本文刊于《教师教育研究》2006 年第 2 期，有删节。

也可译成“课例研究”。这里所指的“课例”都是教师们共同设计、观察和讨论的真实课例。早在20世纪80年代，日本的教师们已经开始使用这种方式研究与提高课堂教学，由于它是在实践中发展和成熟起来的，所以很难找到确切的理论定义。名古屋大学的研究团体把授业研究理解为教师对课堂行为与活动的合作研究，其理念是，通过授业研究创造各种机会和有效的方法来改变和丰富课堂实践、提升教学质量、促进教师专业发展以及改善学校学习环境。名古屋大学主持授业研究项目的的场正美教授把授业研究的精神概括为“反思、合作、持续、改善、做中学”。

授业研究的理论目标是丰富课堂实践、促进教师专业发展，以及创造一个有效学习的学校环境。它从一开始就定位于问题意识，那就是，“对于课堂中的学生学习和教师教学而言，究竟什么是最重要的”？这个问题也成为教师研究教学过程时的指向。

授业研究的实践目标分成两个层次：其一，教学内容目标——教什么，每一次课，要针对特定的学习内容设计课堂活动；其二，教学过程目标——怎么教，教师要根据自己和学生的特点展开教学。要设计清晰的目标，集体讨论和教学理念就显得非常必要，并不存在一种固定不变的、始终适用的目标。集体确定的目标经过充分讨论，增加了相互之间的理解；教师们交换有创意的想法，在达成共识的基础上做出课堂决策。教学实际上已经成为检验上述集体工作的一种方式。

二、授业研究的基本操作过程

(1) 定义问题及其范畴。对具体的课而言，就是教学内容。

(2) 备课。目标放在如何使授课促进学生学习；可以先想想其他教师怎样上同类的课。

(3) 授课。小组的其他老师观察并录像，以便事后分析。

(4) 评课和反思。听取其他同事的意见和建议。

(5) 修改教案。尤其是那些学生不甚明了的部分。

(6) 用修改了的教案在另一个班授课。上次听课的教师(甚至全校教师都来)听课。

(7) 进一步的评价和反思，全体教师一起参与。

(8) 分享结果。把授课过程报告与本校教师乃至来自其他学校或地区的教师分享，并共同观察再一次教学。

三、授业研究操作模式的要点

1. 质量循环

授业研究作为一种合作式教学研究已经有了多方面进展。它基于一个质量循环，包括四个阶段：计划——实施——检查——行动(Plan－Do－Check－Action，PDCA)。首先，教师必须为他们的合作研究制定一个计划，之后执行这个计划，然后评价并反思过程中的成功与不足，最后，根据合作探讨的结果修正和提高他们的教学。表面上看，这个过程非常简单也很常见，但在具体执行过程中，日本的学校和教师却在其中添加了很多细节，使研究真正富有成效，并凸现其合作研究的精髓。

2. 授业研究报告

在展开授业研究的过程中，一份包含教学反馈的授业研究报告非常重要，它包含了有关授业研究的整体构想，在设计时就运用了统一的结构、清晰的指导方针和恰当的原则。参与教师必须明确：

- 对课程类型的构想
- 教学材料和教科书的角色
- 所使用的教学方法
- 所需要的观察技能
- 参与者的具体角色
- 评价教与学过程的方法
- 纪录课堂行为的方法（人种学笔记、录音、录像）
- 整理所记录的所有课堂行为的材料及写出报告的方法
- 在反馈会上围绕要点和课堂行为的讨论法
- 归纳、学习和采纳别人意见的方法

由于真实的现场记录对于授业研究的重要性，所以，在讨论上述计划的会议上，教师们共同决定课堂活动如何被记录，谁又会承担这个责任。

3. 实地研究方法

对授业研究技术细节的探讨，采用教师工作室的运作方式，事先设计了现场研究的各个环节。每一位参与教师都要事先明确自己担当的不同角色，运用各种方法对课例进行研究分析。例如，授课教师对课的设计方法予以解释；听课教师则注重课堂观察技术、课堂记录以及收集数据的方法、课的分析方法，包括解析的观点如何，对上课过程各个部分如何分割，等等。所有教师都必须明确视听觉工具（包括录像和录音）在课堂上的作用、目的及使用方法。

名古屋大学对授业研究的最新研究把重点放在课堂观察技能以及实地记录上。研究小组要求参与研究的学校教师们观察授课教师的课堂活动并写出人种学笔记。研究者们仔细研究这些记录以及文字资料，把教师们的当场速记和事后笔记相对照，并在反思会议上把重点放在对两者之间异同的讨论上，旨在使课堂记录更为客观真实。一次课的授业研究会议一般分成课前、课后两次。第一次课前会议确定学校和教师所使用的材料，教师们基于小组期望和教学目标选择合适的课程，讨论在不同班级水平基础上推行授业研究所需要的准备，预期它们对学生的影响。第二次课后开会时使用反思和回顾的方法，课后教师之间的讨论是相当充分的，主要针对问题和细节展开，所有的纪录都成为表述观点的依据。教师还可以提出有什么内容应当是第一次授业研究会议中最需要予以关注却被忽略的。之后，参与教师利用他们在反思会议的所得去准备下一次的课。研究小组发现教师们在采用授业研究方法以后，创造了相当数量的新策略来改变教学形式、设计学习材料，试图让课更经得起推敲，更深入地理解学生的学习过程，提高课的质量。

第二章 研课磨课的理论基础和政策依据

第一节 研课磨课的理论基础

一、研课磨课的哲学理论基础

辩证唯物论的知行统一观，是教师研课磨课的哲学理论基础。毛泽东在《实践论》中指出：通过实践而发现真理，又通过实践而证实真理和发展真理。从感性认识而能动地发展到理性认识，又从理性认识而能动地指导革命实践，改造主观世界和客观世界。实践、认识、再实践、再认识，这种形式，循环往复以至无穷，而实践和认识之每一循环的内容，都比较地进到了高一级的程度。这就是辩证唯物论的全部认识论，这就是辩证唯物论的知行统一观。

研课磨课便是对课堂教学实践的认识，几度打磨，就是再实践与再认识，我们只有不断循环，才能对课堂教学的认识发展到更高一级，我们的课堂教学质量，才能有效地、逐步地上升到更高一级，而且面对复杂的、不断变化的现实课堂教学情境，对教学实践和认识的探索永无止境。研课磨课是要把我们的"经历"磨成"经验"。所谓经验，是"客观事物在人们头脑中的反映"。研课磨课是把教师的"教学经历"打磨成"教学经验"的上升过程，是把"自在的"现实课堂逐步打磨成"自为的"理想课堂的过程，教师由此开始走上专业发展的道路，实现自己的人生价值。

二、研课磨课借鉴的西方学习理论

西方的成人学习理论、建构主义学习理论、反思学习理论等，为我国研课磨课的目标定位和实施操作提供了理论借鉴。

（一）成人学习理论

成人学习理论是指结合成人教育的指导思想和培训学习理论，以成人的生理及心理特征、学习欲望和系统为基础而总结的针对成人学习的教育理论。美国著名教育心理学家马尔科姆·诺尔斯(Malcolm Knowles)在《忽略的群落：成人学习者》一书中认为，以往的学习心理学大多建立在有关动物和儿童学习实验的基础上，不适合成人学习的心理特点，其在书中提出了成人学习的三大特征。

1. 强调实用性

成人学习通常不会盲目地接受研训机构的安排，其学习意愿取决于学习内容对自己的职业是否具有实用性。根据成人学习的这一特点，研课磨课确立的主题来自于教师教学中存在的、真实且亟须解决的问题，符合教师的职业需求，能够激发教师的研修期待和参与热情。研课磨课基于教师的需求调研来设计研修课程，这给了参培教师更多的课程决策权和对教学内容的发言权。正因为如此，研课磨课研修的针对性强，使教师能够学以致用，解决自身的教学问题。

2. 基于经验的学习

成人学习常常依赖于用自我的经验来判断或评价新经验和新知识。作为成人的一线教师有着长期的教学实践，在他们的认知结构中储存了大量教育教学方面的感性经验和理性经验，这些经验就是一笔巨大的研修资源，研课磨课从教师基于自身经验的备课入手，将研修内容与教师的教学经验联系起来，采用头脑风暴式的研讨，激发教师群体的经验和智慧，让教师有机会根据自己的知识经验去认识问题、分析问题、提出假设、验证假设，最终提炼出解决问题的策略和方法。这样的研修不但能解决教师的教学问题，而且能激发教师的研究自信。

3. 以问题为中心的学习

成人学习是基于实际工作中的困惑和需求，对于教师而言，有的是教师个人兴趣，有的是教学中遇到的困难、面临的挑战等。由于成人学习是以解决现实问题为中心，所以研课磨课以解决教师的课堂教学问题为指向，激发教师参与教学研究的主动性，以解决问题带动教师理念的转变、教学行为的改变，以解决现实困惑和问题为契机，培养教师的教育情意。

研课磨课正是运用了成人学习理论，从教师的教学实际需求出发，充分利用其丰富的教学实践经验，采用以解决问题为目的的主题式研修，取得了良好的实践效果。

（二）建构主义学习理论

建构主义学习理论认为“情境”“协作”“交流”和“意义建构”是学习环境中的四大要素或四大属性。

1. 情境

建构主义学习理论认为，学习环境中的情境必须有利于学习者对所学内容的意义建构。这就要求教学设计不仅要考虑教学目标分析，还要考虑有利于学习者建构意义的情境的创设问题，并把情境创设看作是教学设计的最重要内容之一。研课磨课为参训教师设置了鲜活的学习情境——课堂，课堂是教师的职业场所，它既是教学问题产生的现场、研究教学问题的场所，又是教学问题解决的落脚点。研课磨课诸环节围绕课堂进行，其研究的方式是课例研究。而课例是源于教师课堂教学实践，但又不是简单的教学实录，它渗透着对特定教育问题的深刻反思，在具体的情境中包含一个或者多个引人入胜的问题，同时也包含有解决的方法和技巧,有具体情景的介绍和描述,也有一定的理论思考和对实践活动的反思。研课磨课基于真实的教学情境,研究真实的教学情境,以促进教师在真实的教学情境中改变自己的行为。

2. 协作

协作贯穿学习过程的始终,它对学习资料的搜集与分析、假设的提出与验证、学习成果的评价直至意义的最终建构均有重要作用。研课磨课注重“协作”对参训教师的影响,研修团队、每位参与者在整个研修过程中都处于团结协作的状态中,在集体备课中有协作,在观课议课中有协作,在研讨交流中有协作。协作不仅仅是相互提供教学帮助,聚合教师的研究智慧,更有助于打破教师的封闭心理,形成开放包容的心态,从而提升研修实效。

3. 交流

交流是协作过程中的不可或缺的环节。学习小组成员之间必须通过交流,商讨如何完成规定的学习任务;此外,协作学习过程也是交流过程,在此过程中,每个学习者的思维成果(智慧)为整个学习群体所共享,交流是达到意义建构的重要手段之一。研课磨课诸环节中,教学设计过程中有交流、教师之间的研讨互动有交流、课堂上的师生互动也有交流。可以说,整个研修过程就是一个交流的过程。通过交流,教师未知的变为已知的,已知的得到传播;通过交流,研修教师加深了对教学理念的理解和认识。

4. 意义建构

意义建构是整个学习过程的最终目标。所谓意义建构是指事物的性质、规律以及事物之间的内在联系。在学习过程中帮助学习者意义建构就是要帮助学习者对当前学习内容所反映的事物的性质、规律以及该事物与其他事物之间的内在联系达到较深刻的理解。学习者获得知识的多少取决于其根据自身经验去建构有关知识的意义的能力,而不取决于学习者记忆和背诵教师讲授内容的能力。学习者要想完成对所学知识的意义建构,最好的办法是让学习者到真实环境中去感受、去体验,即通过获取直接经验来学习,而不是聆听别人关于这种经验的介绍和讲解。教师对问题的解决过程就是建构策略和方法的过程。为此,研课磨课借鉴了建构主义所提倡的抛锚式教学,以真实的教学问题或课例作为基础(即作为“锚”),为教师学习提供真实的教育情境,采用多样化的研修形式,给教师提供更多自主学习的机会,为其提供更多的学习和研究资源,如理论支持、课例支持、研究方法支持等,使其在经历教学改进的实践中,建构起解决问题的策略、方法,以确保研修实效。

(三)反思学习理论

反思的意思是对照自己的过去,进行自我检查,以知己之短,从而弥补短处,纠正过失。在两千多年前,曾参曾说:“吾日三省吾身。”可见,曾参之所以成为孔子弟子中的“七十二贤”之一,与他善于反思不无关系。因此,反思也是一种学习方式。对于教师的专业发展而言,反思尤其重要。美国学者波斯纳(Posner)认为只有经过反思,教师的经验方能上升到一定的高度,并对其后续行为产生影响。他提出教师成长的公式:经验+反思=成长。

反思是一种间接认识，获得这种间接认识的媒介就是实践、就是经验，这些实践、经验既可以是自己的，也可以是他人的。教师一般都有着丰富的实践经验，缺乏的是对实践经验的反思及反思的方法。研课磨课基于反思学习理论，特别重视教师的观察、分析、解释和决策等反思能力的培养，引导他们学习反思的方法。研修团队采用二次教学设计、观课议课、课后反思、训后反思、撰写课例等方式，让参与教师学习如何反思，进而促使其逐步树立反思意识，为其提供了反思交流的机会和平台。

如在课堂观察中，教师既是观察者，又是学习者，更是反思者。观察课堂中教师教的行为、学生学的行为以及师生之间的交互行为，学习他人好的教学设计、巧妙的教学方法等，反思师生行为背后的原因及理论支撑，总结教学策略或教学规律。这种反思学习是基于他人实践经验的学习，教师还要善于反思自己的实践经验，研课磨课就是培养教师的自我反思能力。反思是对感性经验进行的理性观照，是从实践经验向理念世界进发的必由过程。

三、研课磨课所吸取的我国教师研修理念和策略

我国教师、教育专家、学者在国外教育经验的基础上，探索出的符合我国实际的教师研修理念、策略与认识，为教师研课磨课提供了经验借鉴。

上海顾泠沅领衔的上海市骨干教师“行动教育”团队，为解决如何实现基础教育课程改革先进理念向教师行为转移，如何将理想的课程——设计的课程——实践的课程(学生实际获得的课程)实现层层落地这一瓶颈问题，提出了一种“一个课例，三次讨论”的“行动教育”教师研修新模式。该模式的运行，强调“三次实践、两次反思”：关注个人已有经验的原行为阶段(反思更新理念)，关注新理念之下的课例新设计阶段(反思改善行为)，关注学生获得的新行为阶段。“行动教育”模式为教师研课磨课的设计与实施，为解决理论向实践、向课堂的转移问题，提供了一种可资借鉴的选择和可采纳的途径。

北京开放大学张铁道研究员在探索符合我国实际的教师研修理念与实践策略中发现以下三点。

(1) 教学实践的亲身体验是教师最为宝贵的专业研修资源，因此，“把体验的功夫做足”是教师研修组织者必须遵循的原则。我们的实践表明，充分利用对象群体的现有经验开展专业反思，总结实践经验，改进教学行为，能够有效吸引教师全身心参与研修学习过程。例如，在教师个体层面，倡导每一位教师对于自身实践开展反思，总结自身有益的教学实践经验，完成教学案例报告和专题研究论文；在同事之间，学校鼓励教师之间开展日常教学观摩评价、特定课题的行动研究、一定主题的经验总结；在区县和市级层面，组织全员参与的教学评优、教学基本功展示、区域性的专题教研、网络研修、成功教学经验推广以及旨在促进专业能力发展的教研项目等。

(2) 实践昭示，在职教师专业学习的成效水平高低还与组织者对于成人学习特点的认识程度相关。

首先，成人学习与能力发展水平总是受其对于学习主题的经验方式及深刻程度所制约。学习者对于拟学习的主题(如一定的知识、技能或价值观)借助教师讲授、自主学习或

其他媒体呈现先获得初步感性认识，随后进行初步练习或实践应用付诸自身行为；然而，持久的学习和自觉行为则取决于学习者对教学工作发自内心的兴趣、笃信和热爱。我个人在多年实践中逐渐领悟到，学习者经历了这里所说的“脑会”（认知性学习）、“手会”（技能性学习）、“心会”（情感性学习）三个层面的学习过程，才会获得具有实质意义的可持续学习与相应的能力发展。因此，对于教师研修的课程规划和学习进程而言，我们倡导“把教学经验的功夫做足”，根本目的就在于肯定教师的正确实践，矫正不当实践，引导理想实践的能力发展。

其次，反思长期以来的学习传统，我们通常习惯于“向上的”接受式学习。儿时受父母教导，上学听老师教学，就业接受领导或年长者教诲。我们不善于开展“横向的、相互切磋、共同分享的”同行交流，我们更缺乏“向下的”面向少年儿童学习的意识与能力。其实，当我们学会全方位地拓宽自身学习视野，引导教师有效兼顾“向上”“横向”和“向下”的多维度学习，我们就能够极大地丰富自身学习的资源。

再次，我们在构建知识结构与能力发展过程中，通常更多地关注学习理论性知识，而对于个体实践经验，特别是介乎理论和实践之间的方法论知识却未能给予足够的重视。其实，方法论知识往往能够连接理论和实践，是促进二者相互转化的加工机制和实践智慧。往往造成知行脱离现象的缘由在很大程度上都在于方法论意识与应用能力的缺失。因此，教师研修组织者不仅需要有意识地引导教师开展实践案例分析，以昭示理论的普适价值，还应帮助教师学习必要的方法论，以便帮助他们自觉应用理论来升华实践，进而催生自身富有个性的实践智慧。

第四，教师研修需要切实有效的方法论支持。

（3）在职教师的专业学习与发展活动必须与他们已有的教学经验和学习需求密切结合，教师在日常教学实践中积累的实际经验是非常重要的研修课程资源。教师研修课程应帮助教师获得以下学习体验：使教师有机会就自身教学实践经验进行总结、归纳、交流；将实践性的教学知识转化为逻辑性的方法论知识；将教学经验升华为教学专业知识；最后将教学知识内化为教师的教学能力。张铁道、吴正宪研修团队，总结出“巧在全程设计、重在课例研修、成在后续跟进、贵在资源建设”等教师研修策略和原则，将在教师研课磨课的设计与实施中得以实践印证。

第二节　研课磨课的政策依据

教育部颁布的一系列有关教师教育的文件，为教师研课磨课提供了政策依据。

一、教师培训的政策沿革

近年来，教师培训逐步成为一个世界性课题，党和政府对中小学教师培训工作高度重视，相继出台系列文件。（见表 2-1）

表 2-1　教师培训出台的相关文件

法律法规名	发文编号	发文单位	发文时间
关于进一步加强中小学在职教师培训工作的意见		教育部	1980 年 8 月 22 日
关于加强小学在职教师进修工作的意见		教育部	1983 年 1 月
国家教育委员会印发《关于加强在职中小学教师培训工作的意见》	教师[1986]2 号	国家教委	1986 年 2 月 21 日
国家教委关于印发《关于开展小学新教师试用期培训的意见》的通知		国家教委	1994 年 11 月 14 日
关于调整函授、卫星电视教育、自学考试相结合的中学师资培训工作的通知		国家教委	1996 年 12 月 31 日
中小学教师继续教育规定	中华人民共和国教育部令第 7 号	教育部	1999 年 9 月 13 日
国务院关于基础教育改革与发展的决定	国发[2001]21 号	国务院	2001 年 5 月 29 日
教育部关于印发《基础教育课程改革纲要(试行)》的通知	教基[2001]17 号	教育部	2001 年 6 月 8 日
教育部关于进一步加强基础教育新课程师资培训工作的指导意见	教师[2004]1 号	教育部	2004 年 2 月 1 日
教育部关于加快推进全国教师教育网络联盟计划组织实施新一轮中小学教师全员培训的意见	教师[2004]4 号	教育部	2004 年 9 月 7 日
教育部关于启动实施全国中小学教师教育技术能力建设计划的通知	教师[2005]5 号	教育部	2005 年 4 月 4 日
教育部办公厅关于印发《2008 年中小学教师国家级培训计划》的通知	教师厅[2008]1 号	教育部	2008 年 4 月 2 日
教育部办公厅关于印发《2009 年中小学教师国家级培训计划》的通知	教师厅[2009]3 号	教育部	2009 年 7 月 7 日
2010 年中小学教师国家级培训计划——示范性项目实施方案	教师[2010]1 号	教育部	2010 年 4 月 27 日
教育部、财政部关于实施“中小学教师国家级培训计划”的通知	教师[2010]4 号	教育部、财政部	2010 年 6 月 11 日
教育部办公厅关于加强中小学教师培训安全管理工作的通知	教师[2010]2 号	教育部	2010 年 11 月 5 日
教育部关于大力加强中小学教师培训工作的意见	教师[2011]1 号	教育部	2011 年 1 月 4 日

续 表

法律法规名	发文编号	发文单位	发文时间
教育部办公厅、财政部办公厅关于做好2011年“中小学教师国家级培训计划”实施工作的通知	教师厅[2011]2号	教育部、财政部	2011年5月24日
教育部办公厅关于开展示范性县级教师培训机构评估认定工作的通知	教师厅函[2011]26号	教育部	2011年11月29日
教育部办公厅关于实施《“国培计划”课程标准(试行)》的通知	教师厅函[2012]5号	教育部	2012年5月
教育部关于深化中小学教师培训模式改革全面提升培训质量的指导意见	教师[2013]6号	教育部	2013年5月6日
教育部关于实施全国中小学教师信息技术应用能力提升工程的意见	教师[2013]13号	教育部	2013年10月25日
国务院办公厅关于印发乡村教师支持计划(2015—2020年)的通知	国办发[2015]43号	国务院	2015年6月1日
教育部 财政部关于改革实施中小学幼儿园教师国家级培训计划的通知	教师[2015]10号	教育部、财政部	2015年8月25日
教育部办公厅关于印发乡村教师培训指南的通知	教师厅[2016]1号	教育部	2016年1月26日

为了不断提升教师在职培训的质量，我国出台了多个有关教师培训模式方法的政策。2004年，《教育部关于进一步加强基础教育新课程师资培训工作的指导意见》对教师培训模式提出了具体要求：“更新培训观念，变革培训模式，提高新课程培训的实效性。各地要以显著提高广大教师实施素质教育能力和水平为出发点，认识和指导新课程师资培训，引导和帮助广大教师从实践中学习，在反思中进步，不断提高专业化水平。要积极采取参与式等行之有效的培训方式进行新课程培训。要坚持培训、教研、教改相结合，坚持短期面授和长期跟踪指导相结合，坚持集中培训和校本研修相结合。要坚持理论与实践相结合，充分挖掘和运用新课程实施过程中的有关案例进行培训，提高教师理论与实践相结合的能力。”

2011年颁发的《教育部关于大力加强中小学教师培训工作的指导意见》对“创新教师培训模式方法”作了更为系统的阐述。(1)积极创新培训模式。适应教学方式和学习方式的变化，采取集中培训、置换脱产研修、远程培训、送教上门、校本研修、组织名师讲学团和海外研修等多种有效途径进行教师培训。(2)努力改进培训方式方法。改进教师培训的教学组织方式，倡导小班教学，采取案例式、探究式、参与式、情景式、讨论式等多种方式开展培训。鼓励教师自主选学，在培训课程内容、培训时间、培训途径、培训机构等方面，为教师提供个性化、多样化的选择机会，增强培训的吸引力和感染力。

2013年5月，《教育部关于深化中小学教师培训模式改革全面提升培训质量的指导意见》指出，要“转变培训方式，提升教师参训实效。各地要针对教师学习特点，强化基于教学现场、走进真实课堂的培训环节。通过现场诊断和案例教学解决实际问题，采取跟岗培训和情境体验改进教学行为，利用行动研究和反思实践提升教育经验，确保培训实效。改革传统讲授方式，强化学员互动参与，增强培训吸引力、感染力。省级教育行政部门要大力推动置换脱产研修，将院校集中培训、优质中小学‘影子教师’实践和师范生顶岗实习支教相结合，为农村学校培养骨干教师。要采取多种培训方式，加大体育、音乐、美术等师资紧缺学科专兼职教师和民族地区双语教师的培训力度”。

2015年6月1日《国务院办公厅关于印发乡村教师支持计划(2015—2020年)的通知》指出:“全面提升乡村教师能力素质。到2020年前，对全体乡村教师校长进行360学时的培训。要把乡村教师培训纳入基本公共服务体系，保障经费投入，确保乡村教师培训时间和质量。省级人民政府要统筹规划和支持全员培训，市、县级人民政府要切实履行实施主体责任。整合高等学校、县级教师发展中心和中小学校优质资源，建立乡村教师校长专业发展支持服务体系。将师德教育作为乡村教师培训的首要内容，推动师德教育进教材、进课堂、进头脑，贯穿培训全过程。全面提升乡村教师信息技术应用能力，积极利用远程教学、数字化课程等信息技术手段，破解乡村优质教学资源不足的难题，同时建立支持学校、教师使用相关设备的激励机制并提供必要的保障经费。”“按照乡村教师的实际需求改进培训方式，采取顶岗置换、网络研修、送教下乡、专家指导、校本研修等多种形式，增强培训的针对性和实效性。”

2015年8月发布的《教育部　财政部关于改革实施中小学幼儿园教师国家级培训计划的通知》提出:继续实施“国培计划”——中西部项目和幼师国培项目，采取顶岗置换、送教下乡、网络研修、短期集中、专家指导、校本研修等方式，对中西部地区乡村中小学幼儿园教师进行专业化培训。继续实施“国培计划”——示范性项目，加强培训团队建设，探索培训新模式，为各地开展乡村教师培训培养“种子”、打造“模子”、探索“路子”。改进培训内容，贴近一线乡村教师实际需求;创新培训模式，推行集中面授、网络跟进研修与课堂现场实践相结合的混合式培训;加强培训者队伍建设，打造“干得好、用得上”的乡村教师培训团队。

从上述文献综述和政策分析可知:近几年来，越来越多的学者对教师培训模式进行深入的研究，并取得了一定的研究成果，国家也对教师培训模式日益关注，相继出台系列文件，从政策层面给予了指导性的意见。特别是2011年《教育部关于大力加强中小学教师培训工作的指导意见》和2013年《教育部关于深化中小学教师培训模式改革全面提升培训质量的指导意见》两个文件，标志着我国教师教育进入全面深化发展时期，也为教师培训模式的研究与创新提供了明确的政策依据。

二、研课磨课的政策支持

2016年《教育部办公厅关于印发乡村教师培训指南的通知》中包含四个附件，其中《送教下乡培训指南》《乡村教师网络研修与校本研修整合培训指南》两个文件为研课磨课提供了方法指导和政策支持。

(一)《乡村教师送教下乡培训指南》

《送教下乡培训指南》中明确提出了"研课磨课"是培训实施流程的主要环节之一,"学校组织教师围绕研修主题,按照研修任务,结合校本研修,开展研课磨课。送培团队针对学校研课磨课的难题,通过示范教学、同课异构、专题研讨等方式进行现场指导,生成合格课、优质课、精品课"。这是研课磨课一词最早出现在我国教育部的正式文件中,为教师研课磨课提供了政策导向。

(二)《乡村教师网络研修与校本研修整合培训指南》

《乡村教师网络研修与校本研修整合培训指南》要求,区县会同网络研修支持服务机构落实区县实施方案,组织乡村学校开展网络支持下的校本研修。乡村学校落实校本研修实施方案,紧密结合教育教学工作,有效组织教师开展网络支持下的校本研修。区县与学校要切实做好以下两项研修。

一是常规研修。结合备课、上课、评课和班级管理等日常教育教学工作,采取技能训练、课例研究、专题研讨、同课异构、同行评价、专家与培训者指导等方式,着力提升教师教育教学技能。网络研修要为常规研修提供工具支持、资源支持、专家与培训者指导和大数据分析支持等。工具支持主要包括提供学情诊断工具、教学设计工具、协同备课工具、观课议课工具、音视频互动工具和网络社交工具等。资源支持主要包括提供备课资源库、学科案例库、通识和学科教学课程库等。专家与培训者指导主要通过网上诊断、课例点评、组织研讨、解答问题等,引领带动常规研修。大数据分析支持主要通过记录并反馈教师日常教育教学和学习研修的行为轨迹、关键内容及学习成效,支持教师日常反思改进,有效反映教师专业成长历程,激励教师自主发展。

二是专题研修。主要采取诊断示范、专题讲座、主题研讨、行动研究和成果展示等方式,定期开展主题鲜明的递进式系列研修活动,着力帮助教师解决教育教学的突出问题,持续提升教育教学能力。网络研修要为专题研修提供工具支持、资源支持和专家与培训者指导。工具支持主要包括提供问题收集与整理工具、观课议课工具、音视频互动工具和网络社交工具等。资源支持主要包括提供与研修主题直接相关的典型案例、专题课程和方法课程等。专家与培训者指导主要通过网上诊断、课例示范、专题讲座、主题研讨、课题研究指导、成果总结与推送等,引领带动专题研修。

【阅读链接 2.1】教师专业发展的校本行动研究[1]

一、校本行动教育模式的产生与行动过程

结合我国当前的课程改革现状,如何让新的教育理念体现在教师的日常教育教学中,这个问题是当前必须解决的首要问题。对此,除了上文提到的所做的大量文献研究及其

---

① 作者系上海市教育科学研究院副院长、研究员顾泠沅,华东师范大学博士生杨玉东,本文刊于《教育发展研究》2003 年第 6 期,有删节。

一些思考外，我们还在深入上海市青浦县①做研究的初期，进行了一次现状调查。在对青浦县部分中小学311名教师的问卷调查（有效问卷295份）中，有几个结果引起了我们的关注。

（一）教师需要有课例的专业引领

“在课程教学改革的过程中，怎样的专业指导对教师的帮助最大？”教师们选择较多的是：C.课改专家与经验丰富的教师共同指导课堂教学（36.7%）；D.身边经验丰富的教师在教材教法方面的指导（35.7%）；E.同事之间对教学实际问题的切磋交流（21.6%）。从中不难得出一个结论：教师需要有课例的专业引领。

（二）教师需要行为跟进的全过程反思

“哪种听课、评课方式对教师帮助最大？”教师们选择较多的是：专家、优秀教师和自己合作备课，再听课、评课，指导改进（57.7%）；听优秀教师的课，参加讨论并结合自己的教学实际加以应用（24.6%）。选择较少的是：与和自己水平相当的教师相互听课讨论（0.7%）；专家和优秀教师听自己的课并点评（5.9%）；听优秀教师的课并听专家点评（11.1%）。有意思的是，教师们的选择倾向恰好使选项占的比分形成了多、少两类：少的一类只有讨论、点评而没有行为跟进；多的一类既有讨论、点评，又有与自己教学实际结合的行为跟进。显然，教师需要的是有行为跟进的全过程反思。

（三）教师的需求在行动研究的过程中提升

在访谈中一些教师告诉我们：“理论是我们最缺乏的。”很多教研员也提到：指导教师教学要避免盲目性，看来补上理论这一课的确很重要……

基于对相关文献的分析和现状调查，结合一些优秀教师专业成长的历程，我们运用实践筛选法初步建立了行动研究的基本假设，并在随后的研究过程中不断经受检验和矫正，得出了一种以课例为载体、强调专业引领和行为跟进的行动教育的模式。

我们以上海市青浦县为基地，制订了在该区实验校本“行动教育”基本模式的行动计划，该计划从2002年的1月起实施，经历了准备阶段（2002年1月～2月）、行动阶段（2002年3月～7月）、总结阶段（2002年5月～9月）。在研究过程中，数据资料的搜集采用了多种途径，如问卷、小组讨论并录音、课堂录像和研究人员的现场观察、学生和教师的工作档案、学生的知识产品、教师的反思录（反复递交），以及对教师、学生和专家的访谈等。在这个过程中，课题组共组织了100多次的学习、研讨活动，30多次的个别与团体访谈，整理编辑了50余万字的文字资料及150多小时的录音和24节课堂录像资料，拍摄了100多幅照片。

二、校本行动教育模式的特点

我们的校本行动教育模式具有鲜明的行动研究的特点。它是一项旨在提高教师实践智慧、促进教师专业发展的研究，主要是在教师的日常教学中进行，潜在的理念是，让教师向研究者的方向努力。它具有三个特点。

---

①　上海市青浦县现已改为青浦区。

（一）以精心组建的实践共同体开展研究

我们的实践共同体由以下人员组成：中小学教师继续教育上海研究中心和上海市教育科学研究院的专职研究人员、青浦县教师进修学院的教研员、华东师范大学课程与教学论专业的博士研究生、青浦县参与研究的学校校长和教师。

研究的主体既有局内人又有局外人，因为局内人（一线教师）可以体察到局外人（研究人员）无法知晓的教学现象的细微变化，能深入到局外人一时无法进入的实际问题的直观领域，从而更能把握研究内容的实质。但是，借助局内人的结果，也使我们的研究不可避免地产生了一种基本上不可抑制的观察效应——干扰。这一点印证了海森堡（Heisenberg）1927 年所提出的著名的测不准关系。即当研究的主体包含实验的对象时，认识中的主体因素具有两面性：既可能妨碍主体客观地把握客体，以至陷入谬误、空想；又可能成为获得客观性认识的前提和条件，使主体深入地了解和把握客体。

那么我们究竟应怎样认识主体因素在认识过程中的作用呢？国外有学者曾提出用大家共同遵守的"道德框架"来建立合作关系，以克服主体因素的两面性。但我们认为仅有道德框架还不够，主要的还是取决于认识主体本身的性质和建立一定的行动范式。因为人类的认识过程，实际上就是在实践的过程中，主体凭借原有的认知结构将客体的信息同化，并通过重建自己的认知结构而实现对外界的顺应。所以，认识主体的建立就显得非常重要，它的素质水平、层次结构及总体性质直接关系到研究的成功与否。这样的人员结构，可以充分发挥作为专业研究的主体——研究人员、教研人员、专家教师、一线教师相结合的互补优势。

（二）在合作平台上开展专业引领与行为的反思和跟进

在行动计划实施中采集的大量资料表明，如何促进教师在教育行动中的成长，教学专家的专业引领与授课教师的行为反思和跟进是两个必须把握的关键性问题。但是，在研究者和教师之间总是会产生不同形式的知识沟。

一般来说，教师的优势在于对学生深入细致的了解，教学技巧熟练，尺度把握得当，所以教师关于课堂教学的实践性知识比研究者要丰富得多，但这容易局限于自身已有的经验；而研究者擅长于对学科知识的本质理解，对学习方式内涵的把握深刻，但对常态的学校生活了解的并不多。所以研究者的教育教学理论性知识积淀要比教师深厚一些。在研究的初期，随时间的推移，两者的知识沟逐渐增大；但是在一定阶段，两者间的知识沟会在一定的条件下逐渐靠拢，达到一个共同关心问题上的吻合点。而知识沟的合拢条件为：普遍关心的问题、有利的媒介表述、研究者与教师的角色互换。但随着新问题的出现，知识沟又会产生，再次逐渐达到吻合点……只有在合作平台上，研究者和教师才能分别完成各自的任务而共同获得进步。

以校为本的"行动教育"模式包含 3 个阶段：关注个人已有经验的原行为阶段；关注新理念之下的课例新设计阶段；关注学生获得的新行为阶段。连接这 3 个阶段活动的是两轮有引领的合作反思：(1)反思已有行为与新理念、新经验的差距，完成更新理念的飞跃；(2)反思理性的教学设计与学生实际获得的差距，完成理念向行为的转移。教师与研究者的亲密合作，恰好能弥补各自的欠缺，这有利于双方从自身的角度思考，以互补、互惠的方式，构建个人的专业理论与知识，促进各自的专业发展。

（三）以课例为载体开展合作研究

这里的课例是指一个实际的教学例子，课例学习活动是围绕一节课的课前、课中、课后所做的一系列讨论。我们的“行动教育”以探究性理解水平的教学为行动的目的，为此我们选择中小学数学与科学学科的4个“课例”作为首批研究对象，旨在从中探寻并揭示出有效提升教师实践智慧、促进其专业成长的运作方式与规律。在各个学科的行动计划中，我们为职初教师和有经验教师共安排了三轮“课”。这里的“课”不是只有短短的三四十分钟，而是围绕三四十分钟进行的一系列研究活动。其中，为了充分了解教师本人的教学经验与风格，不能让第一轮课受到任何干扰，因为这代表了教师的“原行为阶段”。在第二轮课前，研究者积极介入教学设计，这种介入既是对教师已有的教学行为、习惯的冲击，又是一个理念与经验交锋与对话的过程。教师的第二轮课也就是新理念之下的新课。第三轮课是教师在前两轮课的行动实践与行为自省的基础上进行的，这一轮课更多的是关注如何通过对前两轮课的改善，缩短理念与现实之间的差距，实现理念与经验的整合。

我们认为，研究者和教师在行动研究中实际上处在一个动态的互动环境中，这个动态环境所产生的结果将取决于教师与研究者的关系和教师对待媒介（合作研究的共同基础）的态度，选择合适的媒介作为局内人和局外人研究问题的共同基础是至关重要的。

选择课例，一是可以避免专家教师或研究者在与教师的交流合作中出现空洞的理论说教，让课例成为教育思想和新课程理念的载体；二是因为课例是一线教师所熟悉的东西，以课例为一种媒介，教师不会感到陌生和高不可攀，与研究者的对话因此可以展开；三是教师可以在从事日常教学的同时从事教学研究，在工作过程中潜移默化地得到了在职教育的机会。

值得一提的是，我们的课例设计与实施过程并非无可挑剔，甚至还会有不少问题，但我们认为这些并不是最重要的。最重要的是，这些例子都是一批长期在基层从事繁重教学与教研工作的教师在与研究者合作中亲自“做”出来的，其可贵之处正在于形成这些课例的行动以及行动中教师们的成长。

三、校本行动教育研究的初步结论

（一）校本“行动教育”模式有三个要素

“行动教育”作为一种教师教育的模式，有如下三个要素。(1)课例。它是行动的载体、媒介。(2)合作平台。研究者与教师的合作平台主要有课例讨论、情境设计、行为反省。(3)实践共同体的运作过程。整个流程包括原行为、新设计、新行为三个阶段，期间有两轮在寻找差距中的反思与调整。这样的流程多次往复，达到螺旋式的上升。

（二）校本“行动教育”模式对于有效解决理论向实践的转移问题是可供采纳的途径

当前国内外的教育改革业已聚焦于下列两个观点：(1)教师事关重大；(2)改革最终发生在课堂上。以课例为载体的研究，便是对这些观点的回应。我们的研究过程表明，以专业引领与行为跟进为关键的校本“行动教育”模式，对于有效解决理论向实践、向课堂的转移问题，的确是一种有价值的选择和可采纳的途径。

（三）校本“行动教育”模式可简化，以便学校采用

面对当前课程发展与教师专业成长的严峻挑战，教师教育模式的改革迫在眉睫。本研究认为，“行动教育”的基本模式可简化（如前面介绍过的“一个课例，三次讨论”），以便学校采用，但这需要重新调整学校教学研究的运行机构，使之逐步成为：(1)群体合作的学习型组织，这样的组织不能止步于以往的水平，要有代表前进方向的专业引领；(2)行为改善的实践共同体，这个群体理念要更新，行动要落实，避免“两张皮”，要有教学行为相互观摩、深度反省的全过程。

第三章　公开课研课磨课

第一节　公开课研课磨课概述

一、公开课的概念

中华人民共和国成立后，我国学校教研组活动，从最初的主要钻研教材教法，到因当时有相当多的教师没有能力独立完成教学设计而逐渐演变成集体备课；再到伴随着听评课要求的提出，公开课教学在学校出现，以后在单一观摩示范教学的基础上，增加了课后研讨和评课环节，出现公开课教学的另一种类型——教学研讨课，最后产生了有不少争议的，通过比赛的方式，对参赛教师的课堂教学水平作出评判的教学竞赛示范课。① 公开课活动，作为我国特有的教师培训形式，从历史上概源于此。

顾名思义，公开课就是公开场合上课，就是“打开教室的门”，根据某种需要向同行教师、向学生家长、向专业机构教学研究人员和教育行政部门开放的课。公开课作为探讨教学规律、研究教学方法、提高教师专业素养的教学研究形式，是由教师和学生共同开展的、供旁听和评价的一种教学实践活动，它可以是“成功”的，也可以是“失败”的。

围绕公开课开展学校或区域的教研活动，主要有上课和课后研讨两个主要环节，其中上课时执教教师和学生是主体，研讨时执教教师和每一位观课的教师是主体。期间表现为学生与教师、学生与学生、执教者与观课者、教研员与学科教师之间的多向互动。

公开课有多种类型，以开展目的不同可分为源于职称评定需要的达标课、学校骨干教师给青年教师所作的示范课、承担教学课题研究任务带有总结汇报性质的展示课、以评优评先为目的的竞赛课，以及以帮助青年教师改进教学为目的的学习型诊断课等。从学校常规管理角度可分为常态性公开课、示范性公开课和诊断性公开课等。公开课是教学理论的活的案例或标本，是教学变革的先锋，推动了教学理论的实践化和教学实践的理论化。不少新的教学方法是通过公开课传播的，大部分名师、名家都是通过公开课活动这一平台被推出的。

---

① 胡惠闵，王建军：《教师专业发展》，华东师范大学出版社，2014 年版，第 208 至 243 页。

二、公开课研课磨课的含义

公开课研课磨课，是指上课教师或其教研组选择教学内容，上课教师首先对教学设计有一个大概的设想，与主管本学科教学的老师及其他同行共同研究，形成具体教案，然后借班上课，根据教学效果对原有设计进行适当调整，通过这样一次或多次的“实战演习”，最终打造出一节完美的公开课的过程。[①] 毋庸置疑，这种“研课磨课”可以使教师教学基本功得到全方位提高，但由于其目的是打磨出一节完美的好课，价值取向很容易偏向功利化，目前教育界对公开课尽管有“造假”“表演”等批评之声，但常见的公开课前的研课磨课活动，我国不少优秀教师大都曾经历过，它可以看成是我国教师专业共同体运作的最初形式。

三、公开课存在的问题和解决对策

由于公开课承担着多种功能，被赋予太多的额外价值，因利害关系，教师和组织者不同程度扭曲了对公开课的认识和态度，“失真、作秀、表演、排练、低效”等人们对公开课的批评之声不断。这种变味的、失去自身原有价值的公开课，存在的问题主要表现在：为多媒体而多媒体，教学手段缺少实用性；为完成任务而完成任务，授课教师缺乏机智性；为联系实际而联系实际，教学目标缺乏专注性；为轰动而轰动，教学举例缺少生活性；为问答而问答，师生关系缺乏平等性；为优秀而优秀，教学过程缺少真实性；为公开而公开，对观摩者缺少可学性；为赏识而赏识，课堂评价缺乏准则性；为权威而权威，评课主体缺乏多样性等。

为解决公开课存在的以上问题，要坚持制度化、发展性、及时性、务实性等公开课管理原则，采取分类管理、多元评价、全程问效、奖惩适度的管理对策。同时，开展针对公开课研课磨课的实践反思，对公开课进行客观评判和趋利避害，势在必行。

（一）淡化功利性而重教师在过程中提高

目前，不少学校公开课集中众人的智慧，通过反复的“试讲——讨论——试讲”，使一堂课精致化到极点。研课磨课针对公开课而开展，主要目的是为了在公开课大赛中获得名次，为学校带来声誉或创下品牌。表面上，作为一种教研活动，研课磨课能将教师集中起来讨论，似乎也能促进教研。然而，假如教师不进行深入学习，讨论的意义又有多大？很多学校的教研活动表面上都在开展，实际效果却跟不开展差不多。每次公开课后的讨论如果都是千篇一律，教师们便逐渐失去了兴趣，开始逃避教研活动了。

研课磨课若以追求公开课的获奖名次为目的，进行功利化的操作，既浪费了大量的人力物力，教师获得的又都是外在的东西。就现实来讲，校长最需要名次，因为这个名次可以作为校长的“政绩”；教师需要名次，是因为这个名次可以让教师评先、晋级。要使公开

---

① 郭华：《公开课——日常教学的理想化和合法化》，本文刊于《教育科学研究》2003年第六期。

课活动达到预期目的，组织者和学习者要规范研课磨课过程，淡化功利，重视教师在过程中的提高。

（二）在专家指导、同伴互助的同时尊重教师的教学个性

公开课研课磨课整合了众人的思想观点，似乎成效会很好，实际上则不一定。大家若都同样平庸，无论怎么整合也等于零。若要用算术公式来表达，那就是：0＋0＝0。再者，由于担心会受到大家的指责，授课教师必然会“矮化自我”，只能按大家的意图去授课。有人会说，授课教师的水平若低于其他教师，研课磨课便对授课教师本人有好处。不错，这似乎有道理。然而，磨课的害处恰好在于将教师整齐划一，因为无论哪位教师去，都必须按大家的意图去上课。换句话说，研课磨课就是众人设计出一个模子后，将其套在每一位上课的教师身上，众人不断完善备课，打磨教学过程，力争使其达到一个模子。任何教师将模子套在任何班级上，取得的效果都大致相同。此时，教师的个性又在哪儿呢？所以，公开课研课磨课在专家指导和同伴互助的同时，要尊重教师的教学个性。

（三）既有课前预设又给课堂生成留有余地

新课程的理念强调课堂教学的生成性和开放性，因为课堂中有很多东西是无法预设的。而公开课研课磨课容易忽视课堂的生成性和开放性，而将一个美丽的镣铐随意套在任何一个班级上。对于上公开课的学生的情况（上公开课经常不在本校，很可能在外校），授课教师可能一无所知，便用标准的镣铐来对待他们，这样无疑也会将学生整齐划一。新课程强调课堂的生成性，公开课研课磨课又强调预设性，二者是不相容的。

各校每年都在搞公开课研课磨课，除了校长喜欢名利外，也不排除别的目的，即推进教研活动的开展，促进教师的专业化发展。教师们为公开课研课磨课消耗了大量的精力，却未必真正能提高多少。唯有在一个意义上，教师才会有所提高，即加强课堂预设，提高课堂控制。但如果预设性较为突出，公开课研课磨课就会沾染上极权主义的色彩。所以，执教教师既要考虑课前预设，又要针对课堂情景即时生成教学。

【阅读链接 3.1】磨课，“磨”去了什么

从一线教师的角度看“磨课”之失①

老师们常说：“好课是磨出来的，好教师也是磨出来的。”在一次次研究、磨炼的过程中，教师的专业知识得以巩固，专业技能得以提纯，专业情意得以夯实。因此，磨课越来越成为促进教师专业发展的一种主要方式。各级教研部门深谙此道，每学年都会为老师们创造各种形式的磨课机会，赛课便是其中之一。

一般说来，赛课分为“开放式”与“封闭式”两种。以我所在的教育区域为例，所谓的“开放式赛课”，通常由组织决策部门（即区教研室、教育学会等单位）印发赛课通知（一般有两个目的：一为市、省级赛课挑选人才；二纯属地方教研活动，为加强教学研讨、促进教师发展），大约提前半个月至一个月的时间，由各单位甄选教师自行准备，有时会提供两至

① 作者系江苏省南通市港闸区实验小学张辉，本文刊于《中小学教师培训》2010 年第 11 期。

三个教材内容给老师选择，有时则只需从现行教材中挑选即可。到规定的比赛时日，各单位教师代课集中参赛，借班上课，可以提前一至两天接触学生、试用课件（因为区内赛课通常会集中在一个学校，而兄弟学校有老师来接触学生，作为校方是不太方便干涉其接触的时间的，而且，作为被借班级的任课教师，为了自己的学生亮相时的面子问题，有时还会帮着赛课老师做些事情。比如语文课，总会带学生把课文多读几遍之类）。一般，每个学校的参赛教师总会带上一个作课团队（包括课件、音响、摄像老师等）前往参赛，区里也会通知各单位派几名教师代表参加听课活动。这样的赛课，从准备到比赛，几乎都处于一种较为开放的状态，所以俗称“开放式赛课”。另一种则是只提前通知比赛时间、地点和教学内容的范围，其余则需等到赛前一天抽签决定，然后在规定的时间内独立备课、制作教具等，并当场呈现课堂。这种赛课将参赛教师置于一个相对封闭的环境中，谓之“封闭式赛课”。

当然，无论哪一种赛课，都少不了一个“磨”字。只不过开放式赛课因其舞台效果的需要，打磨的重点在“课”——使课更精致，更能代表人；而封闭式赛课因其独立、封闭的特点，打磨的重点在“人”——使人更能干，更能展示课。

但在实际操作和经历的过程中，我们发现，两种不同形式的“磨”，“磨”出了一样的好处，却“磨”去了不一样的东西。

一、开放式赛课的“磨课”之弊

首先，它磨失了教师的创造力。

作为开放式赛课的执教者，他不仅代表着自己，而且，一节课的成败更关乎教师团队、学校或地区的名誉等，所以，一节“好”课的出炉，包括执教者在课堂上的举手投足，必定要接受听他试讲的“技术领导们”挑剔的目光。技术领导一般是由普通的教师岗位上成长起来的，有的也因为工作需要，常常担任下一级赛课的评委工作。对于赛课，他们身经百战，深谙其道。他们懂得评价的内在标准和外在标准，知道如何应对不断变换的教育理念，如何迎合评委的赏课需要，也因此能够给参赛教师提供有效的建议。老师在试教后，由一些技术专家们提出意见，改进不足，甚至每一个环节、每一个问题都要由集体研究决定，教者只需要认真地聆听、记录，然后到课堂上加以外化即可。

P老师是一名数学青年教师，9年教龄，为迎接市级赛课精心准备达半月之久。那天，区教研室主任，学校分管校长、主任等“技术领导”齐上阵为P老师听试教。课毕，评课开始，这可是研课过程中非常重要的一环，都说“当局者迷，旁观者清”，很多主角教师身陷其中不能发现的问题常能在作课团队评课的过程中被一针见血地指出。教研室主任首先发话了：“下回上课请你先把高跟鞋换掉！叮叮咚咚的声音是课堂上最不和谐的音符。”校长质问教师：“导入新课时提出的一个问题起什么作用？在课堂上怎么没有个交代？”公开课上教师的语言如同台词，讲究的是前后呼应，追求的是圆满连贯。教导主任指导教师：“不要总是重复学生的回答，这样显得教师话多，主体性体现不够。”“主体性体现不够”，这是很有目的的提醒，言下之意：在赛课中，教师的一言一行都应该符合流行的教育理念规范，课堂上应当集中体现好这些思想，这是在公开课竞赛中“胜出”的一个必要条件。

几乎每节比赛课的背后都有这样一大批的“权威”在出谋献策，运筹帷幄。从积极意义上来看，这是群策群力、集思广益。然而，从另一个角度上看，这是对上课教师教育能力与智慧的一种弱化。它使上课教师失去了自我创造课堂生活的能力，失去了体验创造的快乐，而这，正是教师正常发展的必需，是教师工作价值的体现。曾经听说过一个近似笑话的例子：一位老师参加赛课，最后获奖了，可她自己说除了声音和人，其他的都不是自己的。其实，教育教学是一个极富个性、灵性与创造性的艺术。它更多的是要求上课教师投诸身心情智的生命的修炼。如果教师在课堂上只是作为一个表演者的身份，按部就班地"带着镣铐跳舞"，那这样的打磨还有什么意义？

其次，它磨蚀了学生的生命力。

中国教育学会副会长陶西平在全国初中教育校长论坛上这样指出："'赛课'成就了一批名师，耽误了一批学生！"事实果真如此吗？且看学生在经历过参加开放式赛课的教师磨课后的感受：

学生1：今天上课学的东西我早就会了，老师带我们上过，每次上之前他还叫我们把以前学的忘了，嘻嘻……

学生2：我举了好几次手老师都没叫我，她总是叫××、××那几个好同学。其实，老师早就把要上黑板演算的同学的位置排好了（位于中间过道，方便走动）。真没意思！

学生3：我知道这种课都是上给别人看的。老师就像导演，我们就是演员。不过主任伯伯（教导主任）说这是为学校争光的好机会，我们都好好表现了。

……

非常可悲，学生成了课堂的配角！甚至还充当着道具的作用！为了教师的成功，他们或心甘情愿或身不由己地跟着老师"造假作秀"。教师反复演练，使学生将已经掌握了的问题再装出不懂的样子讨论或被老师提问，如演戏一般在课堂情节需要的地方，恰到好处地背诵一些台词或恰如其分地展颜一笑。在这样的开放式赛课中，一些孩子"磨"会了逢场作戏，一些孩子"磨"出了自卑与敌视，孩子心目中尚显稚嫩的"真"就这样被"磨"了。这对学生的心灵成长是极大的扭曲和侵蚀。真不知道一次赛课作假，多少次正面教育才能纠正过来！而且，以语文学科的赛课为例，公开课堂上多存在着"选择第一课时，做第二课时的事"的状况。不少老师为了体现教学设计的水平，展示教学引领的风采，往往一上来就"英雄不问出处"，不去了解全文的整体，不去把握事件的起因结果，不去触及人物情感、性格形成的来龙去脉，便抽取课文片段，作语段的深入解读、体验感悟。特别是一些中高段的课，字词、读通读顺、整体感知等基本功都作为可有可无的附带品，用得着时提一下，用不着时难觅踪影。其实，语文学习是一个逐步积累、形成素养的过程，如此这般的"拔高""架空"，将给学生"双基"落实带来隐患，会"磨"薄学生"双基"的底子。

犹记得，华师大叶澜教授在《让课堂焕发出生命的活力》一文中曾这样写道：课堂教学蕴含着巨大的生命活力，只有师生的生命活力在课堂教学中得到有效发挥，才能真正有助于新人的培养和教师的成长！

二、封闭式赛课的"磨人"之憾

从一定程度上说，封闭式赛课对教师素质的要求比开放式赛课的要高出一等，它考验的是教师的"内功"，所以才有封闭式赛课对"人"——教师素质的打磨的高度重视。但是，在赛课评价体制的甄选作用下，本应具有明显优势的“磨人”方式也沾带了不可避免的遗憾。

1. 长久实效与急功近利

五月份要参加一场极具挑战性的市级封闭式赛课。比赛只给了规定内容，是苏教版小学四至六年级双册教材，其余都要到赛前一天才能知道。四至六年级双册教材，将近八十篇课文，要猜出一篇竞赛课题来无异于大海捞针，而要在不到一个月的时间里将其一一琢磨透并构思好教学方法也显然是不可能的。怎么办？我顿时像只无头苍蝇，有种无从下手的感觉。所幸的是，如同开放式赛课的准备一样，学校里以教导主任、学科组组长为主的“作课团队”主动关心，很快制定出了“作战计划”三部曲：自学、练功、演习。

准备参赛期间，前后不过一个月上下，但在这段时间里我读过的书、看过的课例、查过的资料可能比工作几年的总和还要多。

在日常教学情境中，“磨人”必与封闭式赛课相伴相生。有赛则磨，无赛不磨，反映了一些人急功近利的心理。事实上，“磨人”是一件长久之计，并不能一蹴而就，“没有一生的心血，哪有瞬间的精彩”。理想的“磨人”必须扭转只有评优课才打磨的狭隘的目标取向，而应成为学校的常规教研活动，应成为学校的一项研究制度，列入教师的发展规划，成为广大教师提升教学素养的“练功场”。自己研“磨”、同伴互“磨”、专业引“磨”，在一次次“磨”的过程中，使教师对新课程理念把握更准确，对教材的研读更深入，对学情的了解更透彻，同时也使教师的点拨引导能力、临场应变能力、教学创新能力得以提升，教学实践不断丰富，教学智慧得以发展，进而磨出教师间合作交流的默契，磨出教研组团队的理性思维水平的提升，真正让“磨课”“磨人”成为教师的日常教学研究行为，唤醒教师的课堂研究意识，引领教师进入研究状态并带动整个教师群体的发展。

2. 公平诚信与暗度陈仓

较之开放式赛课，封闭式赛课原本就是因其“公平公正”而更显优势的。然而，封闭式赛课中有失公平诚信的故事在时下的赛课场中已是司空见惯。

按照规定，这种封闭式赛课只有评委参与，不向其他教师开放，参赛选手之间也不可以互相听课。但我毕竟是第一次代表学校参加这样的活动，领导很不放心但又帮不上忙，便在我上课的那天上午悄悄来到了赛课教室外给我壮胆，没想到却得到了意外收获：他们从窗外看到在我之前的一节课上，参赛教师拿着与课文内容相关的教具拐杖、麻布袋等（扮演土地爷爷用）在和孩子们作情境扮演。我们不禁要问：他这些教具从哪里来的？要说是提前准备的，绝不可能！那么……答案真是不得而知了。其实，赛前因为考虑到课堂上有一首歌曲来渲染氛围会较好，我也曾向组委会请示过可否请同事送一盒磁带来，结果被否定了。我不甘心，想着宾馆外面就是繁华的大街，便趁着吃好早餐的机会“溜”了出去……联系这个情节，那位老师的教具究竟从哪儿来的似乎也不难推想了。我们不禁要继续猜想：那位老师除了与外界联络到教具外，还联络到了什么？还有多少人也像他一样引进了“外援”？

看来，所谓的封闭式赛课，“封闭”其实只是一种形式。随着现代科技的发达，小时空里也可以“秘密”策划出大文章！如今，作课团队在参赛教师入住的宾馆附近下榻几乎是公开的“秘密”，假如恰好抽到区域教育范围内上过的好课，那马不停蹄地驱车去送教案也不是一件难事了。而且封闭式赛课不允许赛者互相听课，一方面是为“公平”起见，另一方面当场打分而不当场亮分的方式却使最后的评奖进入到一个暗箱之中。参赛教师竭尽打磨之能事修炼“内功”，最后却连自己上得好坏与否、优缺点何在、与其他教师的差距在哪里等都没有搞明白就稀里糊涂地结束了比赛，不能不说是一个极大的遗憾，“磨人”的意义就此大打折扣。难怪有识之士会大声疾呼，要求还赛课一个高度透明的公平诚信，并将矛头直指赛课的评价体制。

的确，以培养青年教师为主的“磨课”“磨人”教研活动，目的在于引导教师确立自己独特的教学理念，形成适合自己特长的教学风格，从而惠及学生，益及整体教育质量的提升，其着力点应该放在发现(问题症结、教师特长与缺陷)、引导、“帮扶”上面，其出发点和落脚点应该是教师个体“生命”的存在。只有充分地尊重教师的个体生命，规避“按部就班”“造假作秀”“急功近利”“暗度陈仓”等误导教师发展的现象，才能让他们感受到自我的存在，体验到成长的快乐，才能使课堂真正成为“焕发师生生命活力”的地方，进而实现教师个人成长与学生发展的双赢！

第二节　公开课研课磨课案例展示

【案例 3.1】一位青年教师成长的心路历程[①]

你上过“公开课”吗？当你站上讲台那一刻，是否想呈现出最完美的课堂？如何沉稳、有序、巧妙地把握好课堂？如何把自己多年的教学成果展示在同行们面前？如何不在众多的老师面前把课上砸？那么，就必须像侠客磨砺宝剑、工匠雕琢美玉一般对你的课进行打磨。

笔者结合亲身经历来述说“磨课”对于一位青年数学教师专业成长的重要作用。

一、多次数学磨课的经历

(一) 第一次参加优质课评比

2003 年 11 月 25 日，在笔者从教的第五个年头，笔者有幸参加了浙江省第二届高中青年数学教师优秀课(上课比赛)评比，获得了一等奖。就是在迎战这次评比的过程中，笔者获得了自己教学生涯中最初最宝贵的一段磨课经历。

2003 年 3 月 20 日，先是通过闭门造车，以初生牛犊不怕虎的精神去闯温州市直属高中数学青年教师说课评比。接着在学校教研组的通力支持下迎战 11 月 13 日温州市高中数学青年教师优质课评比的说课、上课比赛。然后凭借更广的教研力量，对课进行打磨、反复润泽，最终奔赴省赛，课题为“等差数列的前 n 项和”。

---

① 作者系浙江省温州中学李芳，本文刊于《中学数学教学参考》(上旬)2013 年第 1—2 期。

在这将近一年的时间里，经历了紧张、漫长、痛苦、喜悦，不时放松的神经又被挑起，不断地有新理念、新想法向你涌来，给你冲击，让你应接不暇。如“等差数列的前n项和这堂课，教材为什么安排高斯的故事?”“这节课的教学核心是什么?”“怎样去突破教学难点?”“能否有教学的亮点?”“课堂上怎样更具有亲和力?”等问题。

德国数学家高斯在他仅10岁时，就解决过类似的问题，这故事有激励学生的作用。而本节课的教学核心是用“倒序相加法”来求等差数列的前n项和，与高斯的“首尾相加法”是不一样的。把高斯的故事删去吗?

专家们指点：高斯的方法虽然不一样，但是不矛盾。这个故事讲后，可让学生以10岁的高斯为榜样解决一个新问题：$1+2+3+\cdots+99$。此时，课堂上需营造宽松氛围，让学生各抒己见，各种方法呼之欲出。如解法一：$1+2+3+\cdots+99+100-100$；解法二：$0+1+2+3+\cdots+99$；解法三：$(1+99)\times49+50$；解法四：$1+2+3+\cdots+99=\frac{1}{2}(1+2+3+\cdots+99+99+\cdots+3+2+1)=\frac{1}{2}(1+99)\times99$。随即，“倒序相加法”便可和盘托出，应运而生，难点自得到突破。

经过一系列的打磨，这节课的教案从最初的设计到最后的呈现，已大相径庭。仅引入部分，就已数易其稿，向精简靠近，从原先的多个例子引入，到最后的一张图片引入且蕴含意义。例题部分借用了中国南北朝《张丘建算经》中的算题：“今有女子不善织布，逐日所织的布以同数递减，初日织五尺，末一日织一尺，计织三十日，问共织几何?”既发挥习题功能，又凸显古文韵味，且渗透德育，一举三得。结尾部分不仅从函数角度揭示等差数列前n项和公式的意义，而且通过几何画板进行参数变化，引导学生自主发现公式规律。

这期间，笔者的教学详案写了一遍又一遍，试讲从本校到他校、从本区到他区。在几多回合里，接收、体味、演练，再推倒、重修改，又演练。整个过程螺旋式上升，让笔者在各方面都得到了长足的进步。

（二）第一次自发状态下耗时最长的磨课

而真正让笔者有着陆感的磨课经历是准备2007年4月22日温州市特级教师骨干教师大讲台活动的一节公开课的过程。相对于三年前的“被牵着鼻子走”，这次，笔者完全自己“策划”，有意识地从自主设计到他人借鉴，按照五个环节逐步地展开磨课。

1. 原生态备课

公开课的课题是高中数学人教版必修二：“2.1.1　点线面之间的位置关系”的起始课“平面”，内容包括平面的概念、三大公理等。针对这个课题，笔者仅依据教材、教参进行“原生态”备课，看看对于这节课自我认识到底有多少。同时，为了“遮羞”，进行了自我试讲、自我评课、自我反思。试讲后的自评是：平铺直叙、没有新意，学生可以接受知识、但不深入。教学任务完成，但索然无味。反思结果是：功力不够、教材理解不深刻、设计缺乏亮点。

2. 二次备课

笔者开始寻求多元参考资料。通过《普通高中数学课程标准(实验)》了解到新课程在立体几何的教学理念上已从以往的侧重演绎推理，变为追求“直观感知——操作确认——

演绎推理——计算论证”的全过程。比较人教版新老教材在立体几何这部分编排顺序的差异，发现第一章是空间几何体，第二章才是空间点线面的位置关系，这样的顺序更符合学生的认知规律。由此，笔者在课前让学生欣赏一组风景建筑的图片，既带动上课气氛，又隐含课程理念。收集不同版本教科书在这一章节的不同编写方式，比较异同点、思考背后的不同理解及原因。参考俄国I. V沙雷金的《直观几何》，笔者悟出了，为什么北师大版和人教版的教材都是以“长方体”作为本章的引入，为什么人教版教科书中第42页第2行有一句“点动成线，线动成面”。这个综合发现促使笔者迸发出灵感，用几何画板动画演示这样一个过程：让一个长方体(体)的高度逐渐减小到零，变成长方形(面)；再使其宽度逐渐减小到零，变成线段(线)；最后使其长度也逐渐减小到零，变成点。再逐步还原前面的过程，使学生感知“点动成线，线动成面，面动成体”，同时意识到：线是点集，面是点集，空间几何体由点、线、面组成。

当笔者回味这个环节时，竟惊讶地发现，其实在教参中均有所提到，但在原生态备课中却没有参透，通过多元资料的反复提醒，才得以悟出。

3. 二次试讲

此次试讲邀请组内同仁聆听。目的一：检验二次设计的实效性，是否能调动学生积极性；目的二：从闭门造车走向信息接收，借鉴群体智慧。笔者所在的教研组有一个非常有效的评课传统：一是基本不谈优点，只讲缺点；二是不止指出缺点，而且指点怎样改进的具体方法，甚至指导老师亲自操刀示范一遍。

“此节是立体几何第二章的起始课，必须要让学生规范地掌握表达几何元素点、线、面及其关系的三种数学语言：图形、文字、符号。”“公理是个描述性概念，不必证明，而要通过感受，让学生产生认同感。”“生活中，信手拈来都是点、线、面的模型，直接用笔表征直线、用书本表征平面，又亲切又本质，同时要注意引导学生区分有限与无限，生活中的事物形象与数学中的概念的差异。”……在组内同仁的“狂轰滥炸”之后，笔者再一次理清了思路。

4. 指向“生成”的试讲

笔者认为：一节课的着眼点始终应为“学生”，一节课的活力源泉乃为“学生的生成”。在公开课中，青年教师最没有把握的便是如何应对学生突如其来的“灵光”问题，愣是把学生的发言生硬地拽回来。如何解决预设和生成的矛盾？如何充分了解学生的原认知？这一环节的试讲，笔者主要的意图是在某些环节进行充分的“开放”，学生可以任意发表自己的想法；没有想法，就设计问题“引蛇出洞”；遇到“怪异”想法，不回避，打破砂锅讨论到底。

为体验“公理2：过不在一条直线上的三点，有且只有一个平面”，笔者拿起一本书，问道：“我们用几个点就能将这本书撑起？”对于学生回答“三个点”“两个点”，笔者都作了预设。但出乎意外，一个学生回答：“一个点就能撑起一本书。”笔者故作镇定地追问：“有什么理由呢？”几个男生几乎同时拿起书，轻轻一转，便用一个指头顶了起来。当时，笔者一来自喜，这样的提问真的让学生联系到了生活，激发了积极性；但糟糕的是接下来不知该怎样解答。“如果你不旋转能撑稳这本书吗？”“旋转时的离心力是否对书本起到平衡作用？”“我们应该研究的是静态下的平面吧？”支支吾吾地“即兴解答”，直叫人倒抽一口冷气。

另一个“意外”又发生了，当笔者提问：“一条直线无限地朝一个方向运动，会形成什么图形?”一个学生回答:“平面。”笔者继续追问,意欲得出“半平面”的答案。但举手的学生却回答:“曲面。”多好的想法呀。问题中的“一个方向”,如果理解为“顺时针方向或逆时针方向”,得到的不就是“曲面”吗?

看来,青出于蓝而胜于蓝,学生的创新性不可小觑,要想上好课,须充分了解学情啊!

5. 再次备课

其一,写详案。一来,可以明确上课内容,为青年教师的怯场作准备;二来,经过推敲、修改、取舍、精选的过程,哪些问题是无效的,哪些解答是无力的,哪些预设会有哪些可能的生成,针对不同的生成又该准备怎样的解答;三来,语言其实是由思维决定的,它是思维的结果、思维的表象。没有思维的提炼,就没有语言的精炼。写详案刚好把你之前纷繁的信息、无序的思路理顺,形成逻辑框架。笔者体会:写好一个满意的详案,一堂精彩的课就已成功了一大半。

其二,解决一个困扰:三个公理怎样来连接才显得不拖沓,有吸引力。有老师建议,围绕点、线、面的位置关系,揭示三个公理的功能。这样理性的分析固然思路很清晰,但却让笔者担心自己很难上出这种思辨的味道。便借助 Flash 动画设计了三个故事片段。片段1:小 A、小 B 去寄信。小 A 手上的信皱巴巴的,小 B 手上的信却很平整。小 B 指着小 A 的信说:“你这封信呀,皱巴巴的,多不美观,瞧我这封,多么平整!”小 A 是个数学高手,故意刁难小 B:“你怎么说明我这封信不平呢?”(设计意图:应用公理 1)片段 2:小 B 在半路上玩杂耍,用一根指头撑起一封信:“哈哈,你瞧,一根指头就能顶住了!”小 A 高傲地问:“那你说,一点就能够确定一个平面吗?”(设计意图:引出公理 2)片段 3:终于到达邮箱了,小 A 开始投信,小 B 指着投信口,好奇地说:“喔,信封和邮箱面交于一点!”小 A 又乘机考考小 B:“信封和邮箱面所在的平面只交于这一点吗?”(设计意图:引出公理 3)

三个片段虽做得很生动,但笔者却顾虑会不会太花哨了,不是经常有人批判公开课为作秀课、过度情境化、缺乏数学味吗?而如果一节课连自己都“打动”不了,肯定会上不好。经过反复思量,决定还是选择适合自己的第二种设计,但在情境使用上,点到为止,及时将学生的注意力引向对数学问题本身的讨论。

带着这样的决定,最终笔者较为出色地完成了这次公开课任务,并获得了较高的评价。而这次非常彻底的磨课经历让笔者清醒地意识到平日的积累、沉淀是多么重要,在每天的课堂、课外都应做一个教研有心人才能及时捕捉信息、深刻理解数学内容。而“磨课”对于青年教师来说,则是一个引发顿悟、擦亮眼睛的契机,是其专业成长过程中不可或缺的一课。

二、在磨课中,要磨什么,磨掉什么

相对于公开课,还有一种课叫“常态课”。在许多对公开课的微词中,有这种说法:公开课与常态课差距甚远,没有意义。冷静思索,这不正是组织公开课的目的吗?我们不正是可以通过公开课来看看什么样的课是精品课?假如能缩小这之间的差距,逐步让常态课逼近公开课,这不便有了教学的进步吗?

然而,所谓“好课”是磨出来的,要想上好常态课,那也得“磨”!但有哪些磨课中的技巧和经验对提升常态课质量有帮助,且能加快磨课速度呢?对此,笔者有以下体会。

（一）要磨“目标定位和内容取舍”

对于一节课，教学目标的定位要准确，教学内容的选取上要精到，这是磨课的核心。

如对于不同类型的课例，目标定位要有所调整。拿“数列的递推公式”新课与复习课来说，在新课中就可以加入许多斐波那契数列的拓展性知识供欣赏，让学生在感知数学中提高学习兴趣，增进对新知识的理解。而复习中再讲这些就显得肤浅或削弱主题，而应借题发挥，设计较为复杂的递推式问题。

（二）要磨“课的数学本质”

一节课要想做到“目标定位准确，内容取舍得当”，其前提必然是在建构课堂前就必须“钻研教材、吃透教材、把握本质”，这是磨课的关键。

如解析几何高三二轮复习课“从一道会考题讲起”，专家陶维林老师就一语中的的指出它的定位应该是“用‘坐标法’研究一些抛物线性质”。一来，整节课都是围绕抛物线的一组性质的探究展开的；二来，高三解析几何复习的重点还是在于学生对通性通法的掌握，应该回归到学生会用“坐标法”来解题。这样一来，授课者的思路就相当清晰了，处理教材时就会把探究性质作为一个触发点，把练习坐标法作为一个落脚点，何处该探究，何时该练习，就一目了然了。

（三）要磨“课的上法”

一堂课有了魂，可要怎样塑造型呢？即用哪些手段、方式来展示你的课，怎样展示才恰到好处且颇富新意呢？

（1）参看不同版本的教科书。比较差异，分析它们编排材料的顺序、呈现概念选用的载体，表达问题所用的语言，推敲哪种呈现方式更符合学生认知规律。

（2）设计“问题串”。问题串的设计可以让某个问题的讨论步步逼近，理解层层加深，使一节课的主题更突出，内容更集中，设计更整体化。如概念课“平面”中，针对平面概念通过问题串作全方位的理解。先借助“手指、笔”，进行“操作交流”。①一个点朝两头无限运动，形成什么图形？②一条直线朝一个方向运动，形成什么图形呢？③将钢丝（作为直线）在空中平动了一圈，这样形成什么了呢？再进一步进行“感受交流”。④试举出身体具有“平面”形象的事物。⑤你对平面的感受是什么？⑥在自然界中存在真正的平面吗？⑦无限延展的平面如何表示？

（3）恰当使用媒体。媒体种类有很多，有通常意义的课件，如PPT、几何画板、Flash；也可以是一些道具（立体模型、实物模型球等）；也有信手拈来的教科书……但我们可能有种潜意识，认为用“书”显得没有创意。其实用得恰当，发挥其应有的作用，一样出彩。如统计课“用样本估计总体”，知识理解难度不高，内容呈现文字繁多，何不定位为“有指导的自学课”，以学生阅读“书本”为主，以老师点拨问题为辅，达到整体知识的通达，难点问题的突破，重要问题的巩固的教学效果。同时使用媒体时要把握正确的时机，大忌喧宾夺主、适得其反。

通过磨课，我们磨出了对教材的深入理解、磨出了富有创意的教学设计。同时，我们还可以磨掉教师一些长期固有的错误的教学行为。

1．磨掉行为——“乱说”

行为表现：在课堂上经常有无效提问，即提的问题没有指向性，学生不知从何说起。经常有随意回答，即答的问题没抓住要害，语言支吾、拖沓，不精炼。

行为原因：对问题还没理解透彻、语言未组织好。

磨课方式：无生试讲、听课指导老师随时提问、当场点拨、当场修改、再写详案。

目标：促进青年教师对课的本质理解，提升语言精练度，避免口头禅，调整语音语调。

2．磨掉行为——“抢话”

行为表现：抢在学生思考前发话，抢在学生话音未落前发话。

行为原因：生怕完成不了进度；生怕学生答错将课引向不归路；生怕学生有错误想法，老师无法“拨乱反正”；生怕学生有新奇想法，老师无法理解而导致课堂失控。

磨课方式：上一节“有缺憾的课”。全心关注学生的学，核心问题鼓励学生答，顺着学生的思路来展开教学，不怕赶不上进度，不怕出错，不怕丢脸，带领学生一起体验试误过程。

目标：留足学生思考时间，学会关注“学生的学”，提升教师专业素养。

3．磨掉行为——“不动”

行为表现：一堂课上完，老师的移动范围往往不超过讲台前的两三米。在许多课堂中，后排的、边上的学生最易睡着。

行为原因：教师以为“教学”就是教，没看到右边还有一个“学”字。

磨课方式：在每一堂课中都要有意识地提醒自己在整个教室中至少要走动一圈，逐步形成良好走位的习惯。

目标：关注每一位学生，尤其是后排和边上易走神的学生。

【点评】磨课是教师专业成长由理论走向实践、走向进步的绿色通道，它也是青年教师走向成熟的必由之路，更是年轻教师在教学上不断精益求精、完善自我的镜子。

“好课”是从课堂实践中熔炼出来的，没有任何捷径可行。这是教育行为修炼的颠扑不破的法则。

【案例 3.2】我的《木笛》磨课之路①

一、遇见《木笛》

我 2003 年 10 月在衢州参加浙江省第五届小学语文教师课堂教学评比活动，我执教《三顾茅庐》一举获得一等奖，据说总分排在第二位（当时排第一位的是杭州西湖小学的郑雪琴老师，她上的是古诗《江雪》），我清晰地记得，在我上课的前一天，担任点评的正是我现在追随的王崧舟先生，先生评价早我一天作课的其他两位选手，说他们的课一个像土星，浑厚、凝重；一个像水星，飘逸、空灵。第二天，我在说课时对台下一千来号人说：“我没有土星的浑厚和凝重，也没有水星的飘逸和空灵，我只想做语文教学这颗魔力磁球的一颗

---

① 作者系浙江省湖州市东风小学肖绍国，本文来源于王老师小雨工作室博客 http://blog.sina.com.cn/rss/27。

忠实卫星，将我的语文生命进行到底！”直到现在我还记得此话一出，台下热烈的鼓掌，其实当时我的内心是多么羡慕那两位选手呀，我也想让先生把我比作什么星，比如金星！记得当时载誉归来，那个高兴呀！但就在那时，我的父亲永远离开了我，由于赛课，我未能送终，这成了我心头永久的痛，成了我不能承受的生命之重。

衢州回来之后，我被王崧舟先生的风采所倾倒，他在上海推出的《一夜的工作》，让我疯狂了几个月的时间，我反复地钻研此课，以求摸出其中的一些门道。也就是在沉迷于《一夜的工作》的日子里，不知不觉地，我开发了我的又一堂课《我的伯父鲁迅先生》，此课的“诗意语文”版本的教学设计、课堂实录接连刊发在《小学语文教学》《中国小学语文教学论坛》等全国小学语文核心期刊上，全国各大语文专业网站也都上传了我的网络版的《我的伯父鲁迅先生》实录。课例引起了包括浙江省小语会会长沈大安先生等一批专家和一线老师的关注，当然批评的声音也很多，我不由地问自己：我这样的一个人，搞出的课例怎么会有这么大的反响。想来想去只能把她同王崧舟、同诗意语文联系起来。那一阵，我凭《我的伯父鲁迅先生》在很多场合亮相，时间一长，反复作课，自己不觉有些厌了，怎么办？必须得开发新课。

2005 年 5 月的一天，我同往常一样在“人教小语网”上散步，突然看见新挂出的“国标”本五年级电子教材。我一眼就看中了教材最后的选学课文《木笛》，课文的主人翁叫朱丹，他在南京城参加一个乐团的面试，当主考官让他吹奏欢快的乐曲时，他想到今天是 12 月 13 日，正好是南京大屠杀遇难同胞纪念日，毅然拒绝吹奏欢快的乐曲，挥泪悄然离开考场，而面对纪念碑下的一片莹莹烛光，他却伫立雪中，尽情地吹奏起来。一个青年、一名大师、一次抉择、一个日子、一曲笛声、一片烛光、一群孩子……《木笛》以她极具场景性的描述吸引我走进南京交响乐团的这个考场。我知道，这只是一篇小说，但我宁可相信这个故事是真实的。是她，就是她，就开发《木笛》。在以后的日子里，我就把从网上下载的《木笛》电子文本揣在兜里，有空就拿出来，大声地读，保留自己对文本诵读后的感觉，让所有的感觉在心中发酵，丝毫没有去想课的框架。我知道课的框架、主线将会在我的生命之流的前方等着我，那可能是一块鹅卵石边，也可能是一片水草的青青处，还可能在溪流的拐弯处……总之，她肯定在前方，此时，时间已经不知不觉地流到了 2005 年国庆节。

二、诗意夜晚

就在这时，我被我们当地教育局选派到上海卢湾区巨鹿路第一小学挂职学习，我获得了一段纯粹意义上的学习时间。我清晰地记得，王崧舟先生约请我在全国首届“诗意语文”观摩活动上作课。2005 年 10 月 16 日下午，我从先生举办的大会上作课下来，就直接奔赴我的挂职学校。在通往上海的火车上我收到先生给我发来的短信：绍国，坚定信念，何愁不辉煌！我的理解，先生这里言及的信念，是一种诗意的信念，这里的辉煌，是一种诗意的辉煌，丝毫来不得半点功利。火车上人头攒动，我的内心却十分平静。晚上 7 点 30 分左右到达所住的招待所，并没感觉到十分疲倦。夜晚感受着大上海的气息，行走在黄浦江岸边，任江风拂面，思绪万千。想起了我的语文人生，多少坎坷、碰撞、激情、高峰体验从我脑中掠过，想起我的导师邵起凤老师、王崧舟老师，憧憬着我还要走的这一遭语文人生……从教近 10 年来，我一直坚守着自己的语文梦想，从一堂又一堂的磨课中磨出了无限的诗意，特别是在我走进诗意语文大师王崧舟先生的诗意家园以后，我彻底地明白了我这一生所要走的路。在这样的一个夜晚，在黄浦江岸边，我不由想起了19世纪德国哲学诗人荷尔德林的诗句：

如果人生纯属辛劳，
人就会仰天而问：
难道我所追求太多以至无法生存？
是的，只要良善和纯真尚与人心为伴，
人就会欣赏地
用神性来度测自己。
神莫测而不可知？
神湛若青天？
我宁愿信奉后者。
神本是人的尺规。
人充满劳绩，但还
诗意地栖居于大地上。

在接下来的每个夜晚，我的创作热情处于一种极度亢奋的状态。每晚，我与《木笛》的作者赵恺进行着时空对话，我想象着他在江苏淮安的寓所里，是否也在牵挂着他的这篇文章，冥冥中，他好像在告诉我：肖老师，你得走进课文中那位演奏木笛的青年朱丹呀！于是，我与朱丹对话，他告诉我：肖老师，你可知道，这笛声可是我内心滴血的声音呀！你听到了吗？我轻轻地说：我听到了，你尽情地吹吧，朱丹！在这样的夜晚，我依托夜色，而又超越夜色；我依托文本，而又超越文本。我多想把我和文本对话中产生的奇妙感觉跟我的孩子们共享呀！我"诗意"地预设着教学过程，每每兴奋得不停在房间里踱步，每每有丝丝微妙的"高峰体验"从我的血液里划过。

三、框架搭成

半个月之后的一天早上，我像往常一样来到我的办公室——上海卢湾区巨鹿路第一小学的"文华工作室"，准备参加学校的一次行政办公会议。但我的脑中一直在思考昨天晚上所构思的《木笛》课路，会议开始了，我边听边在电脑中飞快地输入，犹如灵光乍现，至下午三点左右基本框架搭成，一气呵成，感觉状态不错。当时搭下的基本框架到现在也没有改变，那就是：层层叩击文本，在学生、教师、文本之间的多向互动的对话中，在充分朗读中，以"如泣如诉"为轴心，在"泣"和"诉"两个层面上挥洒，铺设"幽幽笛声如泣如诉，莹莹烛光告慰亡灵"的情感主线，立体多维地推进教学。

课的结构延续了《我的伯父鲁迅先生》精致巧妙的风格，由以下几部分组成。

（一）永不忘却，莹莹烛光中入情入境

一开始有一段导语如下。

2005年是中华民族抗日战争胜利60周年纪念年，2005年12月13日是侵华日军发动的惨绝人寰的"南京大屠杀"68周年祭日。为了纪念这个中华民族的灾难日，由"新浪网"等机构发起制作了一个名为"永不忘却"的南京大屠杀史实网站。打开网站的首页你会看到这样一段文字：

不能遗忘

中华民族的一段血泪史

每一朵烛光

代表一个在侵华日军南京大屠杀中遇难的同胞

是呀，“每一朵烛光，代表一个在侵华日军南京大屠杀中遇难的同胞”，今天我们要走近课文《木笛》中的一位青年，名叫朱丹，他在吹奏他心爱的木笛的时候，也看到了这一片莹莹烛光，这是一个真实的故事。

（二）凝成画面，烛光笛声中视听碰撞

找找课文哪些地方写了朱丹看到的那片烛光以及他吹奏的那曲笛声，明白吗？是呀，这片烛光和这曲笛声散见在课文的最后几个自然段里，但是我们都有一双善于发现的眼睛，我们都看到了那烛光，听到了那笛声。老师还特地把描写烛光和笛声的优美词语都摘录了下来，谁来字正腔圆地读一读？

莹莹光亮　曙色萌动

蓓蕾初绽　无声晕染

悲凉凄切　脉管滴血

翩然回旋　如泣如诉

读词语的时候，你努力想象词语后面的画面，兴许还会读出一种感觉来。听了她的朗读，你们仿佛看到了什么？

读词语的时候，你需要用心听，透过词语的背后，往往还会听到许多声音。透过这四个词语，你仿佛听到了什么声音？（如泣如诉）

跟着这种感觉，读着这首小诗，看着这片烛光，听着这曲笛声，想象着站在你面前的青年朱丹，你是不是有什么问题要冒出来了，要问问朱丹呢？

是呀，朱丹，你为何要吹出如此悲凉凄切、脉管滴血、翩然回旋、如泣如诉的笛声呢？你是为何而哭泣？你又是在向谁而倾诉呢？（师在“如泣如诉”中的“泣”和“诉”上打上两个圈）

（三）泪诉交集，回环复沓中如泣如诉

1. 品味苦涩的泪水

“一丝悲戚”到“涌出苦涩的泪水”，这是为了什么？这缘于一次什么？

做足做透对话部分，观看录像，融情想象，跟后面的“聆听内心的倾诉”几乎是平均使用力气。

2. 聆听内心的倾诉

孩子们，别从朱丹的苦涩中走出来，就这样全身心地融入进去吧！此刻，你就是朱丹，你就是朱丹，你的泪水浸湿了衣襟，你又能向谁倾诉呢？你没有目的，也无需目的，你贴着雪片，贴着灯红，贴着酒绿，漫无目的地走到鼓楼广场。穿过广场，你又走向坐落在鸡鸣寺下的南京大屠杀死难同胞纪念碑。临近石碑，只见：

一片莹莹光亮，像曙色萌动，像蓓蕾初绽，像墨滴在宣纸上无声晕染。走近一看，竟是一个由孩子组成的方阵。有大孩子，有小孩子；有男孩子，有女孩子；他们高矮不一，衣着不一，显然是自发聚集起来的。他们的头上、肩上积着一层白雪，仿佛一片幼松林。每个孩子手擎一支红烛，红烛流淌着红宝石般的泪。

你怎么会看到莹莹光亮呢？你怎么会看到曙色萌动呢？你怎么会看到蓓蕾初绽呢？你怎么会看到无声晕染呢？你看到了这片莹莹烛光，你看到了这片幼松林，你看到了这滴滴红宝石般的泪，此刻，你最想干什么呀！朱丹？

（课件播放如泣如诉音乐《江河水》笛子版，声音增强）

笛声化作了这段文字：（大屏幕出示）

笛声悲凉凄切，犹如脉管滴血。寒冷凝冻着这声音，火焰温暖着这声音。坠落的雪片纷纷扬起，托着笛声在天地间翩然回旋。

孩子们在静静地倾听，他们似乎听懂了这如泣如诉的笛声。

朱丹啊朱丹，考入乐团是你梦寐以求的愿望，你这样离开考场，难道你就没有为自己的艺术前途担忧吗？

朱丹啊朱丹，你在刺骨的寒风中吹奏这悲凉的曲调，难道你就不留恋《欢乐颂》的祥和、《四小天鹅舞》的欢快吗？

朱丹啊朱丹，你吹出如此婉转凄切的笛声，站在你面前的可是一群孩子，他们能听得懂吗？

写话：

笛声在向人们倾诉________________________________。

揭开悬念，首尾呼应中铭记历史。

（大屏幕出示文本，《辛德勒的名单》主题小提琴曲同时响起，直至课的结束）

吹奏完毕，有人在朱丹肩上轻轻地拍了一下。他回头一望，竟然是那位音乐大师。

朱丹深感意外，连忙回身向大师鞠躬。大师说："感谢你的出色演奏，应该是我向你鞠躬。"朱丹连忙说："考场的事，请大师原谅。"

大师说："不，应该是我请求你的原谅。现在我要告诉你的是，你虽然没有参加终试，但已被乐团录取了。"

说完，大师紧紧握住朱丹的手。朱丹的手中，紧紧握着木笛。

最后再回到"永不忘却"网站的首页。

到目前为止，我以为，就像一篇好的文章一样，好的课也应该有一中心，然后起承转合，前后呼应，急昂处，还它个急昂，静默处，还它个静默，任何艺术都是节奏的艺术，作课，犹讲节奏，这样上得比较集中，不至于太散。像孕育孩子一样，我的又一个可爱的"孩子"终于新鲜面世了。看着她呱呱坠地，我想歇斯底里地大喊一声。

四、飞往北京

早在 2005 年春节之前，我就接到王崧舟先生给我的电话，约请我 2006 年 4 月在北京师范大学举行的全国小学语文青年精英（王崧舟、薛法根、窦桂梅等）论坛观研讨会上，作为他的徒弟与他共同演绎诗意语文。在这之前，我《木笛》在湖州市登台亮相过两次，下来都有一个共同的问题：严重超时，教师语言太诗意，学生融情较慢，甚至有的学生根本走不进去。怎么办？唯一的出路是赶紧请王崧舟先生把脉，让课平平静静地呈现在大师面前，而后寻求突破。2006年3月20日一大早，我乘坐湖州至杭州的快客，只用了一个小时多一点的时间就到达了拱宸桥小学。先生早就热情地在办公室等待我，我清晰地记得，先生见到我的第一句话是：绍国，来得这么早！接着我向先生展示了《木笛》一课，课上下来，自己感觉不错，特别是孩子怎么就那么熟悉我的诗意语文课路呢！我十分惊讶，我的每一步预设，拱小的孩子都知道我下一步将要干什么，那种感觉，那个得意，全来自于孩子。先生对我的课给予了充分肯定，我的好友祖庆也听了我的课，他们在鼓励中给我提了一些起决定作用的建议：

——内容太多，必须得砍；

——课还需要价值提升；

——教师语言太诗意（华丽）；

——阶梯教室里面试的场景和面对烛光方阵吹奏木笛的场景不能平均使用力量，一节课内，必须舍掉一个，保留一个，当然是保留后者。

——主人公朱丹“考场”情境中的“拒吹木笛”和“烛光”中的“尽情吹奏”形成一种极鲜明、极强劲的行为反差和情绪张力。考场自是考场，这是不言自明的。但对身处烛光方阵的朱丹而言，纪念碑前又何尝不是一种更肃穆、更真实的“考场”？于是，朱丹用“拒吹木笛”和“吹木笛”这两种完全对立的方式，在两个考场上写下了完全一致的答案——毋忘国难，守护国魂。

带着拱小的这次打磨体会，回到湖州，我对课进行了裁剪：砍掉了开头的大篇幅的画面引入；想象词语的画面砍去，保留倾听词语的声音（如泣如诉）；阶梯教室里面试的场景中对话教学一笔带过，重点聚焦面对烛光方阵吹奏木笛的场景；教师的导语能简则简，但不能改变整体的语言风貌；课在价值提升上得动动脑筋：由“国耻”“国难”提升到“国魂”。

带着这些修改，2006年3月31日，我和先生乘坐国航的班机从萧山机场出发来到北京，在机场，先生跟我兴致勃勃地谈论他刚刚作的作文公开课《亲情测试》，他宛如一个孩子，为他这次奇妙的作文教学之旅手舞足蹈。我静静地感受着我面前的这位大师，心想：大师也有孩子气的时候！4月1日，在北京，首个活动日就是王崧舟诗意语文教学论坛。我第一个上课，接着先生上《长相思》。这不上不要紧，一上不得了，我的课，那简直就是垃圾。当时《小学语文教师》编辑部的李振村先生跟我说：学王崧舟者活，似王崧舟者死。这句话犹如给我当头一棒，使我像睡梦中被人浇了一盆冷水，我明白，我要走的路还很长……我在心中对自己说：年轻的时候，我们会有很长时间的学习和模仿，学习各个领域里的“高僧”，但最终，自己千万不要被榜样和偶像淹没了，因为说到底，你才是那个“高僧”。

第四章 校本研课磨课

第一节 校本研课磨课三要素

在素质教育和课程改革深入推进的今天，教师、课堂是我们绕不开的两个关键词。那么，提升教师质量需要什么样的研修？让新的教育理念落地教师日常课堂实践的路径是什么？

一般说来，新课程改革在“总体设计——课程标准——课堂教学”的设计链中，总会存在“总体设计与课程标准之间”和“课程标准与课堂教学之间”两个落差，其中第二落差需要通过教师培训(教师专业成长)来解决。课程实施是一种教育实践过程，是教师行动研究的过程，亦即教师专业成长的过程。归根结底，新课程的实施，呼唤“校本研修”这一新的教师培训制度的确立。[①] 校本研课磨课作为校本研修的一种形式，在顺应我国基础教育改革深入发展，满足中小学不同程度变革诉求中应运而生。中小学校本研课磨课是指中小学校在一个学年或学期内统筹计划，学科教研组或备课组教师基于已有经验，针对某一主题采取教师一起开发课例、实施课例、验证教学效果、反思和改进教学行为的教师教育行动过程。中小学校本研课磨课不管是针对一堂课还是一个教学单元，不管是采取技能锤炼式还是同课异构式、同课多轮循环式、互助式和反思式磨课等其他操作模式，其外在表现都是促进教师专业发展和在课堂上落实课改理念的路径策略和方法，其内在实质都是打造学校学科教师专业发展共同体，建设一种学校研修文化。参照顾泠沅教师教育行动研究成果，结合我国中小学教师研修实际和自己多年来积累的研课磨课经验，笔者认为校本研课磨课实施过程有三个要素，即研课磨课课例、研课磨课平台和研课磨课流程。

一、开发校本研课磨课课例

(一) 校本研课磨课主题的确定

1. 校本研课磨课主题的内涵

课堂是一个既有学科主线、又有活动主题，既有课前预设、又有课中生成的十分复杂

---

① 钟启泉:《中国课改:挑战与反思》,本文刊于《比较教育研究》2005 年。

的结构体，一次或几次校本研课磨课活动，不可能也没有必要顾及它的所有方面，因此研课磨课必须有主题。校本研课磨课的主题是从课堂教学中各种各样的问题中提炼出来的、为教师专业成长共同关注的焦点和教学质量提升需要突破的专题。它既是研磨的主张和前提，也是整个研课磨课活动的主线和灵魂。

2. 校本研课磨课主题的形成途径

一是自上而下演绎式进行主题设计。一方面学校领导学习上级有关文件精神，与本校教学实际相结合挖掘、提炼主题。如我县课改初期根据教育部《基础教育课程改革纲要（试行）》精神，部分学校设计出“教学方式转变”的研课磨课主题，并在此基础上进行细化，组织开展“如何开展小组合作”“如何开展自学指导”等研课磨课系列活动。另一方面及时了解其他地区教师研修情况，为本校校本研修提供可资借鉴的经验，如我县加盟全国“新教育”实验，学习江苏海门、南京栖霞等地推行“新教育”经验后，部分课改核心校围绕“构建理想课堂”“打造高效课堂范式”这一宏观主题，尝试开展以“学科课型建模”为主题的研课磨课活动。这种规范演绎的研课磨课便于统一组织管理和指导评价，有利于安排研修内容的进行和层次递进，有利于学校解决教学中存在的共性问题和全局问题。

二是自下而上总结式进行灵活设计。一方面学校从教师在教学中存在的现实问题和学习需求出发，甄别、整合、选择研课磨课主题。如山东省广文中学在调研教师课堂教学存在问题的基础上，开展以“提高课堂教学效能”为主题的分学科研课磨课活动。另一方面学校根据教师队伍现状及其专业成长的实际需要，分层次、分阶段设置研课磨课主题。如江苏海门实验小学结合学校青年教师数量多，急需促进其专业成长的实际，以“锤炼青年教师专业技能”为主题，围绕“十个一”做了五年研课磨课实验。灵活性总结的研课磨课主题，最大限度地突出了教师的主体地位，使研课磨课更具有针对性和实效性，有利于课堂教学实际问题的解决和教师专业发展的有机统一。

三是上下联动、规范演绎和灵活总结相结合的研课磨课主题确定路径，它既发挥了以上两种形式的优势，同时又弥补了其不足。

【阅读链接 4.1】课例研究主题的确立①

传统的教研活动多是“就课论课”，研讨的主题往往并不明确，甚至极为泛化。与之不同，课例研究作为一种分享的研究方式，旨在通过研究化解教学难题，改进教学行为，提高教学质量。在课例研究中，教师通常要经过疑问——规划——行动——观察——反思的循环过程。“疑问”呈现的是大家在教学活动中共同面对的困惑或难题。因此，明确研究的主题就成为课例研究的起点。实践表明，围绕某个主题所开展的课例研究不仅有利于提高研究的效果和品质，而且共同的研究目标和研究意愿更有利于课例研究小组结成研究共同体。

一、研究主题的特征

（1）源于现实。课例研究是教师对真实的教学问题所开展的合作性研究，它专注于

① 作者系华东师范大学课程与教学研究所安桂清，本文刊于《人民教育》2010年第21期。

教学实际问题的解决，因此其研究的主题不是来自某种现成的理论。也就是说，课例研究致力于以科学的研究手段解决教师在课堂教学中遇到的现实问题。由此，诸如“个体建构主义与社会建构主义的关系如何”等从理论出发的问题是不适合作为课例研究的主题的。而教师日常教学中的言行举止、具体教学场景中的切身体会、教师与同伴对教学疑难问题的真诚讨论等就成为课例研究中问题的主要来源。如师生、生生的互动问题，教师的提问艺术，如何组织学生开展合作学习或探究学习，等等。实际上，面对现实的课堂教学，有太多的问题需要教师去思考，进而通过研究来提升自身的专业判断和实践智慧。

(2) 始于反思。教师虽身处现实的教学情境，但能否确定切实可行的研究主题还取决于其是否具备深刻的反思能力，是否善于捕捉和提炼真实的课堂教学问题。课例研究的问题可以是共性的也可以是个性的，但无论如何都是教师基于教学反思所发现的自己的问题。因此，课例研究主题必须能唤起教师的反思精神和问题意识。没有困惑就没有成长，当教师处于怀疑、犹豫、困惑、心灵困顿的状态时不必感到焦虑，这证明自己正处于反思状态，这种状态恰恰是教学研究所需要的。

比如在一堂语文课上，授课教师按照惯常的方式问学生：“读了文章标题，你有什么疑问？”学生的问题一个接一个，但这些问题显然通过阅读课文就可以回答。正在此时，一个学生发出了不同的声音，他认为同学们是明知故问，因为他们所提出的问题在早自习预习课文时都已经知道了。这个问题对教师触动很大，他对这种常用的教学方法产生了怀疑：是否不应该再用了呢？经过反思，他认识到方法没有问题，关键是如何引导学生提出有价值的问题。于是他以“如何在语文课上让学生提出有价值的问题”作为研究主题，开始了极富意义的课例研究。

(3) 具体可行。在课例研究的初期，教师的选题往往过于宽泛，如“提高课堂教学的有效性”“建设对话的课堂”“开发语文教学资源”等。因无法聚焦问题，这些泛化的研究主题必然导致教师对研究内容的解读浮于表面，而且这些问题无法引导教师深入探究，对教师教学行为的改进收效甚微。更有甚者，研究的问题范围很大，但研究的时间却很短，结果只能是浮光掠影，不了了之。

因此，课例研究主题的选取必须紧密结合课堂教学的实际，从小处、细处、实处捕捉问题，选取具有较强可操作性并具备研究条件的主题加以“小题大做”。待教师全面、彻底解决这些问题后，再研究其他问题。例如一位英语教师有感于课堂教学语言的重要性，试图以“课堂教学语言分析”作为研究的主题，但经过与研究小组的讨论，他意识到这一主题涉及的范围太大，通过观看和反思自己的课堂教学录像，他认识到自己对学生的评价语言过于单调乏味，经常使用的就是“good、very good、excellent”等。为改善这一状况，他把自己的研究聚焦于“课堂教学中教师评价语言的多样化”。可以想象，因为问题的聚焦，研究的可行性以及这一研究所能达到的深度和取得的实际价值将会大大增加。

(4) 答案开放。课例研究是通过深入反思课堂现象与总结教学经验来实现教学改进的。由于实践问题受多种因素的制约，纷繁复杂，研究问题的解决往往没有已知的、明确的、唯一的答案，很可能存在多种解决方案，而且只能从归纳中生发。因此，我们可以从答案是否开放来判断课例研究的主题是否恰当。比如，一位数学教师试图以“数学探究学习的要素”作为课例研究的主题，然而有关探究学习的要素或环节的探讨已有共识，如何在实践中加以组织才应当是研究的重点。之后，该教师确定研究的主题为“数学探究情境的创设”，探讨把学科内容转化为探究情境的方式和方法。因为探究情境是与具体的学科内容联系在一起的，其创设方式必然具有多样化和开放性的特点，因此值得作为课例研究的主题深入开掘。

二、研究主题的类型

课例研究是教师与教学情境的持续互动过程。在一轮轮的研究循环中，教师有可能遇到各种各样的实践性问题，从归纳这些问题入手，我们可以概括出课例研究主题的大致类型。实际上，课例研究既是教师解决实践性问题的过程，也是教师积累实践性知识的过程，透过对课例研究主题的类型分析，我们可以从中发现课例研究主题的选取重点。

（1）与学科内容有关的研究主题。对所教学科的深刻与灵活的理解是教师的基本功。学科内容涉及对学科本质的理解以及关于学生学习哪些重要内容等，它决定着教学目标的取舍、教材及教学策略的选取、学生评价的内容与方法，直接影响着教师的教学实践。因此，理解并抓住学科的本质就成为课例研究的重点之一，这类研究对学科教学而言具有统领性的意义。比如，在一次初中的心理健康课上，教师与学生一起探讨“青春的美丽”这一话题，通过讲解和组织学生游戏、讨论等活动，教师不断强化学生接受“内在美比外在美更重要”这一观念。在课后研讨时，听课教师大都感到课的方向有问题，似乎把一堂心理健康课上成了思想品德课。显然，教师对这一学科内容的理解存在偏颇。于是大家开始思考“青春的美丽”这一具体的学科内容对于学生的价值是什么，在教学中如何体现这一价值。大家围绕“‘青春的美丽’教学主题的意图及设计”进行课例研究，重新确定将“让学生悦纳自己”作为教学目标，从而彰显出该学科内容对于学生的真正价值。

（2）与学习者及其特点有关的研究主题。教师教学的最终目的是指向学生的学习与发展的，课例研究应重视对学习者的研究，不了解学习者及其特点，便不会有好的教学。学生是如何学习的，对某一课题他们有着怎样的理解和误解，不同个性或水平的学生存在怎样的相互影响，等等，这些都是课例研究所应关注的主题。

事实上，对学习者及其特点的研究有时是确定教学起点的重要基础。比如，一个课例研究小组围绕“学生在学习水的三态——固态、液态、气态转化时的前概念及其对教学的影响”这一主题进行研究，从而发现了学生很多有趣的想法。许多学生在学习“水变成水蒸气”时认为，气体是被包在水中的，当它受热，就会被一点点挤出来。而在学习“水的凝结”时，他们认为夏天从冰箱里拿出的罐装汽水，其表面的水是从罐内渗出的或从冰箱带出来的，而不是空气中的水汽遇冷凝结形成的。基于此，教师在进行教学设计时，就把纠正和转化学生的这些前理解设为教学的关键环节，从而使学生获得了科学的概念。此外，学习者的具体表现有时也可以作为教师检讨教学成效的依据之一。

（3）与课程知识有关的研究主题。传统意义上，课程知识主要是关于教材和其他可用于特定教学的各种教学媒体和材料的知识，以及学科内特定课题如何在横向和纵向上组织和建构的知识。今天，课程知识所涉及的范围更加广泛，教师不再是课程方案的简单执行者，作为课程开发的主体，教师在教学过程中需要承担课程设计和实施的重任。基于此，有关课程知识的实践课题，从对课程标准的理解和落实到教材内容的调整、充实、改造和创生，再到教学中技术知识和其他教学资源的合理使用等，都可以成为课例研究的重要内容。在这方面，一所学校的数学教研组所开展的课例研究给人留下了深刻印象。这个教研组为在数学教学中体现民族特色，先后开发了对联中的数学、成语中的数学、诗歌中的数学、笑话中的数学、小说中的数学等主题，并根据学生的认知水平和教学的实际效果对上述主题所涉及的内容进行合理取舍，最后形成了一系列颇能激发学生兴趣的数学探究内容。在课程改革的过程中，诸如此类有关课程知识的课例研究必然有着很大的探索空间。

(4) 与教学法知识有关的研究主题。教学法知识是特定主题教学策略和表征的知识。有效的教学不仅需要教师对自己所教的学科有深入的理解，而且需要教师在面对特定的学科主题时能够以学生容易理解的最佳方式表达出来，即以适合学生的思维与学习特点的方式重新表达学科知识。尽管我们可以通过理论书籍或教参上的教学建议熟知不同的教学方法，但在面对具体内容的教学时，真正的学科教学法知识则是教师个人独一无二的教学经验，是否具有在不同教学方法之间转换的能力才是问题的关键，而这一点可以通过教学研究在实践中获得积累。因此，有关教学法方面的主题就成为课例研究的重要内容。举例来说，一所学校的英语教研组一直强调在教学中要组织学生开展合作学习，但是在实施中他们发现了一个令人头疼的现象，那就是个别优秀学生经常掌握话语权，以致小组内的其他成员只是被动接受。于是他们开展了以“分散话语权，促进组内平等”为主题的课例研究，最终找到了有效的解决策略。

三、主题的确定过程

实际上，发现教学实践中存在的问题只是课例研究主题确定的第一步。在发现问题之初，教师对问题的认识和理解在很大程度上仍是模糊的，有待进一步厘清。因此，从问题发现到主题确立还有一个不断精致化的过程。

(1) 搜集和分析相关的文献资料。在课例研究中，教师要有意识地将理论学习融入主题确立的过程。虽然课例研究侧重解决教学的实际问题，但没有理论作为教师思考与行动的“框架”在其内部发挥作用，课例研究只能限于经验总结层面，无法提高到实践性理论的生成高度。通过搜集和分析相关的文献资料，教师可以对教学实践问题作进一步的梳理。以上海市北郊学校几位外语教师开展的“小学中高年级英语 survey(调查)教学模式”的课例研究为例，这几位教师试图把研究性学习的理念和方法引入英语课堂，从而调动学生主动学习英语的积极性，丰富学生的英语学习素材。在开始教学前，他们认真研究了有关研究性学习的部分权威著作和文章，对英语学科中运用这一方式进行教学的难点进行分析，而后在充分考虑可行性的基础上，找到了解决这一问题的重点与难点——如何把教材的相关主题转化为学生进行研究的课题，而后再通过搜集和分享这方面的资料展开教学。可见，对文献资料的搜集有助于我们明晰已有的研究成果，从而在此基础上明确核心概念的内涵，确定研究的重点与难点，为后续研究做好充分的理论准备。

(2) 对问题的核心概念进行界定。在分析相关文献的基础上，教师需要对所研究问题的相关概念进行界定，最好是对所研究的问题进行操作性的描述，以便教师所研究的问题及其展开过程更加清晰。以上述北郊学校的研究为例，通过讨论，研究小组对“survey

教学"进行了操作性的描述:"从学生的生活实际出发,创设一个特定的语言情境,从而把教材的相关主题转化为学生可以进行研究的课题,通过质疑激发学生的好奇心,而后经由实地调查搜集各方面的资料,并通过合作学习进行小组分享和观念重组,最后在组间进行交流,让学生表达各自的观点。"显然,通过这样的陈述,教师们对"survey 教学"这一核心概念的特征就有了清晰的把握。"survey"的主题围绕学生的实际生活,与教材内容紧密相关。同时,调查的结果用于小组分享,以此实现语言交流的目的。课例研究透过对核心概念的界定大致确立了研究的范围,使教师有明确的研究方向,也比较容易找到解决问题的途径,有助于研究落到实处和取得成效。因此,对核心概念进行界定可以避免在研究中四面出击,虚张声势。

(3) 提出明确的基于问题的假设。在问题界定清晰后,教师还应通过研讨提出解决问题的初步设想。没有假设的课例研究,目标含糊不清,过程无所依循,所得到的研究结论也会是不完整的或不关键的。因此提出明确的基于问题的假设是课例研究主题确立的不可或缺的环节。比如,在上述"survey 教学模式"的研究过程中,研究小组为学生设计了"情境进入——提问质疑——实地调查——小组讨论——表达交流"的学习过程,并根据实际的效果对这一过程不断修正,最后形成一个完善的教学模式。可以说,课例研究中一连串的指导假设为教师提供了清晰的解决问题的思路,成为导引后续研究的方向。比如,用什么样的视角去分析教学,如何分析和说明课例的相关资料,并从这些资料中引申出相应的对策等。研究小组在着手研究之前,就要对此有所准备,并对所作的假设加以探讨。好的假设会为问题解决提供清晰的思路,不好的假设则可能混淆或偏离问题解决的方向。假设越是清晰,研究的成效就会越好。反之,忽略研究前的假设,即使分析阶段的步骤很详细,也往往不会获得理想的效果。

四、研究主题的系列化

作为微观层面的教学研究方式,课例研究所解决的是教学中的某一具体问题,但这并不意味着课例研究放弃主题系列化的追求。一方面,将课例研究较为微观的研究主题纳入宏观的研究框架中,经过整理和概括更有利于生成教学的实践性理论,从而扩大教学研究的指导范围,提升教学研究的指导水平;另一方面,教学知识的创生是在教师个体与教师群体之间以及不同教师群体之间教学知识的共享和转化中实现的,研究主题的系列化有助于扩大教师教学知识的共享范围,加深教学知识转化的程度,从而促进教师合作共同体的构建与形成。

比如,一所学校为促进学生在双语课上对教学内容的深度理解,各个教研组围绕双语教师的教学语言展开研究,确定了不同的课例研究主题:信息技术组负责"双语课堂中概念讲述活动化的研究",艺术组负责"双语课堂中中英文使用比例研究",数学组负责"双语课堂中英语课堂用语的多样性研究",科学组负责"双语课堂中学科用语的准确性研究"。一段时间后,学校对各个课例研究小组的成果进行总结和整理,并概括为一个大的研究主题:"促进学生理解的双语教学语言研究"。上述案例反映了学校范围内的课例研究所实现的主题系列化。这不仅有利于校本教学知识的积累,而且对其他学校的双语教学也有很好的借鉴作用。实际上,每一所学校的每一个课例研究小组都应有此追求。

（二）校本研课磨课课题的选择

1. 校本研课磨课课题选择的内涵

王策三先生认为："把教学内容和实现这种内容的教学手段、学习方法展开的教学活动，按学科和学年分成许多小的部分，分量不大，大致平衡，彼连连续而又相对完整，这一部分内容和教学活动，就叫作'一课'。"

钟启泉教授指出："核心素养——学科素养——单元设计——课时计划"，这是环环相扣的教师教育活动的基本环节，应该成为一线教师活动的新常态。单元不是把碎片化的教学内容当作知识点来处置，而是有机地、模块式地来构成的。学校课程开发与课堂转型必须从单元设计做起，基于学科素养的单元设计是一线教师的基本功。

校本研课磨课中的课题选择，就是依据学校教研组校本研课磨课的主题，选取适切的、需要深入研究的课题和内容。这里的课，一般是指在统一且固定的单位时间内的"一节课"，也可以是学科教材的"一个教学单元"。从选择"一节课"到"一个教学单元"的研课磨课课题，理应逐步成为校本研课磨课的新常态。

2. 校本研课磨课课题选择的要求

一是选课要有充分的前期准备，校本研课磨课前，教研组既要借助于对《义务教育课程标准》和《教师培训课程指导标准》的理解，通览整个单元和学科学段教材后进行选课。又要考虑学校本学科课的课程进度。因为，研课磨课有现场作课这一环节，学生学习过的课不能上，特别是理科强调知识的前后联系，前面知识没讲过，后面的课也不能上，要充分考虑学情和课的进度，根据不同学科特点，精心挑选课题。

二是选课要注意目的性，符合研课磨课的主题和研究重点。要做到主题先行、目的明确，每次磨课要针对要解决的主要问题，选择适切的课题。如"教学目标的落实和调整""学法指导策略"等针对某一教学环节的研课磨课主题，可选择单一课课题和内容；如果研课磨课主题是"教学流程的优化""教师教学技能锤炼"等，最好选择综合课课题和内容。

三是选课既要考虑重要性，即课题具有研究价值，比如核心概念和重要定理、原理；又要注重代表性，课题代表某个学科的一个课型；还要兼顾独立性，即内容相对独立，便于研磨中多次上课。另外还可以针对教研组教师自身的优势和弱点自由选择课题，既可选择本组教师曾经有过课堂实践，难度较为适中的课题和内容，也可选一些比较难和自身从没有尝试过的课题和内容，教师可根据自己的教学风格、自己对不同课型的喜好等选择磨课内容，让教师自由选择，使校本研课磨课活动稳步前行。

（三）校本研课磨课课例的生成

1. 校本研课磨课课例的内涵

课例是指一个实际的教学例子，这里的课不是只有短短的三四十分钟，而是围绕三四十分钟进行的课前、课中、课后等一系列研究活动。

中小学校本研课磨课课例是我国中小学教师在教研实践中，特别是在新课程改革过程中，根据课堂教学的需要形成的一种成果表达方式，也是校本研修的一种实践形式，是一种有实践意义的研究载体和媒介，是有效促进教师专业和提高课堂教学质量的手段。

2. 校本研课磨课课例的内容

一是教学设计，即所选课题内容的教学设计方案（教学预期）。教师根据学习的新课程理念和结合已有的实践经验，围绕研课磨课主题和所选课题内容，设计出具体详细的教案。其形成过程可以预先指定一位教师进行设计，然后由其向大家介绍教学设想和意图，研课磨课团队讨论、修改和补充设计方案，完善教学设计；也可以先由研课磨课团队集体讨论，拟定教学方案的基本框架和一些教学细节的处理意见，再由执教教师写出教学方案。

二是教学实录，即实际教学场景的记录（教学生成）。一位教师进行课堂教学实践，其他教师听课、观课和记录。研课磨课团队合理分工，运用录音、录像、现场记录等多种手段全面收集课堂教学的各种信息。在充分占有各种信息的基础上，或对教学情境进行精致描述，再现课堂教学全过程；或对教学情境进行提炼加工，重新梳理呈现出一定脉络和线索的教学过程；或对教学情境进行一些代表性的典型片段提取，择其要者再现和形成问题聚焦、内容集中的某些教学环节。

三是教学反思，即描述"教学预期"的实现程度（教学评价）。研课磨课团队课后开展群体研讨，结合教学实录对教学过程进行反思，找出教学设计与要研究解决的问题之间的差距，提出修改的方案和细节，形成第二次教学的教案。校本研课磨课顺应课堂教学从"关注教"向"关注学"的课改理念，倡导从教学内容角度评价教学和反思一堂课，教学反思要探讨三个问题和关注两个关联。三个问题是：第一，教师在这堂课想教学生什么、想教的方法和程度；第二，教师在课堂里实际在教学生什么，教了学生什么，教的方法和程度；第三，学生实际在学什么，学了什么，学的方法和学到什么程度。两个关联是：第一，教师想教什么与实际在教什么之间的关联；第二，教师教了什么与学生实际学了什么之间的关联。反思和审议教师想教、所教，学生所学与课程目标的关联，应作为校本研课磨课教学反思的主要内容。①

3. 校本研课磨课课例的生成要求

一是教学课例要重点分析课堂教学的实际进程与教学设计之间的差异，哪些地方超出了预期，是否具有教育意义；总结自己在设计和实施中的感受与体验，找出成功和失败的地方，分析成功或失败的原因——从中发现有意义的教学问题，提出解决问题的设想与建议，或者写下自己的疑问和困惑。要围绕本课教学中存在的问题展开，成为帮助自己和他人提升教学能力的"支架"。教学课例本身并非无可挑剔，甚至还有不少问题，这些都不重要，重要的是研课磨课团队透过"课例"能够学习到什么，能够解决什么问题。

二是教学课例必须围绕新课程要求，揭示课堂教学的问题。研课磨课团队要认真学习和把握各门学科的国家课程标准，从课程标准提出的基本理念、教学建议，与所观察到的师生实际教学行为的差异之中，揭示和发现课堂教学问题。

三是课例写作的基本操作程序：(1)课堂教学中发生的现象，以课堂实录方式记录；(2)回忆和总结自己过去与之相联系的教学经验；(3)进行问题分析，发现和揭示课堂实录中蕴

① 王荣生：《听王荣生教授评课》，华东师范大学出版社，2007年8月第一版。

含的课例问题；(4)围绕问题进行裁减和缩写；(5)进行理论思考和学习，链接新课程理念；(6)把问题、经验和理论结合起来，把教学预设和教学生成的矛盾结合起来，进行整体性思考，重点反思应该如何有效解决这些问题，这些问题的解决对我或其他人有何意义。

【阅读链接 4. 2】课例研究的关键是聚焦课堂①

在我国，课例研究的根本特征是以学科教学研究为核心、以教研组为基本活动单位（可能有外来研究者参与）研究教学与改进教学。近几年，随着人们对校本研修的愈加重视，课例研究更是被赋予了发展教师学科教学研究能力的功能和价值。

从促进教师专业水平提升的一种有效研修方式看，可以把"课例"定义为"以课为例讲道理"，即以实际发生的课堂教学内容为载体（以该课为例），以某个小的研究问题为主题（讲道理的聚焦点），通过对教学问题的再现和描述来揭示教与学的改进过程，讲述教学改进背后的观念和认识。之所以强调"教学改进背后"，其实是期望课例不仅要展现出一节课的授课过程，更要指出为何这样授课、为何如此改进的研究思路，从而有利于其他教师从一节课感悟到一类课的道理。

因此，课例研究实际上也就是"研究课例"的过程，即以一节课为例进行研究，试图围绕一个主题探讨一类课的改进。

一、课例的呈现需要哪些要素

从课例研究的成果表达角度，为了让教师能够直接地从阅读课例中受益，特别是看到课堂教学的改进过程、反思到一类课的改进问题。我们提出课例成果表达的四个要素。

1. 主题与背景

这一要素回答这次课堂教学研究聚焦教学中的什么问题以及为何要选择研究它。课堂教学是复杂的，通常的听评课往往对一节课从不同角度提出各种改进意见。但课例研究并不追求通过一节课试图解决很多问题，而是追求通过一次课例研修活动重点认识一个小的研究问题。因为，小才有可能"深"，主题最好从题目就能看出或者开门见山地交代，这样别人可以清楚地知道课例所要探讨的问题。此外，还需要交代该课例产生的背景，它可能是来自教学中的常见问题、来自教学中的困扰难点、来自课改中的核心理念等。背景的交代可以使读者感受到整个课例的价值和意义所在，理解改进课堂教学的背景和条件等。

2. 情境与描述

这一要素回答在围绕主题的教学研究中，课堂里实际发生了什么。情境是指围绕研究主题的关键的原始片段，描述是指对那些与研究主题不太密切的课堂教学过程采取第三者角度的语言叙述。课例的载体是学科课堂教学，因此，原始的课堂情境必不可少，但这不等于把大篇的课堂实录直接摆进课例里。课堂情境的描述来源于真实的课堂教学及其改进过程，但其细节可以适当删减与调整，需要紧紧环绕研究的主题并凸现讨论的焦点问题。

---

① 作者系华东师范大学课程与教学研究所杨玉东，本文刊于《人民教育》2013 年第 7 期。

3. 问题与讨论

这个要素期望把课堂教学背后改进的过程展现出来，即遇到哪些主要问题、如何做出新的教学决策、这样决策的理由是什么。这种背后的思考可以是群体讨论也可以是个体反思。因为课例反映的是“教学改进背后”的故事，交代问题的产生和解决过程，可以使读者知道教学改进过程的来龙去脉，否则读者只是感觉到描述了一节“好课”，却不知产生这节“好课”的过程是怎样的。要对研究过程中提出的各种问题加以筛选和梳理，问题的线索最好能够环环相扣，这样对读者更具吸引力，而且还可以引发深入思考和讨论。那种没有问题的“好课”的描述，只是一节“好课”的展示，实际上并不是课例研究所倡导的。

4. 诠释与研究

这一要素是课例研究中最为重要的，即要回答通过这节课、这个主题的研究，对于一类课的认识和启发是什么。所谓“诠释”，即援引他人的理论对这一系列围绕主题的教学改进过程进行解读；所谓“研究”，是用自己的话对课堂教学改进中获得的认识加以提炼和进一步条理化。无论诠释还是研究，目的都是赋予一节课的教学研究结果更高一层的普遍意义，增加一些理性的成分，让教师对一类课的教学有所启发。不过，这种诠释和研究都应该是归纳式的，内容紧扣在课例研究的主题和载体上，不宜夸大和跳得太高，避免前面是具体的课堂教学实例，后面是一般理论的泛泛而谈。

二、课例研究的实践操作要点

课例研究是在传统教研活动基础上的“精致化”。在实践操作过程中，课例研究试图克服传统教研活动中的一些弊病和问题，增加教研活动中聚焦课堂的“研究含量”，有以下一些操作要点。

1. 有主题：在问题驱动下聚焦研讨

教研活动往往被教师看成是每周固定时间的一次“例行会议”，参与教师可以现场即兴发挥，研讨过程中教师的发言随意性较大、观点比较发散甚至有点“跑题”。课例研究中事先要有一个明确的教学研究主题，最好是教学实践中遇到的问题，而且是教研组全体教师所共同关注、有困惑和亟待解决的。课例研究中的主题切忌大而全、面面俱到，不要试图通过一次课例研究解决教学中的许多问题，而是追求通过一次课例研究加深对一个小的研究问题的认识。事先明确课例研究主题，针对“小”的具体问题开展讨论，教研活动才有可能在问题的驱动下逐步聚焦。

2. 有目标：在分工合作中互补受益

在以往的教研活动中，个别教师备课上课，其他教师只是到现场“听听、看看、说说”，缺乏深度投入。课例研究则引导每位教师制订有差异的学习目标（即关注点），把教师的差异作为分工合作的重要资源。在备课、观课、研课的每个环节，每位参与教师根据自己的目标关注点参与研讨和观察。如新教师处于追求控班和教学清晰阶段，那么课例研究中可以侧重关注教学环节和结构；比较有经验的教师处在追求多样化阶段，可以侧重关注课堂教学中教学任务的设计和实施情况并进行对比；专家型教师追求自我价值实现，可以侧重整体把握课堂教学的目标定位、重点难点是否适当等关键性教学事件。这样，每位教师在不同目标任务驱动下，可以深度参与到课例研究过程中，既有利于实现各自的专业发展目标,又可以把教研组成员之间的差异作为资源,相互学习。

3. 有方法:在技术支撑下突破经验局限

经验是教师日积月累获得的宝贵财富,但往往是零散和默会地存在于教师的头脑中,只有在具体教学情境中才能表现出来。令许多教师感到困惑的是,学校教研活动中总是"你说、我说、大家说",似乎很难跳出感触式的经验怪圈。课例研究中则需要有意识地引进一些课堂教学研究的方法和手段,以此来审视经验所不能到达的地方,或者说通过方法背后折射的理论视角梳理经验,使之条理化并凝练下来。例如,对于教学任务设计,可以采用认知水平上升或下降的分析方法来判断;对于课堂效果的诊断,可以采用前后测技术或分层访谈的方法从学生角度获取等。每个技术背后往往提供了不同于经验式观察的用于理解课堂的独特视角,观察和分析的结果有时与经验一致,有时则产生冲突,这正好可以激发教师跳出经验式思考,从而重新解读课堂。

4. 有积淀:在连环改进中留下痕迹

教研组有时会围绕几次"磨课"展开一系列教研活动,但认真反省这一系列研讨内容,参与者常常会感觉研讨内容好像是"从头再来""似曾相识",没有留下深刻的印象。课例研究要让参与者头脑中留下痕迹、有所积淀,需要从两个方面入手。

首先,主持人不能只是简单的"传话筒",需要反复地梳理教研活动中得到的观点和共识。例如在活动结束前,主持人需要针对课例研究的主题进行梳理:通过这次讨论,问题主要聚焦在哪几个方面,其中哪些提出了改进的操作性建议,哪些还没有。当下一次跟进的教学研讨开始前,主持人同样需要再次阐述上次的研讨"共识",这样新的一次讨论就有了基础。主持人不断地梳理课例研究中讨论问题的共识、分歧或建议,使课例研究的主题不断在前一次基础上深入进行,避免观点的重复和无序。

其次,"有积淀"还表现为每个参与者按照分工任务所撰写的小结或反思——这次课例研究中本人承担了什么观察任务或记录角度,几次观课在这个角度的纵向记录中比较出什么结果,由这一系列的记录对一类课的启发和建议是什么。这种撰写的过程本身承载着深刻的思考,对于思维的挑战较高,撰写的结果更是本次课例研究中观点和想法的客观物化和外在表现。

三、课例研究如何关注学科本质

课例研究是"以课为例讲道理",这里的载体——课,在中国的教研制度背景下往往被同一学科的教师在备课组或教研组中展开研讨,那么该"课"所承载的学科本质问题就凸显出来。再者,课例研究表面上研究的是一节课的改进,背后关注的却是解决一类课的问题,因此该学科的基本观念、基本思想方法等问题必须加以关注。课例研究中关注学科本质主要表现为对以下三个层面问题的思考。

(1) 这节"课"背后该学科的统领性观念是什么。所谓学科的统领性观念,实际上就是对所研讨和改进的这节课所涉及的学科是一门什么性质的学科,在基础教育阶段让学生学习到该学科的什么根本特征和思想,对此需要有一个宏观的整体认识。

(2) 这节"课"在整个学科知识体系中处于什么位置。课例研究是通过一节课讨论对一类课有何启发,因此讨论一节课不能就课论课,而是要放在整个基础教育阶段、放在整套教材的视野之中去看——与这节课相关的内容“前面”学了什么、“后面”将要学什么，这里的“前面”“后面”不仅仅是该课所处学段内的前后，而是整个基础教育阶段。

(3) 这节“课”要让学生体验到学科本质的哪个方面、到何种层次。毕竟一节课的时间是有限的，不可能把该学科的学科思想和方法的方方面面都让学生体验到，具体到学生所处的年段、学生的认知水平，甚至一个班学生的学习程度，要仔细厘定涉及学科本质的哪些方面需要学生体验和感知、哪些只需埋下伏笔，要制订“有限”的学习目标，而不是盲目地加深和拔高。

总之，作为一种聚焦课堂的有效研修方式，我国的课例研究基于日常的教研活动，具有独特的制度背景和内涵特点，特别是支撑课例研究的教研员队伍——他们是架在理论和实践之间的桥梁，发挥着独特的“中介层面”的作用。但在世界各国开展课例研究的背景下，我国的这种课例研究更需要针对教研活动中的问题做出改进，并有意识地吸收一些研究方法和技术，进一步“精致化”我们的教研活动，在聚焦课堂中提升其“研究含量”，让更多的教师从中受益。

二、搭建校本研课磨课平台

校本研课磨课平台是指以课例为载体、以课堂为对象、以问题为抓手的教师合作交流平台，主要有集体备课、观课议课和课例讨论。

(一) 校本研课磨课中的集体备课

1. 对校本研课磨课中集体备课的认识

校本研课磨课中的集体备课，是指在执教教师个人初始备课的基础上，以教研组或备课组为单位，根据课标要求和教材特点，结合每个教师以往的教学经验，或基于教学方法、教学媒体和教学组织形式等策略(模式)要素，或基于学习活动、教学环境和知识传递等活动要素，针对教师们教学中困惑的和难以解决的问题进行集体研究，通过同伴互助进行问题解决的过程。其基本流程是提炼问题、独立思考，分组研究、任务驱动，同课异构、交流分享。

2. 校本研课磨课中集体备课的组织与实施

一是围绕备课课题，组织教研组进行一次专业阅读。教研组成员要围绕这堂课，在网上、到杂志里、到教育专著中去寻找与它相关的信息，可以是课标教材，可以是教法创新，也可以是学法指导，还可以是优秀课例，等等。学科团队共读后，就有了共同的话语，就有可能在同一个底板上，在同一个话语的场景下展开对话。否则，没有共读的背景，直接凭自己的直观感受，凭自己实践经验进行对话，对教学设计改进来说，还是停留在原地踏步或者说是在无效重复。

二是执教教师备课后在教研组内进行一次说课或上微型课。执教教师讲述或表达自己课堂的设计理念、目标确定、教法学法、流程构想及其依据，对自己课堂的每一个环节、活动进行阐释或模拟操作，把课堂的设计缘由、理论依据和教学过程等，清晰地向组内其他教师呈现出来。

三是教研组围绕备课主题进行一次沙龙。每位教师结合有关理论学习，针对执教教师的说课内容，发现并提出教学设计中存在并需要研究的真实问题，再进行问题聚焦，分组研究，共同探讨解决办法。分享智慧，达成共识，帮助执教教师完善教学设计。教研组成员以问题为主线，在思考中研究，在研究中实践，既有深度的思考，又有愉快的合作学习，在同伴互助中形成合作共进的校本研修文化内涵。

需要注意的是，教研组怎样根据学期教学内容和要求，有组织、有计划地将常态的备课和这种研究性备课有机结合起来，需要加强沟通交流，进行认真思考和系统设计。

【阅读链接 4.3】教案的合作设计①

在课例研究中，教案有着极其重要的地位和作用。美国学者将其视为课例研究的基石，日本教师则认为一份详尽的教案是课例研究能否成功的关键所在。在课例研究中，教案是作为多样化的工具而存在的：首先是教学工具，教案规划了课堂活动的蓝图，课堂教学将依此而展开；其次是观察工具，教案不仅提示观察者在课上看什么，而且是观察者记录和分享观察结果的所在；再次是交流工具，教案传达出设计者的思考，在课后研讨时可将其与课堂实况加以比较，以分析预设与生成之间的差距。那么，教师怎样才能设计出一份有效实施课例研究的教案呢？

一、理解“合作设计”的确切内涵

课例研究是教师对课堂教学所开展的合作性研究。教案的设计也应是合作的成果。虽然我们有集体备课的良好传统，但实践中集体备课往往简化为“上课教师汇报设计内容”加“同伴提出修改建议”的过程，其最核心的要素——协作互动、深度研讨、智慧碰撞等往往被忽略，导致不能产生实质性的合作，只能是走过场。在课例研究中，教案的合作设计要求教师相互合作、共同探讨授课的最佳方式。为此，研究小组要从几个方面来交流自己的看法：以往的教学经验，特别是各自初上这堂课时有哪些困难与乐趣，学生的表现如何；当前班级学生的基本情况；可采用的教科书及其他教材，等等。

教案的合作设计有助于上课教师丰富自己对教学的理解，恰当地调整自己的最初设想。例如，在一次课例研究中，授课教师所选的教学主题是“乘法的初步认识”，该教师希望通过先让学生解决某个计算问题来引入乘法的概念，题目非常简单：小朋友们去苹果园摘苹果，明明摘了 2 个，红红摘了 2 个，亮亮也摘了 2 个，那么这 3 个小朋友一共摘了几个苹果。在研讨时，有的教师基于自己的教学经验提出了异议，他说当他设计类似的题目让学生回答时，有的学生并不会像教师期望的那样用“2×3＝6”的算式来计算，他们会用“2＋2＋2”的方式计算，而且学生认为这样做绝不会出错。这一问题提醒大家，必须改变教案设计来实现教学目标。经过讨论，研究小组一致认为原先设计的题目未能体现出乘法相对于加法的优越性，但是这道题用于引入是可以的，只不过当学生认为用加法就可计算时，教师需要提供新的问题，如“又来了 9 个小朋友，他们每人也摘了 2 个苹果，现在大家一共摘了多少个苹果”，用类似的问题作为支架，就可以把学生引导到对乘法的探究上

---

① 作者系华东师范大学课程与教学研究所安桂清、桑雪洁，本文刊于《人民教育》2010 年第 22 期。

来。可以说，教案的合作设计实现了教师群体资源的优势互补和资源共享，可以让每一个参与者收获更多的思想和方法。但是，这并不意味着上课教师要把集体生成的统一认识不加批判地接受下来。合作设计不能以磨灭师生的独特性为代价，每一个课堂中的师生都是具体的，上课教师要坚持"和而不同"的理念，在吸收集体智慧的同时充分考虑自己的教情和班级的学情，根据实际情况修正原有的教学思路，撰写自己的教学方案。

二、开展实证性的学情分析

学生已有的知识经验和现有的发展水平是教学的起点。在传统的教案设计中，虽然有学情分析的部分，但对学生学习状况的分析大都过于笼统，有时所表达的是整个学段或整个班级学生发展的一般特征，甚至只是用"基于学生的兴趣需要""根据学生的特点"等类似的一句话加以概括，这种分析对课堂教学几乎没有任何实际意义。虽然在设计教案时我国教师有对教学重点和难点进行分析的优良传统，但是所谓的重点是指对全体学生学习和理解起重要作用的部分，所谓的难点也并不针对不同的学生，而是指大部分学生感到困难的部分。

在课例研究中，教师要对学情进行深入分析。在教案设计阶段，教师可以运用先导测试或访谈等手段，开展实证性的调查研究，以便真正了解学生已有的知识基础、经验、兴趣，学习新知识可能会遇到的困难以及适合学生学习的方式等。课前的学情分析越具体、越具有针对性，教师在教学时才能用更多的时间去讲解学生不了解或学生存在错误认识的内容，做到因材施教。例如，一位数学教师在教"正方体的染色"时，对不同学习水平的6名学生进行了调查，在让他们解决这样一个问题时："用1立方厘米的正方体积木搭出一个棱长为3厘米的正方体，并且将它的表面涂上红色，问三面、两面、一面涂上红色及没有涂上红色的1立方厘米的正方体积木分别有多少个?"教师注意观察他们每个人的算法。其中一位学生因为在校外学过奥数，他用其他人都不会用的公式很快解决了问题，有3位学生则用一张纸或其他物体临时做成或充当一个正方体，然后一个一个数不同染色情况的小正方体的个数。还有两位学生什么都没做，只是不断地眨着眼睛想答案，似乎他们头脑中有一个正方体存在，不过所有的学生都得出了正确的答案。依据这样的调查结果，教师意识到学生对问题的表征和解决方式是不同的，教学过程必须兼顾学生熟悉的问题解决方式。于是，教师设计教学时，在动手操作和公式推导计算之外，增加了一个重要的环节：让学生闭上眼睛，想象一下当正方体的棱长为5厘米时，不同染色情况的小正方体的个数是多少。这个环节的设置不仅适应了那些习惯于用表象进行思维的学生，而且在具体与抽象之间搭建了一个桥梁，使学生能够顺利地从实物操作过渡到符号推导。实证性的学情分析对教师了解学生学习的现实起点是极其有效的。教师越是深入地了解自己所教的学生，越能设计出有针对性的教案。

三、转变教案的设计重点

在实际操作中，人们对课例研究的误解之一是它能够生成不同的教学范本，以便教师选择。事实上，课例研究致力于理解学生是如何学习的，"丰富学生的见解"才是课例研究的核心追求。课例研究对学生学习的关注，要求教案设计必须突破传统意义上只关注教师如何教的局面。在基础教育课程改革的影响下，人们对传统的只对教师教学行为加以规划的单线型教案做了大胆革新，将其细化，分为两栏，即“教师活动”与“学生活动”，或添加“设计意图”分为3栏。这种复线型的教案有意识地增加了教师对学生主体活动的设计，并将设计意图也列在旁边，有助于教师课后进行反思。

我们在此介绍日本教师在开展课例研究时所采用的一种教案写作方式，透过这种复线型教案，教师对课例研究会有更深入的理解。在日本的教案设计中，作为教案核心部分的“课堂教学步骤安排”由四栏组成。第一栏为“教学活动及提问”，包括对课上学习活动的揭示和教师在不同情况下要提的关键问题。第二栏是“预期的学生反应”，包括教师预期学生会产生的想法、答案、反应等。第三栏概略叙述教师怎样应对学生的不同反应以及应该记住的重要事项。第四栏是“课堂教学评估”，教师同步记载和评估课上各个不同部分的教学效果。

下面是我们的课题组成员在上海市浦东新区白玉兰小学开展课例研究时，与一位教师共同设计的“乘法分配律”一课教案的一部分。

教学活动及提问	预期的学生反应	教师对学生课堂反应的应对措施及注意事项	设计意图说明
1.比较等式两边的异同。 仔细观察 $60\times(32+15)=60\times32+60\times15$，你发现等号两边有什么相同点和不同点？ 追问：具体说说怎样不同？	相同点：计算结果相同。 不同点：式子结构不同。 等号左边先求32+15的和，再用60乘以和，等号右边先分别求60×32和60×15的积，再把积相加。	在学生观察、讨论时，注意巡视了解学生的情况。 对课上各个环节积极发言的学生进行表扬。	让学生通过对所列算式进行观察、比较和归纳，大胆提出自己的猜想、举例，并互相验证，从而积累丰富的数学素材，初步感知规律。
2.感悟、猜想规律再举例。 像这类结果相同、式子结构发生改变的算式，你能猜想并举一两个例子吗？试着用记号笔写在教师发的纸条上。	学生尝试写算式。	准备好纸条。 要求学生在纸条上写算式。	
3.同伴之间验证式子。 大家举的例子是否正确，需要验证。请在小组里互相检查。	学生在小组内互查。	组织汇报，选择学生验证后的算式在黑板上展示。注意选取以下三类，对后两类情况不作评价，后面再研究：①正确的式子；②因数据太大，学生无法迅速验证的式子；③错误的式子。	

续 表

教学活动及提问	预期的学生反应	教师对学生课堂反应的应对措施及注意事项	设计意图说明
4. 用字母符号概括特征。 通过举例和验证，我们确信一定有规律存在。 ①请你在所举例子上圈圈画画，找出式子等号两边的主要特征，然后想一想：这么多的式子，能否概括成一个式子？ ②尝试用自己的话概括归纳。 我们讨论得到的知识规律，数学上叫作乘法分配律，什么叫乘法分配律？请同桌交流讨论。	60×（32+15） ＝60×32＋60×15 概括成字母式：a×（b＋c）＝a×b＋a×c 或用符号表达：▲×（●＋■）＝▲×●＋▲×■ …… 学生同桌交流讨论。	板书学生概括的式子。 组织学生汇报，课件演示算式的变化特征，帮助学生理解。	通过用字母或符号等方式表示，帮助学生初步概括等式的主要特征；把字母表达式前置，将其放在语言概括乘法分配律之前，作为归纳过程的“符号化”阶段。鼓励学生用自己的语言表述，并尝试板书学生的归纳，体现对学生的尊重。
5. 阅读课本理解关键词。 看看书上是怎样概括的，边读边圈出你认为关键的词。 联系前面未作评价的两类学生算式，理解这些关键词。	学生看书，圈、画关键词。 联系算式理解： “不变”——算式结果相等； “分别”——括号外的因数要分别与两个加数相乘，所以形象地称其为“分配”； “一个数（这个数）”——具体指“相同的因数”。	用红粉笔在板书上标出关键词：不变、分别、一个数（这个数），同时指出式子结构中的“和”，是与其他乘法运算定律最大的不同。	通过联系算式以及对定律关键词的解读，帮助学生把握乘法分配律的主要特征。
6. 小结。 通过观察、猜想、验证、概括和归纳，我们自己讨论后得到了乘法分配律。			

它在吸收我国教案设计优点的基础上，对日本的教案模式进行了改造，从而使双方的优势得以互补。这一教案片段，旨在引导学生通过探究对乘法分配律的运算定律进行抽象概括。

一方面，作为教学工具，上述复线型教案不仅充分考虑了学生的反应，而且也将教师对学生反应所作出的应对措施列入教案写作范畴，使教师的教学更具有可操作性。另一方面作为观察和交流工具，复线型教案可以为随后的教学研讨提供反映学生学习状况及教师教学状况的详细证据，比如教师如何应对学生的非预期反应及教师对学生的非预期反应等。可见，复线型教案能够充分支持以学为中心的课例研究，也使我们认识到，没有对学生学习实况的记录，就无法对教师的教学进行反馈，因为要考察教师“教得怎样”必须从课堂上每个学生的实际情况出发。

四、关注课后对教案的二次设计

由于课例研究是一个规划、行动与改进的循环过程，因此教案设计也并不会随着一堂课的结束而结束。基于观察的结果和课后研讨的结论对教案进行持续改进是课例研究的一个重要环节，因为教案的修改状况直接影响第二轮教学的改进质量。授课教师在课后要充分吸收研究小组的研讨意见，总结教学经验，明晰课堂教学的问题，探究问题的症结，思考修补方案，改进不合理的做法，以便在随后的教学中避免出现同样的问题。

实际上，教案设计应贯穿课例研究的始终，即使教师第一次授课的效果良好，在另外一个班级进行第二次授课时，教师也应针对这个班级的学生情况对教案做出适当调整，课堂就是在这样的不断调整中实现改进的。比如，一位教师在第一次教“三角形边的关系”时，教案设计的核心环节是给每个小组准备长短不一的小棒，让学生通过小组合作的方式从中选择3根小棒作为三角形的三个边，拼成一个三角形，并量出它们的长度，然后记录各组的数据，在数据比较中得出有关“三角形的两边之和大于第三边”的规律。根据课堂观察的结果，课后研讨时大家一致感到这种设计对学生没有挑战性，学生虽然知道了“三角形的两边之和大于第三边”的结论，但对为什么如此并没有清晰的认识。经过研讨，针对学生的已有基础，教师修改了教案，将原有的教学内容进行转化，给学生提供一些吸管，让他们动手剪一剪、拼一拼，并思考“在什么情况下三条线段围不成一个三角形”，这种颇具挑战性的学习活动激起了学生的探究热情，他们对此展开了各种尝试，甚至在解释时将三角形的三条边的长短与所对角的角度大小联系起来，从而深化了学生对三角形边的认识。

备课是上课的基础，我们期待教师能够重视对教案的设计，并践行以上各项要求，在教案设计的循环往复中优化课堂教学，不断提升教师的专业素养。

（二）校本研课磨课中的观课议课

1. 对校本研课磨课中观课议课的认识

校本研课磨课中的观课议课，是指执教教师现场作课，其他参与教师进行课堂观察，并一起围绕共同关心的问题进行对话和反思，以改进课堂教学、促进教师专业发展的一种研修活动。其基本形式是“上课——观课——议课——再上课……”（简称三课两反思）。根据学校规模可以简化流程，采取同课异构、分组异构的形式来完成，或者把第一轮作课简化成集体备课中的说课（或上微型课）。

2. 校本研课磨课中观课议课的策略

一是针对学生学习活动的状态和效果进行观课议课。观课时重点从教师教上转移到学生学上，从观察学生的学去思考教师的教，议课时重点研究学生的学习过程和学习效果。观课议课的路线是：从学习效果到学习行为再到教师行为最后到教学设计；而改进后的教学路线是：从新的设计到新的教再到新的学最后落实到新的教学效果。二是把课堂上的现象和事实作为观课议课的基础。观课时，基于课堂现象和事实提炼问题。议课时，不对教师和整堂课下结论，而是就课堂教学过程中的一些教学问题和困惑展开讨论。三是考虑教师、学生和教学环境的实际，采取“最近可能区”策略。观课时教师根据现有的课堂观测手段和能力，尽量从基于实证的专业理性观察课堂。议课时从学生学情和教师现有理论水平出发，根据执教者专业发展所处阶段，提出既直面现实又走在现有教学实践前面的建议，针对现有教学环境和条件，提出现实可能改变和做到的建议。

【阅读链接 4.4】课堂观察工具的开发①

课堂观察是课例研究的中心环节，该环节提供反映教学效果的证据，是对教学进行反思和重新规划的基础。课堂观察的重点是基于课例研究的主题而确立的，观察重点一旦确立，就需要选取或开发适当的观察工具。在传统的教研活动中，教师进行课堂观察的工具仅限于一本听课笔记和一支笔，甚至连这些也没有，只是为听而听，不知道要听什么，也不知道怎样去听，听完课后只是三言两语地就课论课，潦草结束。这一方面表明传统教研活动太过随意，缺乏规范；另一方面也说明在教研活动中有效的课堂观察工具不可或缺。课例研究是教师群体的一种专业发展行为，为提升其研究品质，必须借助有效的观察工具来收集反映学生学习状况的证据，以使随后进行的教学反思和重新规划有据可依。

一、教案观察表

最直接的课堂观察工具也许是教案。因为只要对照教师的教案，我们就可以了解在课堂的预设之外生成了什么、为什么会有这样的生成以及可以怎样改进原有的设计。在日本，教师通常都会带着一份经合作设计达成共识的教案去观课，以便在观课过程中参考查对。

教案观察表

教学活动设计	预期行为		非预期行为		提升空间
	学生的反应	教师的应对	学生的反应	教师的应对	
刚才我们用先、再、接着、最后这些词语描绘了小蝌蚪的变化过程。大家还有什么问题要问吗？	我观察到它的颜色变了，由黑色变成了绿色，它身上还长出了条纹。	鼓励学生积极表达自己的观点。 强调先长出后腿、接着尾巴变短等是小蝌蚪的明显变化或主要变化，其他变化也是存在的。	小蝌蚪为什么先长出后腿？	这是它的生长规律决定的。	启发学生通过养蝌蚪观察一下。

如上表所示，教案观察表是在复线型教案的基础上开发的，“教学活动设计”与“预期

① 作者系华东师范大学课程与教学研究所安桂清、沈晓敏，本文刊于《人民教育》2010年第23期。

行为”两栏是复线型教案的设计内容,“非预期行为”包括学生的非预期行为及教师的非预期应对,是课堂观察时观察者重点记录的内容,“提升空间”则是基于对非预期行为的分析提出课堂教学改进的建议。

以《小蝌蚪找妈妈》一课的教案片段为例,任课教师执教这一片段时,观课教师发现一位学生的发言超出了教师的预期,他问道:“小蝌蚪为什么先长出后腿?”教师一愣,显然没有意识到学生会问这样的问题,于是他来不及思索,回答道:“这是它的生长规律决定的。”在课后研讨时,教师们开始反思,任课教师对这一问题的应对是否恰当。经过讨论,大家认为,在回答学生提出的问题时,如果只是简单地把他们引向现代科学的自然秩序,那么很有可能会阻断他们继续探索的热情和动力。对学生所提问题的恰当回应才能使他们保持对问题持续的、鲜活的兴趣,一个机智的教育者可以做到这一点。因此,当学生问“小蝌蚪为什么先长出后腿”这一问题时,“启发他们通过养蝌蚪观察一下”或许是更为恰当的回应方式。

显然,作为课堂观察的工具,复线型教案成为以学为中心的课例研究的有力支撑。教师教学研讨的重心不再是单一的“怎样教”,而是把学生的学习状况和教师对学生学习的应对作为教学研讨的重点。课例研究重心的转移不仅可以丰富教师对学生的认识,更可以提升教师的教学机智和教学策略,随着教师专业知识的丰富和完善,教学改进亦成为现实。正如日本教育学者佐藤学所作的形象比喻,好的教学就如接住学生“投过来的球”,即“接住”每个学生的发言,并能与那些倾心“投球”的学生的想法产生共振,而不是只注意自己的教学进度。

二、观察量表

为改变传统教研活动中教师仅凭印象和感觉开展教学研讨的局面,课例研究小组通常会先根据观察目的编制合理的量表以用作课堂观察的记录工具,而后在研讨中依据观察量表中的“数据”对课堂教学进行深入的分析,以提高课例研究的实证水平。

在当前的课例研究中,观察量表的使用较为广泛。观课教师在确定观察点后,就可以结合自身的实践经验,独立或合作开发观察量表,而后进入课堂,并在试用中不断加以修正,最终形成科学的观察工具。比如,观课教师想了解学生的合作讨论技能,就可以设计下列观察量表,通过记录技能的频次了解小组成员对合作讨论技能的理解与运用状况,并据此对每个小组提出有针对性的建议。

组名				
技能姓名	张一	林二	王三	李四
角色任务				
热烈发言				
仔细倾听别人发言				
鼓励别人				

需要说明的是,观察量表的使用要非常谨慎。首先,并不存在一个适用于所有人和所有课的观察量表,每一位教师所面临和所关心的教学问题都是具体的、不同的,因此他们

根据自己对观察点的理解和对自身教学特点的认识所编制的观察量表也是具体的。当我们借鉴这些量表时，必须依据自身的需要对其做出修正，只是照搬他人的观察量表，恐怕无法实现我们全部的观察意图。其次，在对观察量表的统计结果进行解释时，要对其所呈现的“数据”进行一种历史性的考察，明确这些数据产生的背景和条件，防止被表面的数字所迷惑，以致对课堂教学做出错误的观察结论。

三、座位表

座位表也是课例研究中课堂观察的重要工具。在听课前，观摩教学的教师可以向任课教师要一份班级学生的座位表，以便在课堂观察中利用座位表记录班级中不同学生的学习情况。下面是一个班级的座位表。

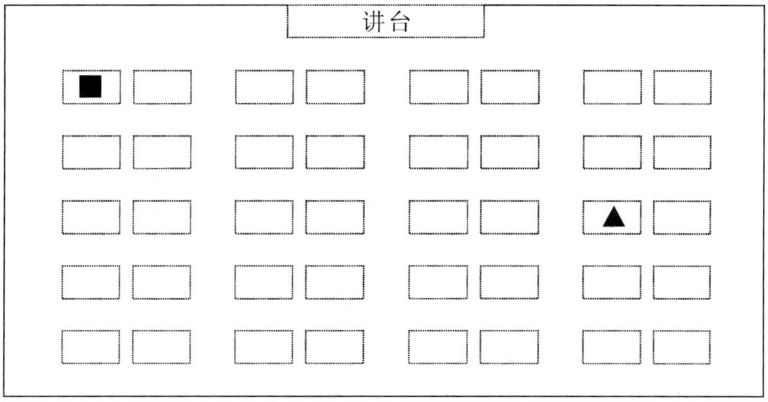

为方便观课教师了解不同程度学生的学习情况和困难所在，在座位表上可以用相应的符号对班级的学优生（如表中的“■”）和学困生（如表中的“▲”）进行标注，观课教师在进行学生抽样观察时可以根据这些标注选择恰当的观察对象。

当然，对座位表的应用也有许多变式。有的教师在座位表上记录前一节课学生的反应或在作业本中表达的想法、观点等，有的则在座位表中预设学生可能持有的解题方法或对事物的观点，并标注持不同观点学生进行互动的方式。有时座位表会同复线型教案相结合：中间是教案，两边是座位表。这样可以更为详细地呈现每一位学生的课堂反应及教师对其反应所作的应对。座位表不仅反映学生个体的状况，还将整个班级学生在经验和认识上的联系、冲突以及互动学习的方式一目了然地展现在执教教师和观课教师面前，为课例研究中的群体反思提供了具体而真实的素材。由于教师的研讨话语贴近教学的实况，教师的所思所悟扎根实践，教学改进也随之具有了可能性。

四、姓名牌

姓名牌是一种在讨论课上使用的工具，在日本的课堂中被广泛应用。教师通常在讨论课上呈现一个事物或现象，从而引发学生各种观点的碰撞。讨论时，教师会在黑板上划分两个代表不同观点的区域，学生将自己的磁性姓名牌贴在某个区域内表明自己最初的立场，并出示自己选择这一立场的事实依据。在讨论过程中，学生可以随时移动姓名牌，以表明自己立场的改变并说明理由。在课例研究中，执教教师或观课教师也可以利用姓名牌记录学生观点的变化和学习的过程。下面所呈现的是一个日本小学社会课上的例子，从中我们可以发现姓名牌的妙用。

赞成根岸湾填海造地		不赞成根岸湾填海造地
富山 本山		元木
林 和泽	佐佐木	佐田
远田 铃木	水岛	西崎 井口 桥田
中田 泽田	前田	
村田	水野	空内 池田 藤奇
横田 冢田 中野	出口	
本田		山田 宇和岛
	野川	

在这堂社会课上，学生们对“根岸湾的填海造地”产生了不同的看法。教师要求每位学生表明自己的观点和立场，于是第一次姓名牌位置图就形成了。值得注意的是，即使站在同一立场上的学生，姓名牌的位置也可能是不一样的。如上图所示：富山是强硬的赞成派，宇和岛则是坚决的反对派，而佐佐木等人则是中立派。随着研讨的深入，姓名牌的位置会发生个性化的移动。这种移动表明学生们的认识在发生改变，而认识的改变及深化却反映了学生的视野在不断扩展。同座位表一样，姓名牌的使用也为课例研究研讨学生的学习提供了事实材料的支撑。

五、观察者自身作为观察工具

以上所呈现的课堂观察工具都具有一定的结构，但是我们始终都不要忘记在课例研究中还有一种没有预先设置的分类——用语言对观察到的事件和行为加以详细描述的记录方式。描述以观察者自身作为工具，通过观察者的语言记录并揭示其所探究的现象。描述可以延缓观察者对课堂教学的简单分类，使学生学习时的具体情境在教学研讨时重新浮现出来，从而为课例研究小组提供与情境对话的机会。虽然描述不能直接产生答案或解决办法，但是能给予我们思考的空间，在本质上，描述致力于对人性的洞察、理解和期待。下面是一位观察者对《黄山怪石》一课的教学片段所作的描述。

老师让学生在各种怪石中选择自己最喜欢的，并说明喜欢的原因。课堂开始活跃起来。有的孩子喜欢“猴子观海”，因为平时喜欢孙悟空；有的孩子喜欢“神仙晒靴”，因为喜欢晒太阳……教室里响起了零落却令人愉悦的孩子的笑声。在谈到“金鸡叫天都”这块石头时，一位小男孩站了起来。“有三点”，他一边解释，一边竖起三根手指，“第一我喜欢黄色；第二我老家没有闹钟，要靠鸡来报时；还有就是……”说到这，他忍不住笑起来，边笑边说：“我也喜欢吃鸡肉。”零落的笑声连成了一小片。但老师显然对孩子们的回答有点不满。“大家刚才说为什么喜欢怪石时，很多都提到了吃的或玩的。我们之所以喜欢它们，更应该是因为课文把它们描写得美啊，对不对？所以……”教师指着刚才的小男孩说，“你应该说四点！”小男孩坐了下来，伸手在自己的额头重重拍了一下。

描述让课堂教学的真实场景在我们面前展现，从而启发我们去思考现象背后的意义。在上述片段中，学生因为从未见过真实的黄山怪石，所以只能从自身的经验、体验出发来谈论喜欢的理由。虽然学生表达了自我认识的多样性与真实性，但对教师而言，与文本的写作意图相比，学生的回答显然没有切中主题。为维护书本知识的权威性，教师最终把所谓正确的观点强加给学生。面对制度化、权威化的课程知识，很多时候他们会想当然地贬抑学生，把他们的个人话语视为浅薄之论，理直气壮地用自己的观念覆盖学生的观念，并且笃信自己的观念才是他们值得拥有的。在课后研讨时，教师们意识到这类现象在课堂中经常发生。大家讨论了这种做法的危害性，最终将其定性为一种对学生的“暴力”行为，因为在这种粗暴的态度与冷漠的知识的裹挟中，学生心灵的丰富性、复杂性、独特性以及无限可能性无可避免地走向萎缩。透过对这一片段的描述和解读，我们可以发现描述性语言有助于保持课堂教学的整体性与复杂性，有助于我们从广泛的联系中探究教学情境的意义。因此，对课例研究而言，结构化的课堂观察与非结构化的课堂观察应相互补充，相得益彰。随着课例研究的深入，期待教师们创造出更多有效的课堂观察工具。

（三）校本研课磨课中的课例讨论

1. 校本研课磨课中课例讨论的含义

校本研课磨课中的课例讨论，是指参与研课磨课的教研组或备课组教师以教学改进为方向，以问题解决为线索，就课例相互表明见解或论证各自观点，发表自己对课例的看法。课例讨论可以是上完课后及时组织讨论，也可以是即兴讨论，但主要指整理出来课堂教学实录后组织的一次深度讨论。

2. 校本研课磨课中课例讨论的要求

一是营造氛围，进行全员性、开放式讨论。组织者要从物质的和心理的两方面营造良好的互助共进讨论氛围。讨论前公布讨论主题，布置搜集让所有参与者针对自己课堂上的发现和思考，相互敞开，彼此承认，主动进行独立和平等的对话，进而汇集大家的发现，就可以看到教学中某一问题的全部方面。二是深度对话，进行聚焦性、实证性讨论。有深度的对话，是指在主持人的组织引领下，参与教师进行有理有据的深度会谈。大家根据课例搜集到的证据事实，结合相关教育理论，聚焦主题，亮主张，述现象，做诊断，提建议，对大家就同一问题方方面面的不同看法和见解进行整理归纳，上升到对课堂教学的理性认识。三是吸纳共识，在可为处进行保留式课堂改进。林林总总的意见让每个教师全部吸收和采纳是不现实的，况且这些意见和建议本身之间难免有矛盾和冲突之处，所以，参与者只有最大限度地吸纳群体的智慧，结合自己的主客观实际，在新一轮教学可为处进行带有自己教学风格的保留式改进。四是规范记录，生成新的课堂“文本”。课例讨论既是参与者围绕上一轮课的对话过程，也是生成新的课堂“作品”、课堂“文本”的过程。课例讨论最终要形成一个规范的记录文本，以保证研究线索的清晰呈现，使研究层次递进的脉络一目了然。使参与者知道讨论到什么程度，明确下一次课的改进方向。

【阅读链接 4.5】课后研讨活动的开展①

课后研讨是课例研究小组基于观察结果从不同角度检视课堂教学的得失利弊，进而揭示教学可能的改进方向的过程。课后研讨水平的高低直接影响后续教学改进的质量。因此，在课后研讨活动中，研究小组的每个成员都应该敞开心扉、彼此接纳，在一种民主与平等的氛围中展开对话，以充分阐发课堂教学的意义、问题及可能的境界。

一、课后研讨活动的组织方式

1. 准备场地

通常，在授课结束后，课例研究小组需要休息片刻(至少 10 分钟)再开始研讨活动，以确保所有观察者有时间整合他们的观察结果和思路。如果有可能，最好在执教者上课的教室进行观察结果的整合及随后的研讨，因为教室中的黑板、文本资料等还留存着上课的痕迹，所有人的记忆仍相当鲜活，观察资料的整理以及研讨会的开展都将因此而方便、快捷。假如没有可能，则要准备一个会议室，授课教师和研究小组成员随身携带上课过程中使用和产生的资料进入研讨会场。

2. 建立研讨的程序

研讨会的开展需要遵循一定的程序。一般先由主持人介绍团队成员和概述研讨的基本结构。随后，课后研讨沿下述话语程序展开。首先，研究小组听取执教者的教学意图，理解其对教学的设想和做法。主持人有必要提醒执教者尽量使自己的讲解简洁，从而为随后的小组评论留出较多的时间。其次，依据观察结果展开小组评论，鼓励大家积极发言，在适当的时机允许执教者就他人的评论进行简短的回应。特别需要指出的是，在研讨过程中主持人要时刻注意提醒参与者认真倾听他人的观点。最后，如果在研讨前安排某个小组成员作总结，就要给其留出 10 分钟的时间作最后的评论。

3. 明确参与者的角色和职责

在角色分工上，研讨会的参与者通常包含下列人员：主持人、执教者、评论员和记录员等。主持人作为教学研讨的推进者，除了遵照一般程序组织研讨外，还要注意明晰每个参与者的职责，确保研讨活动聚焦主题，并注意控制时间，使所有期望评论的人都有时间发言。执教者除阐述教学意图外，还需要积极与评论者进行互动。评论员主要由课堂教学的观摩者组成，观摩者不能仅限于校内的同伴教师，有时也包含了校外的专家教师。评论员首先要以自身的观察为基础，客观公正地汇报课堂观察的结果，其次，以探询的口吻展开教学评析，通过研讨在可能的范围内帮助执教者深化对教学的理解，明确课堂教学的改进路径。对记录员而言，除了记录所听取的研讨内容，还必须为课例研究报告的撰写提供

---

① 作者系华东师范大学课程与教学研究所安桂清、严丽，本文刊于《人民教育》2010 年第 24 期。

一个研讨的概要，并确保把这份概要递交到负责撰写报告的人员手中。

二、课后研讨活动的基本原则

1. 关注对问题的研究

课例研究总是基于某个主题而实施的，课堂观察的重点也是基于研究主题而确立的，这使得基于观察结果的课后研讨活动以问题的研究和解决为宗旨，而不是用一套既定的标准(哪怕这套标准非常先进)去评价教学和检查教师的工作。与以往专注于对上课好坏做出评价的传统教研相比，专注于问题解决的课后研讨一方面有助于执教者放下为避免被评头论足所采取的防御性姿态，坦率地投入到对问题的研讨和探求上，从而纠正原有的认识或行为偏差，产生新的教学理解。另一方面也有助于改善评论者在评论时因就课论课所导致的研讨泛化、缺乏针对性的局面，使问题的研讨与解决以观察记录为基础，有具体而明确的证据支撑。

2. 关注学生学习的事实

对学生学习的普遍而深入的关切应贯穿课例研究的始终，并使之区别于其他类型的教学改进活动。由此，在课例研究中，课后研讨的内容应着眼于课堂中学生学习的事实来展开，避免聚焦于课的成功与失败或教师的教学风格。试想一个教师“教得怎样”不能仅仅依靠其自身的风格加以考量，更应该从课堂上每个学生的学习情况出发来加以考察，更何况教学研讨的目的从来都不是“教师要露一手”。只有把“学生的学习”作为研讨的主旋律，通过分析和研究学生的学习来改进课堂教学并形成教学实践，才能创造“以学为中心”的教室，从而使每个学生的差异都得到关注，使每个学生都得到尊重。只有这样才能通过学生的学习实现教师的学习和行为的改进。

3. 关注执教者与观察者的民主协商

作为一项教师专业发展活动，课例研究旨在建设教师研修共同体，构筑教师相互学习的同伴关系。为此，课后研讨应当是教师群体基于民主协商的反思性实践，而不能仅仅视其为观察者对执教者的建言过程。假定观摩者针对某个教学情境中执教者的“教法”建议另一种“教法”，这种建议的意义何在呢？因为即使在某个特定的情境中，“正确的教法”也从来都不是唯一的。传统意义上，观察者高谈阔论、执教者唯命是从的研讨情形反映的是一种单向的权力关系。按照佐藤学的说法：“只要这种权力关系不消弭，在校本教研中教师之间的相互学习是不可能的。”基于此，作为一个民主协商过程，对执教者而言研讨就意味着应敞开自己的内心，与观察者积极互动，在互动中实现多种视界的沟通与融合，而不能只是缄默不语，被动地听取意见或礼貌地维持表面的言谈。对观察者而言，则意味着将研讨看作自身学习的契机，反思自己在课堂观摩后“学到了什么”，致力于将研讨发展成为一种自我成长的内在机制。唯有实现了上述转型，课例研究才能真正成为教师合作学习的场所。

三、课后研讨活动的进程安排

1. 汇总观察结果

深入的教学研讨与反思总是建立在充分的课堂信息基础上的，课堂观察者承担着提供课堂信息的重任。在课例研究中,为收集到有关教学的多方面信息,观察者通常是有角色分工的。比如,日本学者把课堂观察者分为速记者、总体观察者、抽样生观察者和摄像者等。速记者要把课堂教学的师生话语完整记录下来;总体观察者负责观察课堂的整体氛围和学生的整体参与情况;抽样生观察者会选取特定的学生个体作为观察对象,以收集有关他们的课堂反应的信息;摄像者则需把整堂课录下来。课后,这些承担不同观察任务的观察者必须进行观察信息的汇总以全面反映课堂教学的实况,进而为随后的课例分析与研讨提供充足的证据。有时,为提供全面而又准确的课堂教学信息,也可由几位小组成员共同观察一个观察点,在此情况下,几位观察者更需要在课后相互确认各自所观察到的信息是否一致,以便向执教者提供客观一致的观察结果。

比如在一堂物理课上,教师试图让学生利用西红柿、电压表、锌片和铜片制作一个水果电池,从而引入"电动势"这一物理概念,课堂观察的主题是学生的实验操作状况,观察重点为实验成功与否、实验操作方式是否正确和教师对学生实验的反馈情况是否恰当。课后7个小组的7位观察者交流了各自的观察结果,其中有3位观察者报告说他们所在的小组实验没有成功,电压表的指针始终都没有动,但这3位教师都报告说学生的操作方法并没有错。那么究竟是什么原因造成实验没有成功呢?经过一番交流,几位观察者意识到实验所用水果的类型、大小、成熟度以及锌片上的锈迹等可能影响了实验的效果。于是,他们在随后的研讨中向执教者汇报了这一重要发现,从而启发执教者在下一轮的教学中对实验材料进行更为严格的挑选。可见,承担同一观察任务的不同观察者对观察结果的汇总有助于为执教者提供明确、真实和可靠的课堂教学信息。

2. 执教者讲解教学意图

执教者对教学意图的讲解并不是随意的。通过讲解教学意图,执教者要向课后研讨的参与者传达三个层面的内容。首先要诠释自己的构思,对教学设计的依据作充分的说明。其次要说明教学实践中的调适,对教学中可能的、即时的变更作合理的解释。再次要阐述实践后的反思,对教学的感受与体验作细致的阐发,评述教学的困难与乐趣所在。何谓一堂好课,原本就没有一个统一的量化标准来进行准确的评判,只有给执教者充分的陈述空间,让课堂观察者与执教者在平等协商的过程中就课堂教学问题的解决达成一致,才能使其后的教学改进落到实处。执教者讲解教学意图从客观上为群体研讨时的"百家争鸣"创造了条件,从而避免群体研讨时评课者的"话语霸权",同时对大家认识课堂教学现象的本质也是有益的。

比如在一堂主题为"季节的颜色"的英语课上,在讨论"夏天是什么颜色"时,学生们说出了不同种类的颜色,举手的学生越来越少,观察者认为这个问题的讨论也该告一段落了。但班中一个叫Jessica的小女孩始终没有放下高举的小手。教师注意到了她,并很有耐心地让她发言。"我认为夏天是彩色的",没等她说完就有学生叫起来:"彩色不是一种颜色。"其他的学生也纷纷附和着并用疑惑的目光看着她。教师也感到很好奇,随即说道:"不如让我们猜猜看为什么Jessica眼中的夏天是彩色的。"于是,学生们做出了种种不同的推测,虽然众说纷纭,但是Jessica始终微笑着在那儿摇头。最后她说:"在夏天我能看到七彩的彩虹,我喜欢漂亮的彩虹。"课后,观察者认为教师很好地把握了这一意外时刻的教育意义,顺着课堂的语境吸引学生进入了一场真正的对话,师生在一种共享的氛围中获得了更多关于夏天的体验。但是在讲解教学意图时，教师表达了自己的困惑，在让 Jessica 发言时，教师说自己是非常犹豫的，担心这个环节更多的发挥会打乱整节课的进度。事实上的确如此，原先计划的教学内容并没有如期完成。在随后的研讨中，观察者不再只是单纯地赞扬这种方式，而是与教师分享了这一问题的复杂性：课堂中的一件事情可能产生多种结果。教师等几分钟让一位学生回答问题，可能提高学生的学习动机，但同时让班上其他学生的学习进度落后了一步，对另一位想回答问题的学生也可能会产生消极影响。最后大家得出结论：教师必须尊重教学的偶然性，保持心灵的开放，而不是死板地按照教学计划一直进行下去，在教学过程中适时调整，做到随机应变。无疑，这样的研讨使研究小组成员对教学的认识更加全面而深刻。

3. 基于观察结果展开群体研讨

通过仔细分析群体研讨的话语结构，我们会发现一种为执教者和观察者双方所接受，并同时实现智慧分享与情感交融的研讨活动是沿着如下脉络展开的：首先是观察者向执教者汇报"我们观察到了什么"；其次是询问执教者"观察结果反映出教学存在怎样的问题"；再次是双方共同讨论"如何解决这样的问题"；最后是观察者与执教者分享"我从这堂课中学到了什么"。

以一个英语课例研究小组的课后研讨为例，观察者通过座位表记录学生的课堂参与情况，结果显示在一节课中班上的 39 名学生只有 16 人有过发言，而且无一例外是被动回答教师的提问。观察者在向执教者汇报这一观察结果后，执教者表示自己也有同感，班级学生的主动参与情况不理想。他还就"何以如此"表达了自己的观点。他认为学生参与不够积极主要是因为班中很大一部分学生的英语表达能力比较差。随后观察者与执教者开始协商如何解决这一问题。大家分享了一些解决方法，比如可以通过调整本节课的教学组织形式，让学生在同伴对话或小组合作中增加开口说话的机会，以改变他们表达不熟练的状况。再比如教师所创设的情境不能远离学生的经验，同时教学的内容要有层次和梯度，一开始要为学生的表达提供一定的言语支架，比如单词、句型、内容要点等，这些支架能够帮助学生超越表达能力的最近发展区，从而达到新的发展水平。最后，观察者与执教者分享了他们在这堂课上的收获，例如一个观察者指出，学生在表达中出现错误时，教师并没有为纠正这些错误而打断他们，而是将学生的语法或发音等错误写在黑板上，他认为这种做法有助于保护学生表达的勇气，对英语教学尤为重要，他表示要在自己的课堂上也尝试这样做。当然，这一案例所展现的话语结构是极其明晰的，在有的群体研讨中，观点的冲突在所难免，但无论多么激烈的争论都不要忘记课后研讨的协商对话本质。

4. 形成改进建议

如果说基于观察结果的群体研讨大体揭示了教学改进的可能方向，那么接下来观察者和执教者还需要通过协商确定本节课的具体改进方案。通常，课例研究第一轮课后所修订的教学方案会在另外一个班级实施。有些教学改进的策略对不同的课堂都是适用的。但有些改进策略可能是个性化和富有针对性的，必须重新考虑其是否适用于另外一个班级。这需要观察者在群体研讨后继续思考自己的教育教学经验对另外一个班级的适切性，同时执教者也要研究另外一个班级的基本情况，并据此对课堂教学的改进方案做出取舍。比如某所学校的英语教研组一直将开展有效的合作学习作为课例研究的重心。在一次课堂教学中，观察者发现学生在开展合作学习时，有一个小组过于活跃，极大地限制了其他小组的课堂表达机会。于是，课后研讨的重点聚焦于“怎样对待过于活跃的小组”。观察者与执教者对此提出了一系列改进方案，但在应用这些策略进行新的教学设计时，执教者产生了疑虑。因为根据他对另一平行班的了解，这个班级的学生在合作学习时存在的普遍问题不是某个小组过于活跃，而是个别学生经常霸占话语权，以致小组内的其他成员只是被动服从。基于此，观察者与执教者又探讨了如何分散小组话语权，促进组内成员平等的方法，比如实现小组内的角色轮换等。由此可见，课后研讨所提供的教学改进方向对教师是富有启发性的，但就新一轮的教学实践而言，还要充分考虑其对具体班级的适切性和针对性。这也是为什么要把“形成改进建议”列于“基于观察结果展开群体研讨”之后，作为一个独立的主题加以讨论的原因。

需要强调的是，“形成改进建议”不应随课后研讨活动的结束而结束。有时课后研讨活动的开展并不能当场找到教学改进的有效策略，即使找到了也需要在实践中加以检验和不断修正。更何况教学改进永无止境，需要持续地进行研究，才可能不断产生新的策略和方法。因此，教师需要持续地就某主题深入探究。在群体研讨结束后，无论是观察者还是执教者都应广泛地开展理论学习，吸取已有的教学经验，完善课堂教学改进的策略。另一方面研究小组成员应在自身的教学实践中积极尝试和应用改进策略，并不断反思和完善这些策略。以上述“分散话语权，促进组内平等”的课例研究为例，在研讨活动结束后教师通过广泛查阅文献，找到了更多可供采用的策略以分散小组的话语权。其中一个重要的策略是美国学者斯宾塞·卡恩提出的“谈话筹码”，即学生们每谈话一次就交出一个筹码，当他们的筹码都用完了就不能再谈话了，但是可以问问题，直到所有组员的筹码都用完再从头开始。这种做法可以让用完筹码的学生向还有筹码的同学提问以督促他们发言。随后，课例研究小组的部分教师在自己的教学中尝试了这种方法，并发现了一些使用过程中的注意事项。显然，事后研究是一个长期的过程，它需要教师保持持续探究的热情，而这一点是课题研究不断发展下去的源泉。

三、运作校本研课磨课流程

（一）校本研课磨课的基本模式

校本研课磨课过程中，参与者以课例为载体，对自己的教学设计和课堂教学进行反复研磨。多人同课异构，团队共研共进谓之“研”；一人同课多构，个体经验反思改进与提升谓之“磨”。这种对课例的反复研磨过程，其基本模式可总结为：“教学设计（个人和集体备课）——执教者第一轮上课——组内观课议课——新的教学设计——执教者第二轮上课——课例研讨……”

参照顾泠沅提出的教师教育行动过程“三阶段两反思”理论，以上校本研课磨课基本流程包括三个阶段：第一阶段称为原行为阶段，是执教者第一轮上课，主要关注其个人已有的教学实践经验，让教师本人的教学经验和风格充分表现出来；第二阶段为新设计阶段，是第二轮课前参与者通过观课议课，积极介入修改和完善原教学设计，冲击教师已有的教学行为和习惯，其理念与经验在这里进行交锋与对话，为第二轮上新理念之下的新课做好铺垫；第三阶段为关注新行为阶段，是参与者从学生实际的学习效果入手，对形成的课例进行讨论后，在反思和改善前两轮课的基础上，其教学理念与现实教学行为之间的差距得以缩短，其教学理念与原有教学经验实现有机整合。校本研课磨课三个阶段期间，有两轮参与者的合作反思，一是反思已有教学行为与新理念、新经验的差距，实现由原教学行为向新教学理念的飞跃；二是反思修改完善后的理性教学设计与学生在课堂上的实际学习效果之间的差距，完成教师教学理念向教学行为的转移。这一基本模式的实施流程可多次往复，实现教师教学理念和教学能力螺旋式上升。

【阅读链接 4.6】在课例研究中改进教学

——以一节初中历史课前为例①

课例研究，是基于日常教育教学中需要解决的问题，在教学过程中持续进行实践改进，直至问题解决的一种研究活动。它具有基于专题、持续研究、见证效果、形成成果等特点。课例研究在改进教学方面具有非常明显的作用。本文拟通过一节初中历史课的研究实例加以详细阐释。

一、确定研究主题和教学内容

课例研究以课例为载体进行规范深入的教学研究，主题明确，彼此之间的对话能够围绕主题聚焦，有很强的针对性和实效性，对提升教研品质和改进课堂教学有较好的效果。

一般来说，课例研究首先必须明确研究的主题，在此基础上设计和开设与主题相一致的研究课，围绕主题来设计和实施教学。比如，按照《义务教育历史课程标准(实验稿)》的要求，中学历史课程的教学重在引导学生学会用辩证唯物主义和历史唯物主义的方法对发生的历史现象和历史事件以及其中的重要历史人物进行客观的分析与评价，理解人类历史发展的必然规律，自觉培养学生促进社会发展和服务当今社会的历史责任感和时代使命感。但是我们在相关的调研中发现，当前的初中历史课教学与新课程的目标要求还存在着不同程度的差距：注重历史知识的获得胜过学生深入的理解；强调教师课堂的讲授胜过学生的讨论，认识历史陷入人云亦云；忠实课本教材的范围胜过课程的二次开发，以本为本替代全面学习；追求课堂知识的目标胜过其他目标，讲练结合无视导学育人，等等。

因此，课程标准的要求与课堂教学的现状之间存在的差距就成为学校教学研究需要解决的问题。针对上述种种亟待解决的问题，课例研究小组确立以突破机械记忆导向的初中历史有效教学策略为研究的主题。

其次，要进行以课为例的课堂教学研究，必须选择一个合适的内容单元，为课例小组的研究搭建一个对话交流的平台。如，针对上述专题，课例研究小组选择浙教版《历史与社会》8 年级第 6 单元“席卷全球的工业文明浪潮”中第三部分“汇入工业文明大潮的中国”的第一课“屈辱的岁月”，其内容主要是讲述从 19 世纪 40 年代至 20 世纪初西方列强对中国发动的四次主要的战争，和面对列强入侵中国掀起悲壮反抗史实以及在此期间清

---

① 作者系上海市教育科学研究院胡庆芳，本文刊于《人民教育》2012 年第 9 期。

政府与西方列强签订的四个不平等条约。本课的教学目标主要有两个:一是引导学生自主学习,了解近代资本主义列强对中国发动的侵略战争和强迫中国签订的不平等条约以及帝国主义瓜分中国的狂潮,认识殖民主义的侵略本质和清政府的腐败无能;二是通过讨论、比较归纳等活动,引导学生分析四个不平等条约对中国历史进程的深远影响。

二、带着目的观察,畅所欲言表达

旨在改进课堂教学的研究都是在教学中进行的,所有参与人员都需要进入课堂集中关注所要解决的问题,进行有针对性的课堂观察,从而对主题进行思考和判断。例如,课例研究小组提出如下一些问题以引导大家进行有针对性的观察:"请统计本次课上执教教师采用的教学策略有哪些。""在执教教师所采用的教学策略中,哪些对突破机械记忆方面有效果?请结合具体的教学情景陈述。""在执教教师所采用的教学策略中,哪些对突破机械记忆效果不明显甚或没有效果?请结合具体的教学情景陈述。""除了本次课上执教教师所尝试的教学策略外,你认为还有哪些策略可以尝试?请结合具体的教学情景陈述。"

课堂教学改进的研究特别需要发挥群体的实践智慧来解决教学实践中存在的问题。因此,在研讨过程中,每位教师都应该知无不言、言无不尽,将一个个问题分析透彻,把自己的思考与判断说个明白。这样,每位教师才能将自己从不同侧面看到的问题和从不同角度进行的思考汇聚在一起,进而形成比较全面和立体的透视。广泛而充分的讨论最终是为了找到课堂教学改进的出路和方向,而大家从各自的实践经验出发提出的诸多可以改进教学的建议无疑会大大拓宽执教教师的视野与思路,从而为后续的实践改进提供良好的认识与技术基础。

持续教学改进研究的过程如下。

1. 第一次课试教

首次试教值得肯定的方面:执教教师采用看图说话、对照比较和小组讨论等教学方式,相对传统的教学方法有所突破。在课堂上比较恰当地补充了一些课程资源,促进了学生对相关历史概念的了解。如,讲到"半殖民地半封建社会"时,执教教师出示一张知识卡:"半殖民地,是相对于完全殖民地而言的。它在形式上是独立的,但在政治、经济、军事、外交等方面受到帝国主义控制和压迫的国家。半殖民地是从国家的政治地位上看的。半封建,是相对于完全的封建社会而言的,指原有封建经济遭到破坏,资本主义有了一定成分,但仍保持着封建剥削制度。半封建是从社会经济结构上看的。"

问题发现:学生机械识记的现象依然存在,学生分析、理解能力的培养没有落实,完整性的知识目标没有达成。

原因诊断:(1) 在学生还没有对文本作基本了解的前提下,教师实施有关"鸦片战争、第二次鸦片战争和甲午战争"的看图说话环节,进行相关知识的迁移和应用不切实际,致使学生只能被动地从课本上找相关信息并作机械的回答。

(2) 让学生运用表格对三个条约进行内容对照是一种很好的方式。问题在于,表格是执教教师事先设计的,而不是让学生在比较了三个条约之后自主完成的。因此,在这个环节,学生有意义的历史学习还没有充分体现。

(3) 在"细看条约"的教学环节,执教教师不能有效地运用有启发性和挑战性的问题来引导学生分析和思考，历史知识的学习基本上还停留于识记水平。在讲到《南京条约》的签订对中国造成的影响，即"中国开始丧失独立自主的地位，一步步沦为半殖民地半封建社会"时，执教教师没有用相关的问题引导学生从条约本身的内容进行理解，如："为什么说《南京条约》的签订使中国开始丧失独立自主的地位？从哪里可以看出中国一步步沦为半殖民地半封建社会？"

（4）在本课教学内容的选择上，执教教师把关天培、邓世昌等民族英雄"悲壮的抗争"的内容和《辛丑条约》的内容移至第二次课教学，这使第一课时的教学内容变得不完整。因为前者本身就是鸦片战争和甲午战争过程中的事件，后者则是和《南京条约》等并列的四大条约之一。

改进建议：（1）增加学生文本预习的机会，在了解基本史实的基础上展开有序教学。（2）增加清政府在鸦片战争时期年度财政总收入等信息，以便学生对一次次的巨额赔款有一个相对明确的概念。（3）增加鸦片战争之前中国、英国和法国等国家发展状况方面的内容，以便学生对英、法等国之所以能够侵略中国等问题有一个基本的了解。（4）增加问题的设计，引导学生对四次战争以及四个条约的分析与理解。（5）在课的最后，教师可以对四次战争和四个条约及其对近代中国发展进程的影响作一个总结和梳理，以便学生整体掌握当堂课的主要内容。

2. 第二次课改进

课堂发生的积极变化：学习内容的组织变得全面，多种教学策略协同发挥作用，学生在有效识记和深化理解方面得到明显提高。具体表现在三个方面。

（1）增加自主预习的环节，使学生一开始就对发生在19世纪40年代至20世纪初的西方列强对中国发动的四次主要战争以及强迫清政府签订的四个不平等条约等内容有了一个基本的了解，为后续的学习作了必要的准备。

（2）在课堂上采用背景铺垫的方法，补充了英国的工业革命、清末的财政状况、清政府的闭关锁国政策以及当时英国对华鸦片输出数量逐年递增的态势等背景信息，对学生理解这段屈辱的历史作了比较好的铺垫。如关于清政府当时的财政状况，教师补充了这样的信息：道光二十一年（1841年），清政府财政收入是4125万两。这样让学生对各个条约中索要赔款的数额有了一个直观的比较。

（3）加强问题探究的力度。教师不断用问题来引导学生对四次战争、四个不平等条约进行讨论和思考，使学生的理解走向深入。如教师设计了这些问题：资本主义国家为了打开中国的市场，对华发动了哪几次战争？战争的情况如何？结合条约的内容说明这些条约的签订给当时的中国社会造成了什么样的影响？

问题发现：学生对整堂课内容的主线梳理与总结还不够，缺乏对单元内容的整体把握；教师对学生学习过程中的情感激发不够，学生有感而发的学习状态还没有被调动起来。

原因诊断：（1）教师在引导学生对四次战争和四个不平等条约的基本内容了解之后，也试图用主线串联和问题探究的方式总结提炼，但是由于主线的串联用了一分钟不到的时间就一带而过，没有起到明显的作用。同时，教师最后提出的诸如"清政府屡战屡败的主要原因是什么？当时首要的任务是什么？"等问题只是停留在原因和任务等主次选择上，这束缚了学生思考的广度，以至教师不能充分展开和全面总结。

（2）在某些重点内容上，教师对问题的设计不到位，以至于散见于文本的诸多信息未能形成情感激发的合力。如教师在讲到西方列强对华发动的四次战争以及由此签订的四个不平等条约时，都会提到清政府的腐败无能，但是学生只是停留在固有结论的接受上，并没有变成真正属于自己的理解。如果教师能设计诸如“从哪些方面可以说明清政府的腐败无能？”等问题，将会使学生列举一个个史实的过程变成情感体验的过程。

（3）本单元的主题是“屈辱的岁月”，当时的中国可谓已经到了“国将不国”的危急关头，但是执教教师整堂课都没有把这种“悲情”的基调与底色突出出来，致使历史教学缺乏应有的感染力和教育力。

改进建议：（1）在了解和分析四次战争和四个不平等条约内容的基础上，加强具有统领作用的问题设计，全面盘活单元内容。这样的问题包括：简述中国是如何从封建社会一步步沦为半殖民地半封建社会的？从哪些方面可以看出清政府的腐败无能？导致中国在这些战争中失败的原因有哪些？（2）进一步探索新的教学方法，突出学生对这些悲情史实的情感体验，增加学生情感表达的机会。这些方法可以包括视频播放、歌曲渲染、诗文诵读、剧情表演等。

3. 第三次课提高

课堂发生的积极变化：学生对本单元的知识内容有了比较清晰和深入的理解；在历史学习的过程中，教师对学生情感的激发初见成效。

原因分析：（1）教学环节环环相扣，从鸦片话题的引入，到四次战争和四个不平等条约内容的了解与分析，到整体的串联回顾，其间运用了图片展示、背景铺垫、对照比较、概括总结等多种方法，学生对基本知识的了解变得充分。

（2）在学生对基本内容有了比较清楚的把握之后，教师采用具有统领全篇作用的问题展开对这段历史的整体探讨，使学生的整体分析与理解水平得到提高。同时，教师尝试用愿望表达的方式来开展对学生民族爱国主义和历史责任感的激发与教育。如教师提问：“清政府屡战屡败的原因有哪些？”学生从各个方面找原因，包括清政府腐败无能、当时清政府防守不严、科学技术落后、知识欠缺、经济实力不强，以及军队没有全力迎战等。随后教师因势利导地追加提问：如果你作为当时的一个中国人，怎样来改变这种社会现状？几位学生有感而发地表达了自己的想法，包括团结全民族起来勇敢反抗外国侵略、推翻腐败的清政府并发展科学技术、学习西方先进技术等。

课堂教学仍存在不足：当学生在表达感言和愿望的时候，教师对学生的回应不够，基本上停留在一个学生一个想法的陈述状态，并且匆匆以“看来大家都是有责任感的”这样一句评论作为结束，接下来便开始历史知识的作业完成与答案校对，致使学生刚刚萌发的情感表达兴致与机会消失，与历史人文教育应有的鲜活与激情失之交臂。

三、理清改进脉络，形成结论观点

课例研究是一种比较规范的研究，不仅要求对研究的过程进行记录和整理，同时还要对课堂教学改进的脉络进行清晰的梳理，并在此基础上形成成果文本，得出有价值的结论，从而保证后续研究更加深入。

透过上述专题的研究，我们可以看到如下清晰的脉络：第一次课试教——运用了图片展示、对照比较和问题探究等多种教学方法，但铺垫不够，分析不到位，致使整体的知识目标没有达成，激发情感被忽略。第二次课改进——背景铺垫和视频播放等方法引入课堂，促进了学生对知识的理解，但主线串联不够和问题探究开放性差。学生对知识的整体把握和理解不全面，情感激发过于机械，停留于教师给出的结论。第三次课提高——问题探究由小到大、主线串联多次进行，学生对知识的整体把握与理解得到提高，历史学习过程中的情感激发初见成效。

1. 突破机械记忆的历史教学策略

根据课例小组对三次教学的持续研讨与改进，我们认为突破机械记忆的历史课教学现状，行之有效的教学策略如下。

（1）以问题为引导，加深学生对历史事实的分析与理解。在教学的过程中，教师要注意设计一些有价值的问题，引导学生进行思考。同时，要对历史事件和历史人物进行分析，从而获得超越机械记忆层面的深入理解。在本研究中，执教教师就多次运用了问题探究的方法。

（2）对内容作拓展，丰富学生对历史事实的认识与见解。课本是历史学习的主要参考文本，但是历史教学不能把课本当成唯一的课程资源，而是应当进行合理的资源拓展，积极补充一些相关的内容信息，以丰富学生的认识，从而更好地促进学生自我见解的形成。这在本研究的第二和第三次课上就有比较明显的体现。

（3）以联系为桥梁，促进学生对历史知识的融会与贯通。历史的教学一定要坚持普遍联系的哲学观，把当前学习到的历史事实与先前学习到的历史史实进行联系，可以是作列举，也可以是按一定条件作排序，还可以将历史与现实教学联系来作对照和比较，而不是孤立地看待一个个的历史事实。

（4）视表达为学习，提升学生对历史学习的情感和责任。形式可以是多样的，既可以是有感情的心声抒发，也可以说是一个历史还原的情景剧的角色扮演。通过凡此种种的形式，可以让学生充分体验历史的情感和肩负的责任。

2. 突破机械记忆的历史教学途径

阶段的课堂教学改进的实践研究，使课堂教学问题背后的原因得到发现和剖析，有效教学策略得以成功尝试，并获得明显改进的课堂教学效果。基于上述过程的实践研究，我们概括出历史课教学提升的途径如下。

（1）从历史事实的记忆拓展到历史事实的迁移。历史的教学不能停留在让学生记住一大堆属于过去的史实，而是要培养学生活学活用的能力，使得看似“死”的知识在一定的条件下迁移，在一定的情景中能够应用，从而变得活起来。

（2）从历史事实的迁移提升到历史事实的评析。如果想要学生能够灵活自如地进行知识的应用，必须引导学生对学习到的历史事实进行深入的剖析和客观的评价，从而形成属于自己的见解，即学生学习的实际获得。没有实质理解的应用是浅层次的。

（3）从历史事实的评析提升到情感责任的培养。对历史事实不能为评析而评析，核心是要以史为鉴，在剖析、评价的过程中去领悟历史发展的规律和明确肩负的责任之后，还要促使学生进一步把这些情感和责任转化为实际的言与行，真正实现通过历史学习达到更好促进当今社会发展和服务全人类的最终目标。

（二）运作校本研课磨课流程的几点要求

1. 建立校本研课磨课制度

一是组织制度，由教研组组长和骨干教师组成行动小组，带头督促行动研究，轮流当研课磨课各环节的主持人，做好每个环节的准备工作，保证研究的顺利进行。二是参与制度，建立严格的考勤制度和公示制度，与校本研修学分、教师考核挂钩，这一点在活动开展前期尤为重要。三是支持制度，开放学校的电脑、多媒体教室及图书阅览室，聘请校外专家指导，给教师及时提供专业技术和业务支持。四是总结制度，每个环节完成后，都要及时整理总结，编辑有关视频和文本，便于教师交流与提升。根据学校规模、教师年龄结构和业务素质，选择适合校情的校本研课磨课程序，并随着活动的开展作适当调整。

2. 调整学校教学研究的运作机构

一是建立学校扁平化的业务研究组织结构，实行学科首席教师制度，培养本校名师、学科带头人并充分发挥其业务引领作用，给教师自主专业成长和学校学科共同体建设提供土壤、搭建平台。二是整合教师日常教学、教研、科研、培训等多项任务，将行动研修、教师培训、学科教学研究一体化融合在教研组活动中，把上级业务主管部门安排的业务活动，与本校的研课磨课活动有机结合起来，让教师从没完没了的“空幻的事务”中解脱出来，给教师校本研课磨课提供自由探索的时间和空间。

3. 校本研课磨课基本模式的变式运用

校本研课磨课模式在具体操作过程中，要根据学校实际灵活运用。学校刚开始既可采取同一位教师执教同一课教学内容，进行几轮连续“跟进式”研课磨课；也可让不同的教师执教相同教学课题和内容，进行几轮“接力式”的研课磨课；还可以就同一教学课题和内容让不同的执教教师上课采取“同课异构式”研课磨课。另外，提倡有一定基础的学校从“单元设计”做起，让不同教师针对同一单元进行完整节次的依序上课，尝试和运用多个教师执教的“单元教学改进循环式”研课磨课。条件好的学校还可以让不同教师上不同课题甚至不同学科的课，尝试探索不同教师不同内容的“借鉴改进式”研课磨课；让多对教师上不同学科不同内容的课，尝试创新多对教师不同内容“接力改进式”研课磨课。校本研课磨课基本模式演绎和创新出不同的变式，其目的都是改进教学和达到满意的教学效果。学校要根据规模、教师年龄结构和业务素质状况，选择适合校情的校本研课磨课流程，并随着活动的开展作适当的必要调整。

总之，学校开展以校为本的研课磨课活动，选择研课磨课课例是基础，搭建研课磨课平台是核心，运作研课磨课流程是保障。三者相辅相成，协同打造学校教师学科研修共同体，实现教师专业成长和教学质量提升。

【阅读链接 4.7】课例研究的认识与实践误区①

随着课例研究的开展和推进，教师会不断积累相关的经验，对课例研究的认识也会逐渐深化。然而，与此同时一些教师也可能会产生一些误解和困惑。因此，我们对课例研究过程中可能出现的认识与实践误区进行阐发，以便引起教师的关注和思考，提高课例研究的专业品质。

误区一：课例研究就是传统教研中的听评课活动

与课例研究中的课堂观察和课后研讨反思相对应，听评课虽然也是课例研究中重要的环节，但传统教研中的听评课与课例研究的专业追求之间还是有一定距离的。

从课堂观察环节来看，传统听评课关注的重点是教师，往往从教师有没有完成教学目标、教师的教学技能、教师处理教材的能力等维度进行分析和评价。而课例研究中的课堂观察把关注的重点转移到学生身上，有针对学生的不同观察点和观察工具，力求能够全面细致地了解学生课堂学习的过程和困惑，并以此来改进和指导教师的教学。从课后研讨环节来看，传统的听评课大多以评价为目的，仅从教师的一堂课来评定教师教学水平的高低。甚至有时仅凭一张简单的评价表对教师的课打打分或画画钩，省去了课后研讨的环节。对课例研究而言，课后研讨是不可或缺的重要环节。教师共同体把研究真实的课堂作为自己专业生活的一部分，基于课堂观察来寻找适合学生的教学方式，共同研讨如何改进当前的教学。因此，以研究为灵魂，以改进为目的是课例研究的本质追求，这也应当成为听评课活动的发展方向。

误区二：课例研究旨在找到一个完美的教学计划

在课例研究过程中，教师会根据研究小组对前一次教学的反馈不断调整和优化自己的教学计划，以形成下一次教学方案的蓝本。很多教师从这一表象出发，认为课例研究就是通过对教学计划的不断打磨，形成一个完美的范本，然后按照此范本开展教学。这样的推论显然过于表面化和简单化了。如果课例研究循着“找到一个完美的教学计划”这条道路发展下去，注定是没有出路的。因为在现实中教师必然会面临这样的诘问：“什么时候一堂课才好到可以被广泛运用的程度呢？”“假如教师花了很多时间在一节课上，那么他们如何影响到所有的课呢？”归根结底，这种一劳永逸的想法难以面对充满不确定性的、复杂的教学情境。

课例研究改进教学的内在机理究竟是怎样的呢？对这一问题的回答需要充分认识到课例研究干预教学过程的复杂性。概括而言，课例研究至少强化了教学改进的三条路径：一是在研究中促进了教师有关学科、教学、学生等知识的形成与发展；二是通过同伴的帮助增强了教师改进教学的责任感与动机；三是研究过程为教师的学习提供了资源支撑。因此，课例研究是通过教师从课堂的事实和工作的具体经验中学习来实现教学改进的。

---

①　作者系华东师范大学课程与教学研究所安桂清、赵萌萌，本文刊于《人民教育》2011 年第 3—4 期。

它是一种基于观察与反思、旨在促进教师专业成长的“反思性实践”，而非复制所谓完美教学计划的“技术性实践”。

误区三：只要把课堂观察的视角转向学生就可以实现课例研究重心的转移

相对于传统教研活动仅仅关注“教师的教”而不顾“学生的学”的局面，课例研究致力于恢复我国教学研究中久已失去的对学生的关注，实现由教到学的研究重心的转移。那么，这是否意味着教师只要把课堂观察的视角转向学生就能够实现课例研究的重心转移呢？没那么简单。课例研究还期待教师的教学观与学生观发生转变，观念的变化才是课例研究实现重心转移的基础。如果教学仅是把真理以合意的方式传递给学生，那么学生当然并不重要，重要的是传递的方式——教学的方法。但如果教学是以精神成长和意义创生为主要目的的学生的生活，那么学生当然是教学的核心。因此“怎样看待教学”就成为课例研究能否关注学生学习的前提。

另一方面，教师还必须把学生视为一个完整的人。倘若教师仅仅视学生为一个问题解决者，一个证明教师教学有效的工具，那么学生并未真正进入课例研究的视野。比如在课堂中有些教师没有耐心去倾听学生个体的观点，而是急于让其他学生验证其观点的正误；再比如有的教师仅仅关注学生的发言内容是否正确，忽略学生语言表达背后的情感体验，这些都表明我们并没有接纳学生的整体存在。正如在传统教研中，人们也会讨论全班学生对知识的“可接受程度”，但这只是为了确定教学的底线，并未真正尊重每位学生的个性差异，也并未实现面向全体学生的教学。教师必须把学生视为一个个具体的、完整的人，在课堂上注意搜寻学生学习动机和行为方面的信息，特别是未受到充分关注的非言语方面的信息，只有这样，在课例研究中教师才能有更多机会从学生的角度思考教学。否则，即使表面上关注了学生的学习，实际上仍可能对教学作出相悖的理解。

误区四：课例的成功取决于课堂教学目标的实现

课堂教学目标只是学生学习的短期的、具体的目标，课例研究在判断一个课例是否成功时，不仅要看其短期目标的实现程度，更要看其是否有助于学生发展的长期目标的实现。传统教研活动总是急于实现学生学习的短期目标（尤其是对知识技能的掌握），缺乏对发展学生能力等长期目标的思考和关注，这使得教研活动无法以学生发展作为研究的主线。在课例研究中，要时时谨记学生，就需要教师对照学校的培养目标和教学愿景一起反复讨论，制订学生学习的长期目标，以此作为课例的研究方向加以秉持，用于指导自己的教学研究，并在研究中始终将教学的短期目标与学生发展的长期目标联系起来，使每一次课例研究活动都具有广泛的意义背景。

误区五：课例研究必须先选题，再选课

选题与选课的顺序并不绝对。虽然课例研究的开展要明确需要解决的教学课题，但“必须先选题才能选课”的认识并不恰当。当然，在某些情况下，我们不排除课例研究小组要先有明确的研究主题，并根据这一研究主题再选择相应的课例加以研究。但在多数课例研究的过程中，“选题”与“选课”往往是相互交织的过程，很难说次序上谁先谁后。有时我们会先选择一堂课,但我们为什么选择的是这堂课而不是另外的课,这表明我们对这堂课所要说明的问题有基本的预期,只是还不够明确罢了。即使没有预期,我们也可以沿着“学生是如何学习这一内容的以及教师应该怎样帮助学生学习”这一问题展开思考,从而逐步明晰课例研究的主题。有时教师会先选题再选课,教师发现了教学实践中存在的问题,而后选择相应的课作为样本开展研究。

实际上,从教学问题的发现到课例研究主题的确立,还有一个不断精致化的过程。而且,这个过程是在一次次的教学中得以实现的,这也是为何课例研究的主题常常会发生变化,逐渐变得具体、深入的原因。当主题真正清晰的时候,也就是课例研究获得成功的时候。因此,就选题与选课而言,究竟谁在前谁在后并不是绝对的,应视具体情况而定。

误区六:量化的课堂观察优于质性的课堂描述

有的课例研究小组迷恋量化的课堂观察,认为量化的观察比质性的描述更精确,更能把握课堂教学的真实状况,然而事实并非如此。量化的观察虽然能够用精确的数字反映课堂的实况,但课堂中毕竟有些东西是不可测量的,比如课堂的氛围、教师的风格等。

质性描述提倡以观察者自身作为工具,通过观察者的语言对观察到的事件和行为加以详细描述,记录所探究的现象。描述让课堂教学的真实场景展现在我们面前,启发我们去思考现象背后的意义。看似被动、费时,实则有助于保持课堂教学的整体性与复杂性,有助于我们从广泛的联系中探究教学情境的意义。

对课例研究而言,每一种观察工具都有其适用的范围,没有优劣之分。量化的课堂观察与质性的课堂描述应相互补充,相得益彰。

误区七:课例研究致力于解决教学实践问题,对教师的理论学习要求不高

虽然课例研究提倡教师在教学研究中发展自身的“实践性理论”,反对单方面地体现“理论的实践化”,但这并不意味着理论学习在课例研究中不重要。恰恰相反,没有理论作为教师思考与行动的“框架”并在研究中发挥作用,课例研究只能限于经验的层面,在低水平上重复,难以获得深入的发展。课例研究的推进要求学校创造机会,加强教师的理论学习。

理论素养的提升不仅有助于提高教师理解和反思课堂教学的水平,而且有助于教师在课例研究中寻找自身专业发展的突破口和生长点。因此,理论学习应成为课例研究开展的重要组成部分。课例研究尤其需要教师在研究实践中不断丰富自身对学生的理解,需要教师通过理论学习,广泛吸收心理学、社会学、文化学等对学生学习的理论研究成果,从而为透视课堂打下坚实的知识基础。

误区八:课例研究是学校教研组的活动,与学校其他工作无关

课例研究是一个融合教学实践、知识、心智模式、人际关系、支持合作性研究结构与工具等要素的复杂的教师学习体系。它绝不仅仅是学校教研组的活动,其开展的成效与学校的许多工作直接相关。许多国家的经验表明,课例研究与学校的整体变革是紧密相连的,那些以教学研究作为学校运营中心的学校往往能够取得变革的成功,因为他们改变了

学校事务性的运行方式，使之成为一个深具研究性的专业机构。

概括来说，课例研究的推进需要学校各个部门的共同努力。一是学校行政人员要不断提高自身的专业领导能力，致力于建设促进每一个人专业成长的学习社区。比如通过统整教师多元的声音，明确学校教学改革的指导思想和共同愿景；简化管理组织，改变分管部门"各扫门前雪"的状况，增强大家对集体的责任意识；打破学科组织结构的铜墙铁壁，增加机会，让不同学科的教师经常一起研讨，协助他们建构合作的文化；革新制度，取消学校不必要的行政事务和行政例会，使学校的整体运营以"课例研究"为核心，等等。二是不断改进教师的研究环境，比如从图书资料的建设、研讨的场地等多个方面着手，改善教师开展课例研究的物质条件。三是建设课例知识存储、分享和转化的平台。通过教师教学档案袋、教学专题研讨会、教学研究论文集等形式，尤其是通过学校教研网络的建设促进课例研究知识的传播与转化。

总之，课例研究的开展要与学校的整体变革紧密相连，没有学校各部门各机构的有力支持和配合，就无法促进课例研究的繁荣。

误区九：课例研究的成功做法可以移植

如果将课例研究作为一套通用的、适合任何学校教学研究的操作程序，那么无疑忽视了其在具体实施过程中际遇的环境。作为一项草根性的教学研究活动，一种自上而下的外部灌输是无法应付其复杂性的。在一个地方成功的案例和模式可能在另外一个地方并不成功。因为，课例研究深层结构中的合作习惯、群体氛围、文化特征等要素是无法由一地输入另一地的，甚至一地的教师作为"当局者"，对这些要素的特征可能并不自知。

因此，对每一所学校而言，重要的不是试图建构一套可供依循的课例研究的操作模式，而是以之为载体解决每一个研究小组乃至每一位教师特定的教学问题，并在问题解决的过程中形成合作的研究共同体。相对于显性的研究行为而言，课例研究中隐性的要素如研究热情、合作习惯、群体氛围等则更加弥足珍贵。课堂教学改进是一个长期和缓慢的过程，课例研究不能急功近利，为盲目追求"出成果"而简单照搬其他学校的做法。与"出成果"相比，教师在课例研究中的成长与收获更为重要，课例研究更应看重教师对待教学和研究的专业态度与习惯的养成。

第二节　校本研课磨课案例展示

【案例 4.1】让教师伴随"磨课"成长①

我校地处城乡接合部，建校时间仅 14 年，共有教学班 55 个，专任教师 186 人，是一所年轻的省级实验小学。我校教师平均年龄不足三十岁，主要为新分配师范生、农村调进教

① 作者系江苏省海安县附属小学马强，本文刊于《人民教育》2006 年第 15—16 期。

师和村小撤并调配教师。教师的专业素质参差不齐,尤其缺乏数量足够的骨干教师和学科带头人。为了找到一种促进教师群体素质提高的校本教研形式,在我县大力促进教师专业成长的大背景下,2003 年至 2005 年我校部分教科研骨干参加了全国教育科学"十五"规划重点课题"教育研究与教师专业发展"的研究,关注日常的教研方式——磨课,以反思性实践的思路和理念,对这一传统的校本教研方式进行系统的剖析和重构,努力使磨课成为提升我校教师专业素质的载体,取得了良好的效果。我们的研究和实践过程大致分为以下前后相继的两个阶段。

一、行动研究,深入解读磨课内涵、特点和运作机制

从 2003 年开始,我们以描述事实、分析案例的研究方法,通过回忆两节公开课的磨课过程,把磨课定义为:以提升教师的教学素养为目标,由学校组织的集体性的推敲教学设计、提升教学行为的校本教研活动。

我们还根据自己对磨课的价值追求,描绘了理想中磨课的主要特点。第一,磨课应成为教师专业成长的平台,磨课使参与者和任教者经历了一个深层次的专业对话过程,他们不仅要考虑教学内容的选择、教学手段的运用、教学方法的优化和教学评价的变革,更要考虑这样处理的理论依据,而这毫无疑问将促进教师个体和群体教学素养的提升。第二,磨课是一种集体性的教育创新活动,是一个以课堂教学为载体,追求真、善、美的教育境界的过程,它比较集中地体现了"新课标"所倡导的教师同伴互助、共同研究、与新课程一起成长的理念。第三,磨课是教师专业发展共同体生成的过程,磨课者之间应该关系平等、心理相融,为了一个共同的目标而相互协助;磨课的引领者要力求成为"平等中的首席",要善于把大量时间留给任教者和其他参与者,让他们进行最大程度的交流与对话,使所有参与者与磨课共同成长的理念得到落实;磨课应该充分尊重任教者的劳动,把任教者的个人智慧和其他参与者的集体智慧有机整合在一起。

2004 年上半年,为了把握磨课的运作机制,优化磨课过程,提升磨课活动的质量和效率,我们组织了一次历时一个小时的磨课活动,当场摄像并整理出了近万字的磨课实录,并在县教育局有关领导和专家的指导下,进行了定性和定量相结合的系统梳理和理性思考,从中我们发现了一些有价值的信息。

关于专业引领。磨课如果缺少专业引领,那么主要话题的讨论不仅难以深入,而且发散性也明显不够,教师之间的交流和互动只是一种简单的重复,教师的专业素质难以在磨课中实现质的跨越;如果缺少专业引领,教师关注的话题就会缺乏系统性,某些话题就会在磨课过程中反复出现,而对一些新旧教学理念必然会发生碰撞的话题却缺乏应有的关注;如果缺乏专业引领,参与者关注的话题就会呈现出肤浅、散乱的特点,统计表明:本次磨课活动中教师所关注的 19 个话题中,只有 4 个涉及教育理念层面。这就要求我们去引导教师对行动背后的理念进行敲打,使教师的实践智慧和理论素养和谐发展。

关于平等对话。在磨课的过程中,发言的数量和分量往往与参与者在学校中的地位密切相关,专家、学校管理者、学科骨干往往在磨课中占有一定的话语优势,而一般教师则很少对教学方案的大框架提出异议,只是在附和的基础上,提出一些具体的建议。我们还发现:磨课的参与者由于普遍追求课堂教学中的亮点和出彩,而忽视了任教者个人的专业

经历和个性化的教学设计，其结果使任教者不仅在一定意义上失去了自我，而且承受着巨大的心理负担——如果照他人设定的教学设计上课，无疑是在表演笨拙的课本剧，而如果照自己的理解上课，砸锅了怎么办——在这种忐忑不安的矛盾心态中，任教者往往缺乏自我发展的热情，缺乏与其他参与者之间真正的碰撞和交锋，主体性角色缺失。因此磨课要力戒话语霸权，参与磨课的领导和骨干教师要成为问题的提炼者、讨论的引领者、方案对比的引发者，使教师与磨课共同成长。

关于组织调控。在本次磨课活动的前半部分，绝大多数教师均能积极提出话题，在后半部分，话题的提出却集中在少数人身上。这给我们的启示是：首先，在磨课活动的初始阶段，应尽可能地让任教者和一般参与者成为话题的提出者，而学校领导和骨干教师则应在“山重水复疑无路”之时，做出智慧的引领和点拨；其次，在本次磨课活动的后半部分，磨课者的参与程度呈明显上升趋势，这表明一个民主平等的磨课平台已经成功搭建，任课教师与磨课者形成心理相融；第三，共识的形成是参与者相互妥协的过程，这体现了教师作为一个专业工作者开放、包容的专业心态。

根据以上研究，我们得出如下结论：(1)磨课需要专业引领，引领者的专业素质和学术水平决定着磨课活动效益的高低，影响着教师专业水平提高的质量和速度；(2)磨课必须充分调动任教者的积极性，注重激发所有参与者积极介入、主动发展的热情；(3)磨课是一个专业引领与同伴互助相结合的促进教师成长的过程，专业引领者必须讲究引导的艺术和策略，营造和谐的社会心理动力场。

二、反思实践，让磨课引领教师专业成长

从 2005～2006 学年第一学期开始，为了推广磨课研究的成果，促进教师的专业成长，我校开展了大规模的磨课活动，全校 15 名教师为磨课活动提供课例，全体任课教师共一百八十多人参加磨课。为了保证磨课活动的质量，根据对磨课一般规律的理解和把握，我们制定了以下磨课规则：(1) 教学管理人员全员参与，保证各组的磨课活动在相关领导和骨干教师的引领下磨出新意、磨出成果；(2) 要求每位教师在磨课活动中努力做到四个“一”，即认真上好或听好每一节课，做一次有质量的磨课发言，向任教者提一条有分量的磨课心得，向任教者提一条有价值的教学建议；(3) 强化对研究氛围的宏观调控，要求教师在磨课活动中少讲“人情话”“场面话”，多提建议、意见；(4) 实施上课——磨课——上课的操作模式，使上课和磨课形成一个前后相通、及时反馈的工作链条；(5) 提升磨课的技术含量，对每节课进行摄像和制作，以使磨课时根据需要对课堂教学过程进行及时回放。

磨课活动取得了显著的成效。一是发展了教师们的专业素质。老师们在磨课活动中各显所能、相互切磋、互动交流，分享了各自的专业智慧，展示了自身的专业素质，开拓了专业视野。例如在《狐假虎威》一课磨课时，有的教师针对“老师讲得多，评价少”的问题，建议通过让学生充分发表意见，尽可能地培养学生的语言表达能力；有的老师针对表演中教师干预多的问题，建议先让学生分组表演，放飞学生的心灵，培养学生的灵性；有的教师针对词语训练不到位的问题，建议给重点词语打上着重号并运用电脑来显示……老师们从不同的角度观察了教学现场，从各个方面提出了个性化意见和建议，其中的合理因素不

仅有利于任教者改进课堂教学，而且也为所有参与者从整体到局部、从宏观到细节如何审视和优化教学过程提供了启示。

二是培育了求真、求实、求善的磨课精神。这种磨课精神根植于老师们对教育事业的执着追求，根植于我校“关心儿童、支持儿童、发展儿童、快乐儿童”的办学理念，它是对业务精益求精的科学精神，它是一种坚信“只要功夫深，铁杵磨成针”的坚定信念。一名任教者在磨课心得中如是说：“回味那短短的两个小时，感觉是那样的真实，那样的诚恳。再次梳理自己的课堂，不敢说自己有了顿悟，但我知道了自己努力的方向。”

三是老师们形成了“好课多磨”的研究意识。本次磨课活动唤醒了教师深藏于心的研究意识，让他们又一次体验到了教师职业的专业要求和技术含量，品尝到了从事教育工作基于创新而涌动的职业幸福。一位由语文改教数学的老师在题为《好课多磨》的心得中写道：“通过这次磨课活动，我清醒地认识到：只有多参加这样的活动，汲取他人的长处，接受一些新的教学理念、好的教学方法，才能提高自己的教学技艺。好课是磨出来的。”

六周的磨课活动给了我们很深的启示，丰富了我们对磨课活动的理解。一是磨课活动离不开机制促进。人都是有惰性的，广大教师要求专业发展的热情和积极性是存在的也是潜在的，学校必须通过任务驱动、评估考核、典型示范等各种方法来促进教师积极参与磨课活动。过分下放校本教研活动的主导权，只能让磨课活动低效化。二是磨课活动离不开专业引领。放弃了专业引领或专业引领者的水平低下，都会使校本教研活动的同伴互助成为一种低水平的徘徊。三是磨课活动离不开机制创新。机制是磨课活动高效运作的基础，必须把磨课研究的成果转化为可操作的规则和程序，同时要结合活动现场的实际，及时、灵活处置各种即时的矛盾和问题，使磨课真正成为提高教师教学素养的“练功场”。

【案例 4.2】分组磨课　提高教学效能①

2012 年，我校进入稳步发展时期，教学成绩也位居潍坊市首位，老师们的教学水平和教学能力有了大的提高，一些优秀教师的课可圈可点，但有些优秀教师的课总是在课堂效能上，在与学生的沟通上，在问题的设计上……让人感觉有欠缺。

怎么办？我们解决的方案是：磨课！

2013 年 3 月开学之初，我们就进行了磨课的研讨及实施工作。

什么是磨课？为什么要磨课？怎么磨课？结果如何呈现？会出现什么样的效果？

一、什么是磨课

所谓“磨课”，即针对一个课题（或一节课）的多次反复研究，其呈现方式一般表现为：集体备课——教研组上课、听课、录课——评课、研课、改课——教师再上这节课——第二次评课、研课、改课——第三次上课——形成最佳教案。

---

① 山东省潍坊市广文中学贾友玉供稿。

二、为什么要磨课

为深入推进我校“54321 自主课堂”的有效实施，深挖课堂内涵，切实提高课堂效能，学校将在广文、文华两校区同时开展基于提高课堂效能的磨课研究活动，并将其作为学校第七届课堂教学研讨月的重要活动。

三、怎样磨课

为了对磨课有一个更深的认识，并找到磨课的更好方式，我们学校派出多名课程处主任及骨干教师到各学校进行教研，学习其他学校听课、评课中的优点供我们借鉴，经过学校领导、课程处及优秀骨干教师的反复讨论，上下多次修改，形成了以学科组和教研组为单位，学科教师全员参与的方案。先以语文、数学、英语、物理教研组率先试验，其他学科组参与学习并找到自己学科组的磨课方式。在多次磨课后，我校形成了较为完善的磨课流程。

（1）个人备课，先形成对本节课的初步方案，包括教案①、学习活动案②、当堂达标题③。

（2）集体备课，对教师个人准备的材料进行讨论和修改完善，提出完善意见及原因，备课教师形成二次备课完善稿④。

（3）教师上课，并进行全程录像⑤。

听课前，教研组组长对教研组内老师进行分工，每位老师观察 1～2 个小组学生上课的参与情况、对各个知识点的掌握情况、能否跟上老师的思路及学生的活跃度等，并做好记录，根据自己的观察分析出原因，并填写课堂观察表⑥、课堂教学流程效益网格图的记录⑦。

（4）教研组组长组织进行学生满意度调查⑧、当堂达标检测⑨，并及时评阅、汇总数据。

（5）讲课老师谈感受。执教集体备课的教案，哪些地方做了修改？为什么做这样的修改？哪些地方落实得好，学生有怎样的反应，自己的上课感受怎样，哪些地方落实得不够好，原因是什么；哪些生成性的问题处理得好，哪些生成性的问题处理得不好；是否达到了自己的预设，等等，进行个人反思，并形成书面稿⑩。组内老师集体研讨。听课的老师进行评课，当某个环节有争议或需要研究的时候，再查看录像看现场，以增加感官印象。

老师少的教研组，研讨前都进行了分工。有从整体说的，有从自主学习说的，有从小组合作说的，有从展示说的，有从精讲点拨说的，有从学生学习活动案说的，等等。无论分的任务是什么，其他人员都可以随时补充质疑。还要用网格图进行效能的研究，看有哪些低能效的环节需进行改进。磨课小组的老师从宏观上再进行打造。

本学科的老师一个环节一个环节地进行研讨。对一些重点环节进行录像回放，重点研究。最后形成一个新的课堂活动流程及学生活动案⑪，形成新的教案⑫，为再上同内容的一节课做好准备。

磨课小组所有人员参与观课评课，采用边观看课堂录像，边提出修改意见的方式进行。

学科组组长或教研组组长组织评课，完成评课记录⑬。

(6) 上课教师将老师们重新打造的课再在别的班二次上课，最好是同一老师再上本节课，大家再次听课、录像。观察员进行课堂观察，并再完成课堂观察表⑭。教研组再次进行课堂教学流程效益网格图的记录⑮。

(7) 教研组组长用相同的当堂检测题，在下课时对学生进行检测，批阅并统计达标情况，汇总数据⑯。

(8) 教研组组长组织二次评课，对两次数据进行对比分析，发现规律⑰。

(9) 可以按以上步骤进行第三次研讨。

四、磨课后的效果

(1) 从各教研组磨课的“新旧课堂流程效益网格图”看到的课堂实际效能发生了极大变化，效能提高了很多，老师们更加重视课堂的效能，注重学生的学习，重视以学生的活动、参与率来看自己的课堂，以学生的掌握作为一堂好课的标准。

(2) 从学生的达标情况看，第二次磨课的达标率比第一次高了许多，说明老师重视了学生的学，而不是只看自己的表演、看自己的教学任务完成了没有，也就是不只看自己的教。

(3) 通过对学生的满意度的调查发现，只要老师们精心备课，从学生的实际出发，满意度就特别高。

一节历史课磨课的分析：旧课堂学生最满意的环节是教师“精讲点拨”，次之是“小组合作学习”。我们本来的预期是后者最受欢迎。为什么呢？通过调研发现本节课内容较多，有些历史事件和名词学生自己很难理解，部分学习优秀的同学理解也有困难，小组合作学习时没有图片、视频、文本等资料帮助学生理解，而老师在“精讲点拨”环节，运用了大量的资料和例子，帮助学生加深了对问题的理解，尤其是对历史事件的背景、原因、意义、影响等的理解，所以相对于小组合作找问题、标划课本环节来说，教师的精讲点拨更受学生欢迎。

新课堂我们对教学环节作了如下调整：教师精讲点拨的时间由原来的 10 分钟提升为 13 分钟；新课导入的时间由原来的 5 分钟改为 2 分钟。

(4) 教师的教学观念、教学思想在发生变化。

教师对新课程改革所倡导的教学方式有了深刻的体验和明确的认识，能够对“小组讨论”“课堂展示”“质疑点拨”“小结测验”等教学环节，从时间的把握、问题的生成、现象背后产生的原因诸方面进行深度分析，并能指出其精彩之处和有待改进的问题；教师从想方设法激发学生的认识兴趣、让他们都能积极思维，到深入设置典型情境，提倡小组合作，让学生尝试探索、创造性解决问题；从主要采用“教师引导”“学生配合”的师生合作方式，学生仍是配角，到要求引导以学生为主体的活动，使学生真正成为学习的主人；从只是由教师及时了解教学效果，随时反馈调节，进步到可由学生作自我评价和调控。

(5) 带动青年教师专业发展。

通过优秀教师的磨课，让新教师知道了应该怎样上好一堂课，从哪些方面去备自己的课。“跟着优秀教师听课，才感觉自己的课堂差远了”，这是所有新教师的心声。

（6）积累一大批“精品课”。

（7）教学成绩有了显著提高。有潍坊市中考成绩为证。

附件1:潍坊广文中学教研组磨课流程

磨课，是教研活动的一种重要方式，是推动“54321 自主课堂”深化的重大举措，是提高教师课改能力和水平的重要途径。为了更好地打造“54321 自主课堂”，现制定磨课流程如下。

第一步：集体备课。

继续沿用已经形成的集体备课方式，发挥全组研究新课标、设计教学环节的作用，集体研讨，形成“学生学习活动案”和“教师执教教案”。特别要研究学生的学情，对不同层次的学生，采用不同的教学方法。特别要预期课堂可能出现的问题，预期得越多，课堂进展越顺利。

第二步，上课听课。

由本教研组一位老师上课，教研组其他老师跟进听课，并录像。听课前，教研组组长对教研组内老师进行分工，每位老师观察1～2个小组学生上课的参与情况、对各个知识点的掌握情况、能否跟上老师的思路等，并做好记录，根据自己的观察分析出原因。

第三步，评课研课。

（1）讲课老师谈感受。执教集体备课的教案，哪些地方做了修改？为什么做这样的修改？哪些地方落实得好，学生有怎样的反应，自己的感受怎样，哪些地方落实得不够好，原因是什么；哪些生成性的问题处理得好，哪些生成性的问题处理得不好；是否达到了自己的预设，等等。

（2）组内老师集体研讨。听课的老师进行评课，当某个环节有争议或需要研究的时候，再查看录像看现场，以增加感官印象。

老师少的教研组，研讨前可以分工。有从整体说的，有从自主学习说的，有从小组合作说的，有从展示说的，有从精讲点拨说的，有从学生学习活动案说的，等等。无论分的任务是什么，其他人员都可以随时补充质疑。

（3）用网格图进行效能的研究，看有哪些低能效的环节需进行改进。

（4）本学科的老师一个环节一个环节地进行研讨，最后形成一个新的课堂活动流程及学生活动案。形成新的教案，为再上同内容的一节课做好准备。

（5）磨课小组的老师从宏观上再进行打造。

第四步，再上这节课。

将老师们重新打造的课再在别的班上一次，最好是同一老师再上本节课，大家再听课，有条件的可以录像。

第五步，第二次评课研课。

老师们对改进后的课进行集体研讨，通过对比，看改进后老师的上课流程及课堂效果。寻找前后的不同，分析效能高的原因，总结规律，以便打造出优秀的教师和高效能的教学课堂。

第六步，第三次上课。根据组内老师的需求确定。

磨课后需要提供以下资料：

(1) 新旧教案;

(2) 新旧学案;

(3) 新旧课堂流程效益网格图;

(4) 新旧课堂达标情况分析表;

(5) 执教教师反思;

(6) 学生对新旧课堂的满意度;

(7) 现场研讨记录;

(8) 课堂微格分析报告。

附件2:磨课的评价标准

磨课,是通过观摩和切磋老师课堂,让老师们学习、借鉴、思考、改进,促进老师迅速成长的一种方式。它不仅有利于促进教师发展而且可以推动课堂发展。

学科主任负责学科组内磨课的所有工作,课程委员会负责督查。

每学期每个年级各科至少磨课两次,计入年级和学科组考核,少一次减10分。

课程委员会负责督查学科组老师的参与度(10分),少一名老师参与减1分。

学科组老师分工明确(5分)。

磨课老师走完整个磨课流程,磨课后需要提供的资料(80分)。8项材料每项最高分10分,少一项减10分。

(1) 新旧教案;

(2) 新旧学案;

(3) 新旧课堂流程效益网格图;

(4) 新旧课堂达标情况分析表;

(5) 执教教师反思;

(6) 学生对新旧课堂的满意度;

(7) 现场研讨记录;

(8) 课堂微格分析报告。

另外,把磨课材料制成PPT进行展示有10分的加分。

按时上交(5分),晚交1天减1分。

磨课评价的分数计入对学科组和年级的考评。

附件3:广文中学课堂学生满意度测评表

科目__________ 班级__________

同学,你好!

你对刚上完的这节课感觉如何?以下所有回答均分成10个等级,10为最满意,1为最不满意,请选出你认为的等级来。问卷调查的目的是为了让你们的课堂更好、更有效,谢谢你的配合!

1. 你在本节课的预习做得充分吗?

10 9 8 7 6 5 4 3 2 1

2. 你对这节课的学习目标清晰程度有多少?

10 9 8 7 6 5 4 3 2 1

3. 你对这节课你们学习小组内同学的参与交流程度感到满意吗？

10 9 8 7 6 5 4 3 2 1

4. 你对这节课小组的展示效果感到满意吗？

10 9 8 7 6 5 4 3 2 1

5. 你对这节课班内同学的质疑感到满意吗？

10 9 8 7 6 5 4 3 2 1

6. 你对这节课老师的课堂设计感到满意吗？

10 9 8 7 6 5 4 3 2 1

7. 你对这节课老师的指导、点拨感到满意吗？

10 9 8 7 6 5 4 3 2 1

8. 你认为这节课师生配合的程度有多大？

10 9 8 7 6 5 4 3 2 1

9. 你对这节课的学习内容喜欢程度有多大？

10 9 8 7 6 5 4 3 2 1

10. 你对这节课教师采用的教学方法满意程度有多大？

10 9 8 7 6 5 4 3 2 1

11. 这节课你感到心情愉悦的程度有多大？

10 9 8 7 6 5 4 3 2 1

12. 这节课你实现学习目标有多少？

10 9 8 7 6 5 4 3 2 1

13. 请对这节课的满意程度进行总体评价。

10 9 8 7 6 5 4 3 2 1

14. 你认为这节课最高效的环节是哪一个？

自主学习 小组讨论 全班展示 教师讲解 总结归纳 达标检测

15. 你对改进课堂有怎样的建议？请从最重要的开始写，不少于3条。

【案例4.3】以研课磨课为抓手 提高课堂教学质量[①]

河南省滑县城关镇位于城乡接合部，全镇在岗教师471人，50周岁以上公办教师122人，45～50周岁公办教师92人，临时代课教师85人；全镇中小学存在着公办教师年龄偏大，代课教师缺乏教学经验，整体教学思想相对落后，一支粉笔和“一言堂”现象仍然存在，课堂教学效率低下，造成教育教学质量出现下滑。当我镇正在迷茫和困惑时，2014年教育局下达了“创造高效课堂”文件，我镇为了提高教师的教学能力和水平，构建高效课堂，提升课堂教学质量，在县教师进修学校大力帮助和指导下，选择了以研课磨课形式为突破口，以增强教师的课堂教学能力，改善课堂结构，进而达到提高课堂教学质量的目的。

---

① 滑县城关镇中心校张志勇、高玉红供稿。

一、引领团队建设

全面推广，骨干先行。我镇以县级兼职教研员和各校骨干120名教师为基础，2015年利用春节假期，在县教师进修学校培训团队精心安排下，在城关镇欧阳中学接受理论培训，然后各校进行为期一学期的探索性实验，总结出一些经验。2015年暑假，中心校和县教师进修学校共同组织城关镇全体教师，在县教师进修学校以“讲座＋讨论＋研课磨课”形式进行培训，分小学语文组、小学数学组，初中语文组、初中数学组、初中英语组，分别由王长丽教师、邓琳教师（已故）、李隐教师作具体引领与指导。活动结束后及时总结和提炼研课磨课流程，并针对不同学科、不同课型进行研课磨课，制定出一定的课型模板。通过这次活动，提升了教师分析和解读教材的能力，以构建高效课堂为切入点深度开发和挖掘教材，寻找各个教学环节设计的意图，提升了备课和上课的能力。同时组建了一支高素质的研课磨课教师团队，建立学习共同体，带动和引领全镇中小学语文、数学、英语学科研课磨课活动的开展。

二、抓好试点，搞好带动

中心校积极倡导城区学校在研课磨课活动中先行先试，做好榜样；同时加强学校之间的交流，引领带动师资力量薄弱学校不断深入发展。中心校抓好了育新初中、育红小学、大吕庄小学、康庄小学研课磨课示范引领工作；本学年组织50名小学优秀教师到师资力量薄弱学校送研到校，不断提升薄弱学校研课磨课质量。

三、时间安排及活动方式

2015年3月份和4月份为研课磨课活动时间。

第一阶段：学校研课磨课。

3月中下旬，先以学校学科教研组集体活动，小学语文、数学，一、二、三年级和四、五、六年级各两个小组进行（育红小学以年级为小组），初中七、八年级分学科进行（九年级教师自愿参加七、八年级小组），欧阳中学七年级语文两个小组，数学和英语各一个小组，八年级语文、数学、英语各一个小组；第一初中七年级语文两个小组，数学和英语各一个小组，八年级英语一个小组，语文和数学分别两个小组。各校按指定的两个课题进行研课磨课。

第二阶段：研课磨课成果展示。

初中在4月2日将各小组成员名单及作课教师名单报至中心校，7日语文在一中，8日数学、英语分别在一中、欧阳中学开展“同课异构”镇级研课磨课结果评比活动（按三月份第二个课题），评出4名语文、3名数学、2名英语教师为镇级优质课教师。

小学在4月2日前将各校小学语文、数学学科各推荐一个小组，并上报成员名单和作课教师名单（育红小学语文、数学学科各报三组）参加镇组织的“同课异构”镇级研课磨课结果评比活动（按三月份第二个课题），9日～10日语文组在育红小学、数学组在康庄小学和北呼沱小学两科同时进行。各学科评出四名优质课教师。

第三阶段：中心校评选研课磨课优秀小组。

四、研课磨课步骤与要求

（一）各校学习与宣传发动

（1）认识研课磨课。研课磨课，就是某个教师在一定时期内，在教研组成员的协助下，对某课教学进行反复、深入地学习、研究与实践的过程。把平时积累的教学经验、集中了组员智慧的课以及上公开课前的反复推敲试讲过程叫作研课磨课。通俗地说是教师用心思考、深入探究、反复推敲、细致打磨一堂课，就是把一节普通的常规课打造成一节优质课的过程；是聚焦课堂、观摩课堂、反思教学、提升技能的过程。

有效的研课磨课有助于提高教师的教学和研究能力，使其养成积极思考的习惯。它磨出的是对理念的不断更新，磨出的是对教材的深度把握，磨出的是对设计的不断优化，磨出的是对生成的灵活引导；研课磨课能磨出教师间合作交流的默契，研课磨课能促进教师专业化成长。

（2）掌握重点。“磨目标”——这节课究竟要干什么？“磨教材”——课堂需要怎样的文本？“磨环节”——怎样设计教学活动？“磨学生”——如何最大限度地解放学生？“磨细节”——该设计什么问题，如何反馈？在这“五磨”中，磨教材是关键，因为教材可以上通目标，下达学生。

（3）研究方法。确定研课磨课内容，个人研课磨课应按照本教研组的活动计划，有条不紊地进行研课磨课教研活动；利用网络、报刊等教育信息资源，多方面收集与研课磨课课题教学密切相关的资料，吸取精华和教训，完善教学设计；研课磨课时各环节都要进行精心准备，在观看中进行反思，积极听取教研组内老师的意见，调整设计，实现教师在研课磨课中成长。

（4）教研组负责安排具体研课磨课时间和人员顺序表。

（5）研课磨课方式。个体带动群体式，教研组的教师们“捆绑”在一起，群策群力，共同为一堂好课的诞生出谋划策，每一轮课尝试下来，大家都要细致地分析问题，寻求对策。主题引领研讨式，学期初，教研组根据教学实际情况确立研磨主题，学期中，研磨活动紧紧围绕这一主题展开。

（二）操作与实践阶段

1. 研磨教案

选定课题，确定方法：教师钻研教材，了解编者的意图，设计出最佳的教学方案。集体研讨，制作流程：从教学重点的体现、教学过程的设想、教学方法的预设等方面反复斟酌，教研组确定一位重点备课和执教教师，教师围绕自己的教学设计进行说课、交流，达成共识。执教老师完善自己的教案，形成研课磨课稿。组内研讨，确定流程：向教研组提交授课流程，教研组全体审核、决定方案。

2. 研磨流程

（1）个人备课，形成个案。

（2）集体备课，形成共案。

（3）进行试讲，搞好记录。

(4) 课例研究,诊断分析。

(5) 公开教学,修改完善。

(6) 课例探究,撰写反思。

(7) 整理资料,形成成果。

五、保障措施

为了使研课磨课顺利开展,中心校具体采用以下措施。

(一) 成立城关镇研课磨课领导小组和业务指导小组

具体要求如下。

(1) 学校研课磨课时,中心校人员不定时到学校进行检查指导,督促研课磨课工作按时、按程序进行,做到工作不流于形式。

(2) 业务指导小组成员,指导教学设计、讲课、听评课等环节,做好记录。对应该参加研课磨课活动而没有参加的教师本年度取消评优、评先资格,业务考核和年度考核不准为优秀等级(九年级除外)。

(3) 具体负责人做好课题的选择:为确保研课磨课的高效性,各学科选课题时,根据不同学科特点进行选课题(数学:概念课、习题课、复习课等),达到研课磨课选题的序列性和针对性。

(二) 积分奖励办法

1. 学校对教师积分奖励办法

(1) 教导处把研课磨课结果纳入个人业务考核内。

(2) 不参加研课磨课的教师,本项积分视为零分。

(3) 研课磨课成绩作为外出学习及评选各级教学示范课、优质课等的主要依据之一。

(4) 承担上课任务的研课磨课教师基础分 10 分,完不成上交任务的教师每项扣 1 分。

(5) 研课磨课组成员基础分 10 分,其中参与修改教案、观课、议课,且不中途退场者,积满分。缺席、中途退场、迟到、请假均视为 0 分。

2. 中心校评价方法

(1) 对教师的评价。

参加中心校组织作课的优秀教师颁发证书,在中心校组织评比活动中,初中语文和数学前两名,英语第一名,小学语文、数学前三名教师所在的小组成员同时也获得相应的证书;在学校研课磨课时的教学反思参加中心校组织的优秀教学反思评比活动,10%获一等奖,20%获二等奖。在同等条件下,优先推荐研课磨课获奖教师评选县级教学能手、骨干教师、学科带头人、教育教学专家。

(2) 对研课磨课组的捆绑式评价。

查研课磨课小组签到册,主备和其他成员教案初稿,研课磨课小组活动记录,研课磨课小组成员听课笔记,研课磨课小组生成的二、三磨教案和小组成员研课磨课感受,保存并上传 qq 群。根据比例,评出优秀研课磨课组。

(3) 对学校的评价。

查学校研课磨课方案、研课磨课活动过程性记录、研课磨课教案、研课磨课成员以及研课磨课组积分情况。检查结果纳入各校管理积分。

六、取得的成绩

2015 年 12 月城关镇育新初中被县教育体育局评为首届高效课堂先进单位，另有李军社、胡利娟、赵爱娟、韩梅、陈少华等 10 名教师被评为县级高效课堂先进个人。2015 年在“一师一优课，一课一名师”活动中，全镇 48 名教师参赛，胡利娟荣获省级三等奖，韩梅、赵朝霞等 12 人荣获县级一等奖，刘伟霞、于红玉等 27 人荣获县级二等奖。唐慧芳、刘素红等 58 人被评为县级教学能手。在县级公开课优质课比赛中，全镇 12 名教师获奖。同时，各校初步总结出自己的研课磨课模式。

附件:滑县城关镇欧阳中学研课磨课方案与实践思考

一、滑县城关镇欧阳中学研课磨课方案

(一) 指导思想

认真学习并贯彻落实县教体局及中心校关于打造高效课堂的文件要求，以打造高效课堂为宗旨，以促进教师专业化发展为根本，开展以“磨课、赛课”为主的校本研修活动。

(二) 活动目的

本次教研活动，以案例打磨为载体(七年级还具体要求以小组建设、模式构建为抓手)，逐步解决实际课堂教学中出现的一些常见问题，并剔除课堂教学的无效角落，真正实现课堂的实效与高效。让教师不断更新观念，优化教与学的过程，转变教师教学方式，增加学生学习效果，促进观课者与执教者以及磨课其他参与人员的多向交流与互动，促进观课议课的科学化、人文化，确保教学的实效性和高效性。

(三) 活动原则

1. 全员参与原则

磨课、赛课活动要求全校所有学科任课教师全员参加，以学科组或者以年级组为单位，让每一位教师都要亲自参与到本次活动中，亲身感受案例打磨过程，并献计献策，对案例打磨提出自己的一些合理建议和想法，群策群力，把本次教研活动落到实处，发挥其高效性，从而使全体参与人员得到锻炼和提升。

2. 重过程原则

磨课活动应重在磨，让老师在集体研讨中，磨目标、磨学、磨教、磨反思、磨出精品；重视对教师课前预设与课堂生成的对比分析，重视观课教师与授课教师的平等对话与尊重，重视磨课经验的总结与反思，重视材料的积累与利用，关注教师在教学活动中的收获；做好教师课堂教学的评价和反思，提炼经验，发现问题，提出改进措施，反对搞形式、走过场。

3. 讲究实效原则

本着实事求是、讲究实效的原则，注重磨课过程对问题解决的实效性，注重课堂教学效率的提高，注重对磨课参与人员整体授课水平的提升，努力打造一支业务素质高、技术过硬的专业教师团队。

4. 基于问题原则

磨课、赛课是校本教研的重要组成部分,它以课例为载体,立足于解决课堂教学中存在的具体问题,剔除无效死角,提高课堂效率。

(四)“三备两磨一上一反思”研课磨课基本流程

1. 一备

执教者分析课标、教材、学生,根据个人经验进行第一次备课。也就是裸备(提前备好)。

2. 一磨二备

根据学情和教材,对一备的教案,所有备课组成员依据自己的理解进行研讨,研讨过程中积极发表意见和建议,根据其他成员的建议,执教者进行第二次备课,合理修改。

3. 一上

执教者根据第二稿教学设计,进行第一次上课,备课组成员进行观课。

4. 二磨

观过课后,所有备课组成员进行议课,议课时每位教师都发言,采取1+1评课方法,哪一点值得学习,哪一点值得改进,怎样改进等。备课组组长要做好议课记录,执教者根据备课组成员的建议修改教案,并完善教学思路。

5. 三备一反思

执教者汇总各位老师的观课情况,再次修改教案,并做好总结反思。

(五)磨课要求

1. 对上课教师的要求

(1)以打造高效课堂为目的,做好教学设计。

(2)讲课后,上交第二次、第三次修改教案及总结反思。

2. 对观课议课老师的要求

(1)准时到达,不要迟到、早退,尊重讲课老师的教学行为,不做与听课无关的事情。

(2)及时做好观课记录,做好点评,并能积极参加议课。

(3)备课组组长负责统计遵守要求的听课教师,中途离开者不作统计。

说明:

(1)每周有两节固定教研活动时间。活动安排为:第一节执教者上课,第二节前半节议课,后半节对下周执教者“一备教学设计”进行研磨。

(2)每个备课组一轮活动结束后,以计分的方式评出优秀课例,参加校级优质课评选活动。

(3)按时上交过程性材料。包括二磨三磨后的教学设计、磨课研讨记录(每活动一次一份)、磨课总结反思、磨课过程的图片及影像资料等。上交方法:以备课组为单位把磨课过程中的各种材料交教导处存档。

(六)展示推优

欧阳中学以校内公开课的形式展示推优。具体做法如下。

(1) 一轮磨课、赛课活动结束后，各备课组推出的优秀课例在学校范围内公开展示，打磨“精品课”。

(2) 学校成立评委组，公开、公平、公正地结合上课情况进行打分评议。

(3) 根据打分评议情况，推出校级优质课，推荐参加上级优质课评选活动。

(七) 总结提升

整个活动结束后，以教研组为单位就磨课、赛课过程中的收获、建议或有关课堂教学中凸显的问题开展研讨活动，进行总结提升，并作为以后教研组、备课组活动的主题。其中活动的各项内容均有分值，学期末按比例计入个人考核成绩，力争使磨课活动常态化。

二、滑县城关镇欧阳中学研课磨课的问题与思考

本套方案已经实施一年半有余，在实践的过程中，也发现了一些问题。相应的，也就引发我们进行思考如何去改进并完善方案。比较突出的问题改善如下。

(一) 教师观课议课的具体分工问题

我们经历了如下改变。

(1) 自去年以来，七年级实验班的“1+1”评课法侧重于课堂上教师教学行为、学生学习方式的转变(小组的合作学习)、导学案的制作及运用、达标测评的处理方法四个方面。

(2) 2016 年 10 月 28 日，我们去兄弟学校英民中学学习他们导学案的编写、运用以及小组建设，并参与了他们的教研活动，发现英民教师的评课细化在四个方面：教学流程、教师、学生、导学案。这是我们应该学习的地方，虽说我们采用的是“1+1”的评课方法，但是具体到每个教师来说，没有侧重点，都想面面俱到，反而面面不到。感觉我们的评课方法还有待改进，于是在全体教师会议上反馈后，要求各备课组组长优化本组的评课方法。

(3) 2016 年冬天，王校长从重庆跟岗学习回来后，再次提到观课议课细化问题：课堂观察量表的运用。课堂观察量表虽说制作起来比较麻烦，但是依据课堂观察量表进行观课议课的效果确实很好。之所以这样说，是因为前几年做课题时，我们的语文教研组做过这项工作，当时制定了三个观察量表：小组学习、教师教学行为以及教师的课堂智慧等。最后数据反馈回来的信息对每一位教师触动都很大，回忆起来所有的观课议课过程，就数那次印象最深刻了。这种方法也已经向教师传达，但是还没有成文成型，待考虑成熟后，再对教师作进一步具体要求。

(二) 大备课组赛课时间比较长的问题

由于磨课、赛课活动是以备课组为单位进行的，所以成员人数各不相同，特别是语文组，多的就达到 9 人。要进行完一轮赛课就得两个半月，于是出现了如下问题：一是时间长，二是由于磨课和赛课同时进行，时间一长就导致评分标准可能不一致。怎么办？七年级语文组首先挑战了同课异构的方法。七年级语文组共六人，分两组，每组一个课题进行活动，两周赛完课后，每到研修时间，他们就研磨教案和导学案，整体来说效果不错。但是这个方法只适用于七年级，因为他们是高效课堂实验班。八九年级的问题怎么解决呢？于是又引发我们思考第三个问题。

（三）用课例打磨解决教学中的实际问题的思考

第一次县高效课堂视察小组第一次来视察的时候，郭文革副校长说：每一学期的教研活动要有主题、有抓手，问题即课题。受郭校长的启发，本学期我们决定尝试运用微课题引领校本研修活动的方法。先由每个备课组找出来本组迫切需要解决的教学问题，作为本学期本组的微课题，然后本学期的校本研修活动依据此课题进行，人多的备课组可以集中同课异构，剩余的时间继续研讨本组课题。到五月份各备课组出研修成果，全校进行交流展示汇报。这样不但解决了备课时间长以及打分标准不一致的问题，又和县里的优质课比赛接了轨，一举三得。

第五章　教师中心研课磨课

第一节　研课磨课:一种教师培训综合性教学实践课程

一、教师培训综合性教学实践课程的内涵

教师培训课程作为培训者所组织、学员所体验的成人学习经验,远远超越了以阅读和讲授的形式进行、以理论性知识为核心的理论性课程范畴,而主要是实践性课程。实践性课程是以实践性知识为核心,主要以在实践中习得、体验、反思和分析等形式进行,一种教师"在行动中反思"、理论与实践相结合、为教师个体教育实践性知识的建构创造一种情境性的互动环境,并以获得"如何教"的专门的实践知识和特别的技术为任务的课程。这里的实践性知识,包括在教育教学实践中实际使用或表现出来的知识,以及对理论性知识的理解、解释和运用原则,是教师内心真正信奉的在日常工作中"实际使用的理论"。它支配着教师的思想和行为,体现在教师的教育教学行动中。

简言之,凡是需要学员"动"起来、"做"起来、"练"起来的学习活动,都可以叫作培训实践课程。在现实的在职中小学教师培训中,所实施的实践课程可分为两大类:一类是穿插在讲授课程中的局部操练课程,如文本解读练习、表述教学目标的练习、板书技能训练、调查问卷设计等;一类是综合实践课程,包括单向教学技能训练、情景体验学习、科研实践、读写实践、综合性教学实践等。而综合性教学实践(包括备课、说课、上课、评课等),是在职教师培训实践性课程最主要的形式,也是当前我国教师培训课程开发的重点。

本章所述的教师培训综合性教学实践课程,是借鉴国内外教师教育实践课程的研究成果,总结梳理河南滑县教师进修学校近十年来,以真实或模拟的课堂教学实践为基础,所开发的分层次、分学科、分学段的教师研课磨课研修培训实践课程,我们把它称之为教师中心研课磨课实践课程。这里的教师中心,是指区县级教师培训机构,即教师发展中心。教师中心研课磨课实践课程,即某学科基层教师参与本区域教研机构或培训机构(教师发展中心)提供的,组织和引领参训教师对生成的课堂教学案例进行深入学习、研究与实践,从中总结教学规律、提高教师施教能力的研修实践课程。该种形式的研课磨课实践课程,由研训机构组织实施,事先选定研修主题和内容,对流程进行较为周密的安排,并辅以后续返岗实践和相应的跟踪评价。

二、教师培训综合性教学实践课程的特点

以研课磨课研修为载体的教师培训综合性实践课程，其基本特征是回归课堂教学实践，即教师在培训活动呈现的课堂现场和营造的学习气场中，有意识、有目的、自觉地进行教学设计、课堂观察、相互切磋、分享感受、反思行为，寻求解决教学实际问题、提升自身教学经验、锻造个体教学实践力的办法。其特点主要表现在以下几个方面。

(1) 强调把中小学教师自身(或同行)对课堂教学实践的体验作为最宝贵的课程资源，强调把教师对基础教育课程改革理念落地常态课堂的现实需要作为基本依据展开课程，强调把新课程改革作为源源不断的思想动力和活动资源。

(2) 以教师主动参与、积极体验、集体合作、交流展示为培训教学的基本方式。强调参训教师置身真实(或模拟)的课堂教学情境之中，注重在"备课""作课""观课""议课""合作""反思""对话"等一系列的活动中，发现自己的教学风格和教育信念，把具体课堂教学实践情境和经验之中的踌躇、困惑、疑问激发起来，进而探究解决踌躇和困惑的机智与办法。

(3) 通过以研课磨课研修为载体的教师培训综合性教学实践课程，既发展参训教师对具有多样可能性的课堂教学情境的思维判断能力，又促进教师在时刻变化的课堂教学中不断反思并付诸适宜行动的处置能力。

(4) 教师培训综合性教学实践课程作为一种具有独立形态的课程，近年来在我国的教师集中培训中进行尝试实践，它超越了具有严密知识体系的学科界限，着眼于对教育教学综合能力的培养，其内容从兼顾学科教育知识和学科教育内容，升级到关注教师学习和培训方法本身，为校本研修培养一批"种子"教师，为"研训一体"搭建平台并提供了一种方法和路径，促使了县级教师培训机构(教师发展中心)真正转变成为每一个教师专业成长服务的专业机构。

(5) 教师培训综合性教学实践课程是以"主题"为中心的"登山型"课程。

日本学者佐藤学根据教育内容与学习者的关系，把课程区分为以"目标"为中心的"阶梯型"课程和以"主题"为中心的"登山型"课程。前者课程组织以系统性和效率性为主要特征，以"目标——成就——评价"为单位组织单元，适应以理论性知识学习为主的重结论的讲授课程；后者课程组织以特定的主题为中心组织教材和学习活动为主要特征，以"主题——探究——表达"为单位组织单元，适应以实践性知识学习为主的重过程的活动性课程。以研课磨课研修为载体的教师培训综合性实践课程，围绕某一课题展开备课、上课、观课、议课等一系列探究活动，进行合作、反思、对话和交流，不但把研磨出一节好课和一类课的建模作为目标，而更注重参训教师在课例研磨过程本身的体验及其快乐。参训教师可以根据自身经验、学科特点等，选择自己的方法、自己的速度研磨，即便不能到达自己的理想课堂，也可以享受研课磨课过程中有意义的体验。"登山型"课程理论，为教师研课磨课提供了现代课程理论基础。

三、教师中心研课磨课的组织与实施

1. 精心选择课题并形成承载新课程理念的课例，是研课磨课研修成功开展的首要条件

课例是磨课研修的载体和媒介，课例的选择直接影响着研课磨课的成效。课例的选择应遵循以下几点。一要具有典型性。课例要承载教育思想和新课程改革的理念，是培训教师和参训学员基于自身经验反思，在对话合作的过程中亲自“做”出来的，这节课要有研磨的地方，要有它独特的典型性。二要体现分类特点，使研课磨课具有连续性。例如初中语文，可以按照文言文、诗词、散文、小说等不同的文体，精选一篇课例进行研磨，以点带面，进而建模这一类课怎么上。三要考虑基地学校本学科课的现实进度。研课磨课有现场课例观摩这一环节，学生学习过的课不能上，特别是理科强调知识的前后联系，前面知识没讲过，后面的课也不能上，要充分考虑学情和课的进度，根据不同学科特点，精心挑选课例。

2. 适宜的培训环境是有效开展研课磨课研修不可或缺的条件

研课磨课中既有参训教师分组研讨的环节，又有培训教师讲座、参训教师上机整理材料环节，特别是还要到基地校进行现场课例观摩，这些都为研课磨课场地的准备提出了一些特定的具体要求，需要培训组织者做通盘考虑和适当安排。

3. 研课磨课组织者的专业素养和实践能力是研课磨课研修取得成功的关键因素

研课磨课研修实践表明，参训教师作为既有实践困惑，又有实践经验的学习者，对于组织者的素质与能力及学习活动的质量往往具有很高的期待。从研课磨课课题的选择、方案的设计，到培训过程中的业务引领，再到培训的组织管理、氛围调控，要求培训组织者既要熟悉学科教学业务，又能把握成人学习规律，善于人际沟通和组织管理，要求培训教师既要努力做一名真诚的学习者，又要做一名有智慧的引领者。

4. 教师培训机构设置相应的内部业务科室，是分学科全面开展教师研课磨课研修的组织基础

在研课磨课研修实践探索中，滑县教师进修学校改革学校内部组织机构，设置培训处、文史研修部、数理研修部、体艺研修部、教育干部研修部、信息技术部等研修业务科室，“一处五部”的业务架构为分学科、分层次、分学段全面深入开展研课磨课研修提供了强有力的组织支撑。

第二节　教师中心研课磨课案例展示

【案例 5.1】二元五次课例研修在教师培训上的运用[①]

随着国家对教师教育的日趋重视，各地都在组织落实分层分类的教师培训工作。而骨干教师作为教师队伍的中坚力量，由于其专业发展水平和个体需求的特殊性，采用何种形式对骨干教师培训最有效是教师培训的一项重要工作。当前我国教师培训大多采用专家讲解理论、同行介绍经验和台下观摩为主的模式，其主要目标为知识和技术的传递，主要特点为自上而下的行政主导。二元五次课例研修真正将培训重心转移到了教师身上，落实到了一线课堂，通过同伴互助、专家引领真正促进了教师的专业成长。

一、二元五次课例研修的内涵及理论依据

二元五次课例研修法是一种深入研究课堂教学的研训模式。这种研究法通过平时的观察、调研了解教师在课堂教学中存在的突出问题，以这些问题为中心，采用"一课多上、同课循环、同课异构、多课一题"的具体研究形式，形成"设计——观察——反思——改进"的循环研究路径，教师在专家引领下，在同伴互助中，实现专业能力的螺旋式上升。

课例研修作为促进教师专业成长的重要途径之一，其产生可追溯至 20 世纪 60 年代日本的"授业研究"，我国对于课例研修的研究始于 2002 年，近十年发展迅速，其背后的理论支撑较为丰富。有最近发展区理论、成人学习理论、建构主义学习理论、默会知识理论、团队动力学理论等，它们的本质都在于充分尊重教师在培训过程中的主体地位，充分调动教师的培训积极性，使教师主动投入学习中。

二、二元五次课例研修的实施

（一）前期准备工作

由于二元五次课例研修需要经过至少两次课堂实践，因此对于课例研修的主题、专家和参训教师的个人能力、硬件设备等都需要进行精心的准备，才能保证研修效果。

1. 确定研修主题

二元五次课例研修是围绕教师在课堂教学中存在的突出问题，将其聚焦，通过专家引领、同伴互助式的研修方式解决这些问题，因此必须首先确定研修主题。研修主题可以是关注教学现场，如"如何在课堂教学中提高应答策略""课堂导入环节的设计"等；也可以具体到一节优质课的打磨，如小学三年级语文课《秋天的雨》。根据研修主题确定一节具体的课，要求参训教师做好准备。

---

① 作者系宁波教育学院继续教育学院吴凡、张赛园，本文刊于《中小学教师培训》2016 年第 4 期。

2. 邀请专家参与

对于专家的能力要求，不仅需要是该领域该学科的专家，还必须在教育学、心理学上有所涉猎，因为研修过程不仅关注的是教材、教法，还有教师专业素养的提升。对于参训教师的要求，必须是在专业成长已经发展到一定阶段的骨干教师，至少工作 5 年以上，才能有这种观察、分析、实践、反思、改进的能力。

3. 做好后勤保障

二元五次课例研修需要常态的课堂教学场地，也需要开放的研讨场地，同时还需要全程录像跟拍以便于在研讨时对相关问题及时回放。因此在后勤保障上，一般研修场地会选在学校，同时还需要有多个小的会议研讨室，具体数量根据参训教师而定，一般每个研讨室人数控制在 6 人左右，如果参训教师较多，可分为多个组同时进行，并提前做好组内分工。如一名组长负责全程组织协调，一名负责摄像跟拍，一名负责文字记录等。

（二）实施流程

二元五次课例研修主要由两个培训单元、五次参与式学习组成（参见图 1）。

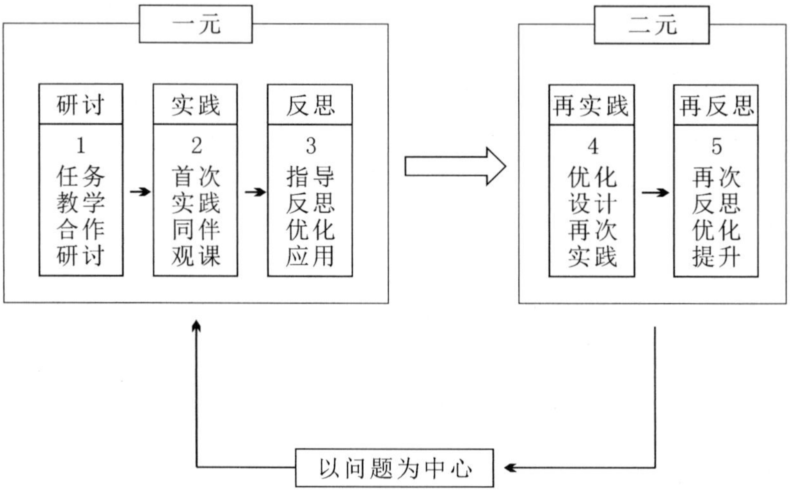

图 1　二元五次课例研修实施流程图

首先，根据参训教师的自身特点确定课例研修主题，再由个人独立完成教学设计，在此基础上小组成员合作研讨最优设计并进行教学准备。

第二，首次教学实践，同伴观课。在此环节中，专家开始参与，同伴根据研修主题进行课堂观察。具体观察点参见表 1。

第三，反思及优化应用。参训教师在专家的带领下开始对环节二中的教学现场进行研讨并提出优化建议。首先可由小组成员自行讨论，再由专家和参训教师共同研讨提出修改意见。执教者根据修改意见再次进行教学准备。

第四，再次实践观课。执教者根据修改意见呈现“改良课”，同伴再次观课。

第五，再次反思优化提升。参训教师继续在专家的引领下进行课后研讨反思，进一步提出完善建议。

（三）注意事项

由于二元五次课例研修是一个不断循环的过程，只要有教学问题出现，就可以进行该模式的课例研修，所以为保证研修效果，还有以下几点需要注意。

1. 研修时间的控制

由于课例研修必须在课堂中进行，因此都是工作日时间，为尽量减轻对参训教师以及学校的影响，研修时间最好控制在 1.5 天，具体操作如下。

将课例研修主题提前下发，由研修者提前自主备课，在第一天上午的集中培训中便可小组讨论进行教学准备，下午进行第一次实践观察。第一次实践后可立即进入到反思交流环节，让执教者利用晚上时间进行修改完善，第二天上午进行第二次实践观察反思。如果希望研修效果更好，可将第一次研讨提前，由研修者自主完成，即自行合作研讨确定执教者，让执教者在第一次集中培训前可有充分时间试教。

需要注意的是，研修时间进度不能过快，必须预留一个晚上的时间让研修者将第一单元的研修成果内化吸收，才能进行第二次的实践反思。同时为使二元五次课例研修常态化，研修时间也不宜过长，因此 1.5 天最佳。

表 1 课堂观察点

指标	观察举例
环节	由哪些环节构成？ 这些环节切合教学目标吗？怎么样？ 这些环节是否提供让学生主动参与、主动发展的机会？ 这些环节是否能促进全体学生学习？
活动	教师有哪些活动（讲授/训练/讨论/提问/合作学习/自学指导/作业设计/评价）？ 这些活动是如何开展的？怎么样？ 这些活动的展开切合教学目标吗？ 这些活动是否能促进全体学生的主动学习？
手段	教师运用哪些手段（语言/多媒体/实物与模型/实验）？ 这些手段是依据什么（自身水平/学科性质/教材特点/学生特点）选择的？ 这些手段是如何运用的？运用效果如何？ 这些手段是否能促进全体学生的主动学习？
机智	教师遇到哪些生成性问题？如何解决？怎么样？ 教师遇到哪些课堂管理事件？如何应急处理？怎么样？ 教学设计有哪些调整？调整依据是什么？效果如何？ 学生答错、犯错后的反应、态度、语言表达如何？
特色	哪些方面（语言/教态/学识/技能/思想）比较有特色？ 这个特色是怎样表现的？ 推测这个特色的形成因素是什么？ 对这个特色的进一步发展，你的建议是什么？

2. 研修后续跟进

二元五次课例研修虽然集中研修时间较短，但是在前期准备以及后续跟进工作上必须落实才能确保研修成果。因此在研修之初需要给每位研修者一份任务单：完成课例研修反思报告。即将研修过程及自己的想法书面化，具体参见表2。

同时，为促进教师研修积极性，可将课例研修成果在不同层面的活动中进行展示，如在各类观摩活动、新教师培训班中进行再次展示，也是对研修者的另一种支持与鼓励。

三、二元五次课例研修的反思

（一）二元五次课例研修的意义

1. 培训权利交还教师主体

美国著名成人教育学家诺尔斯提出成人和儿童学习有质的区别，主要体现在四个方面：成人学习心理倾向于自主学习；成人认知过程以经验学习为主；成人学习任务体现为完善社会角色；成人的学习目的主要为解决问题。二元五次课例研修通过特设教学任务，将问题前置，让学员提前通过自主学习做好教学设计，再在专家的带领和同伴帮助下做二次提升，激发了学员内在需求，实现了“要我学”向“我要学”的转变，真正将培训权利还给教师主体。

2. 培训形式回归教学本质

随着“互联网＋”时代的出现，传统课堂模式已经开始发生细微变化，慕课、翻转课堂、微课等新型课堂教学形式慢慢渗透进入传统教学中，但是其本质属性还是为了更好地服务于学生，帮助学生更好地获取新知，因此，其最终指向均是要求提升教师自身的课堂教学能力，能够设计优质的教案、与学生进行良好的沟通互动、有目的的课后反思等。二元五次课例研修通过二次磨课、五次反思提升，将优秀教师聚集在一起，并聘请专家亲自指导，能够有效提高教师教学设计、课堂观察、评课和反思能力，促进教师教学能力提升，将培训形式回归到了教学本质。

表2　课例研修反思报告撰写内容与要求

撰写内容	撰写要求
一次教学设计	要求写详案(包括设计意图、教学目标、教学过程)
观察记录及反思	观察要点记录及个人反思(可根据课堂观察中的内容挑选几个重点观察)
同伴反思/专家提炼	集体讨论反思(将同伴、专家的意见记录并对比自己的个人反思再次反思)
二次教学设计	对比第一次教学设计详案，在改进之处写上修改依据
二次观察记录及反思	观察要点记录及个人反思(继续对第一次观察侧重点观察记录)
培训整体反思	对整个教学设计、培训内容、培训形式进行整体反思

3. 培训内容贴近教师需求

当前教师培训存在着内容泛化、方式单一、质量监控薄弱三大突出问题，二元五次课例研修通过前期调研，甄选教师在日常教学工作中存在的典型问题进行现场研修活动，对比传统的理论讲座或单纯的优质课观摩，二元五次课例研修唤起了学员的内在学习动力，培训内容更加有针对性，贴近教师的实际需求。

（二）二元五次课例研修的建议

1. 立足研修常态课

二元五次课例研修主题关注的是教师常态课中存在的突出问题，因此在进行课例研修时应该依托于常态课，立足于真实的教学情境，而不是多次演练的展示课或公开课。只有立足于真实的教学情境才能发现真实的教学问题，只有通过真实课堂开展的课例研修才能找到最有效的经验和方法，推广性也最大。

2. 建立研修分享平台

相比传统的课堂研讨而言，二元五次课例研修需要教师将研修过程中获取的知识完整记录和保存，因此，可以建立教师研修档案袋，将课堂教学视频、观察表、教学反思报告等完整保留，以便日后研究，同时可通过建立分享平台将研修资料上传，让研修学员在平台上继续交流研讨，将教师个体知识转化为全体知识并融入教学实践中。

【案例 5.2】“以课领训”夯实教师培训主体性实践①

一、“以课领训”模式的提出

“以课领训”教师培训模式的提出，是基于教师成人学习的特点：一为主体性，即无论是成人自主进行的经验学习，还是培训者设计、指导下的学习，都需要以成人为主体，调动其积极性；二为建构性，即成人个体以原有的认知结构为基础，学习新的知识、技能、情感和态度，通过同化与顺应，建构新的信息意义，改造和重组原有的经验，并且不同的个体有不同的建构过程和结果；三为目的性，即成人学习一般是为弥补自己的短板，寻找问题解决的途径，站在理性的高度看教育教学现象，所以学习的目的性很强；四为实践性，即成人在一定的工作、学习、生活等实践中积累了丰富的经验，通过学习进行理性升华，又反作用于实践，推动实践活动。

“基于问题思考、走进真实课堂、回归理论引领、改变教学行为”是立足教师培训主体性实践的“以课领训”方法与实践。由祁门县教师进修学校历经六年探究，并不断改进、完善形成的比较稳定且操作性强的“以课领训”教师培训模式，其本质与核心就是：问题引领、体验课堂、唤醒意识、引发思考、质疑碰撞、启迪思维、点燃智慧、获取知识、提升素养、发展能力。

“以课领训”围绕“转变教师课堂教学行为，转变学生学习方式”，突出参训教师的主体性实践。活动按照“主题问题梳理（一线教师通过校本研修梳理出主题活动教学问题）——通识性前瞻理论引领（师训专职教师围绕‘转变教师课堂行为，转变学生学习方式’，突出‘以学定教’有效模式）——自主实践体验（任务驱动下，教师个体完成案例课学生自主性学习设计，小组内集体合作呈现集体智慧成果，参训学员共同分享）——走近真实课堂（优秀教师或名师说课，并借班呈现真实培训案例课，参训教师围绕活动主题亲身

① 作者系安徽省祁门县教师进修学校胡来宝、北京市八一学校石博，本文刊于《中小学教师培训》2015 年第 12 期。

观课体验教学真实情境）——专业主题理论提升（优秀教研员或各级教坛新星、骨干教师依托培训案例课，做活动主题专业素养理论提升）——交流质疑对话互动（参训学员与主题培训案例课教师、主题理论专业素养提升专家、师训专职教师及教研员组成的专家团队互动）——主题培训应用能力迁移主体性实践（参训教师根据活动体验、感悟、所得……寻找自己认为合适的切入点设计突出本次培训主题的教学片断）”。通过任务驱动将训后行为跟进作为校本研修的重要内容，实现培训后教师真正意义上的“行为转变”。

二、“以课领训”模式的基本构架

“以课领训”模式的基本构架为“基于问题思考、走进真实课堂、提升教学理论、实现思维碰撞、主题实践行为跟进”五个方面。力求“质疑、情景、理论、思考、实践”五位一体，借助“主题思考＋课堂情景＋理论提升＋交流研讨＋行为跟进”逐步递进的螺旋式培训模式，充分调动和激发了参训教师主动学习的积极性。

（一）基于问题思考

“以课领训”突出培训主题教师实际需求，每次专题培训立足一线教师学习应然需求和实然需求，由师训部门根据教师常态下课堂教学实际问题遴选培训主题，组织参训学员利用校本研修或区域学科教师群（QQ、微信）开展网络研修，梳理本主题课堂教学问题或困惑。问题梳理可以是参训教师自我独立试上培训主题相关章节的教学，亦可以以校内集体备课，或同课异构，或优质课打造，或磨课等方式进行，通过反思或集体研讨寻找培训主题内容在实际教学中的问题与困惑，带着问题进入学习，让教师在困惑中思考、质疑。

（二）走进真实课堂

带着自己或同事对学科培训主题教学的专业思考，走进培训预设的真实案例课堂，做到有主题、有目标、有意识地在真实课堂中观课。通过创设真实教学情境，让参训教师去看看其他教师是如何把握课程标准和教学目标的，看看其他教师是如何处理学情与教学内容的关系的，看看其他教师是如何运用媒体与资源推进教学的。案例课教师成功的做法可以借鉴和模仿，不足之处，站在“同在共行”的角度去思考和重新建构，为后面的交流研讨互动做准备。

（三）回归理论引领

众所周知，教师学习普遍存在“重案例，轻理论”的客观实际，“以课领训“以“微学习”的方式，围绕活动主题在呈现一堂真实教学情景的基础上，通过学科教学研究专家，从真实教学情境入手，剖析课堂现象背后的专业理论，让教师不仅能知其然，更知其所以然。

主题培训力求从现象到理论，注重主题专业化的深度和广度拓展与延伸，一次培训力求帮助教师实现一个方面某个领域的教学专业化发展和突破，每次活动“实现理论与实践的互动，从分歧走向共识”。这促进了教师培训主题教学知识与技能的专业发展和提升，也从根本上解决了一直以来教师培训实践理论两张皮低效徘徊的现象。

（四）碰撞启迪智慧

培训的本质不是解决问题，而是唤醒！成人学习需要在群体中通过对话、交流实现启迪思维和点燃智慧。“以课领训“在回归一个教学微课程学习的基础上，再聚焦一场微专题的研讨，通过专题研讨引发一次课堂教学问题的思考与探究、质疑与发展。在交流研讨中实现思想的碰撞、思维的启迪、智慧的升华是“以课领训”实现教师培训学习收获所得的重要环节。交流研讨既有面对面的对话，亦有借助于网络QQ群或微信群，在彻底打破“话主语霸”的情境中，即时、即兴发表自己的感悟、体会和见解，分享他人的经验、思考和智慧，全体参与的教师在一种更开放的思想和思维下，相互碰撞、相互启迪、相互提升。

（五）跟进改变行为

“以课领训”要求参训教师通过训前的问题铺设与训中的角色体验，最终走向他山之石学起来、主题回归用起来、行为改变动起来。根据每次主题培训需求，设计不同的培训环节、作业，以任务驱动为抓手，促进培训成果的转化。每次培训设计适宜当次主题学习实践的课例，根据培训时间，可以在培训现场由教师个体独立完成主要片段和环节的设计，再分组通过研讨形成代表小组集体智慧的成果呈现出来；亦可以通过任务驱动将培训成果通过跟进落实在校本研修中，通过培训实现把教师行为转变推向常态化。

三、“以课领训”的实践意义

（一）孕育了培训模式机制内涵创新

“以课领训”聚焦课堂教学问题，突出专业理论引领，注重主题专业研修，突出培训主体实践，任务驱动转变行为。该模式有效地集“训——研——教”于一体。训，是教师培训主题；研，是教学问题研究；教，是课堂教学实践。其中，课堂教学实践是主体，培训的内容是根据教师课堂教学中的问题为主要培训内容，培训方式主要采用真实课堂情景下的教学问题研究分析为主。该模式成功地将“训——研——教“有机地融为一体，既通过县域内优质资源共享，破解了农村校本研修中普遍存在的指导薄弱、资源匮乏、缺失后劲的难题，促进了教师学习方式的转变，从“被培训“走向参与式、协作式、混合式和个性化的“我要学”，加速了常态化培训的进程，与学期学科同步，每备一课、每上一课都是一项大范围集思广益的课例研修，聚焦问题，教学做合一，初步形成了便捷高效的一体化培训运行机制。不仅有效地解决了教师培训理论和实践两张皮的现象，实现了提升教师培训的针对性和实效性目标，还有效地促进了城乡教师的共建、共进、共享。城乡教师在共同建设教师培训资源的实践探究中，相互学习、相互促进，更多的教师在共享培训资源成果中，汲取营养、提升素质、发展能力。不仅有效地实现了城乡教师的观念和思想的转变，更有效地促进了城乡教师课堂行为的“集体”转变。在实施培训过程中，培训者和被培训者作为平等的双方，用研修的视角交流、反思具体的课堂行为，相得益彰。

培训主题来源于一线教师的教学实践问题，培训过程即研修过程，教师是培训的主体，教师始终在培训过程中质疑，在培训过程中观察，在培训过程中思考，在培训过程中体验，在培训过程中感悟，在培训过程中实践，最终在培训过程中改变自我的观念和行为，“训——研——教”三位一体真正实现了教师培训从模式到内涵的丰富。

（二）突出了教师培训主体过程参与

“以课领训”，立足点在“课（真实教学情境——案例课）”，着力点在“领（专题学习——理论引领）”，提升点在“思（以主题为中心展开交流研讨质疑碰撞）”，关键点在“训（围绕主题学习——主体性实践)”。“以课领训”整个培训活动从教师真实学习需求入手,聚焦活动主题专业提升。

训前,承担培训任务理论提升和案例课教师在培训组织部门的协调下,成立备课团队,团队成员集体备课、磨课、改进,理论归纳、梳理、提升,有效实现了骨干教师及身边团队的集体参与和实践;同时,参与培训学习的教师,聚焦主题校本研修、自我学习与思考,让学员预设培训过程与结果。

训中,案例课教师前置说课帮助参与培训的教师厘清思路,真实课堂帮助教师寻找行动的不同,微专题帮助教师找到现象背后的理论支撑,交流互动(微论坛)帮助教师开阔视野,片段模仿帮助教师搭建智慧共享平台。

训后,围绕主题实施开展任务驱动,有效促进了教师在行动中反思、在反思中实践、在实践中改进、在改进中提升。

总之,“以课领训“既有真实的课堂教学情境,又有围绕课堂教学的专业理论提升,更有课堂教学的问题思考与碰撞和主体性行为的实践跟进。既让教师分享到了优秀教师的真实课堂,又能通过及时汲取专家的专业理论而得到提升,还能满足参与和体验的同行、名师、专家之间的思想交流与思维碰撞这一共享需求,从分享中品味、思考,到从感悟中消化、吸收。

(三)唤醒了教师潜在学习能力意识

“以课领训”通过情境创设、案例分析、理论提升、专题研讨、思维碰撞、互动交流等方式,力图使教师将培训知识与教学实践相结合,以此引导教师运用培训所学的知识解决教学实践问题。参加培训的专家团队成员、案例课教师磨课团队、参训全体学员,都在“以课领训”中深层次围绕案例课的研讨、集体备课磨课、专家主题梳理、全体共同观课议课、主题研讨交流等多样化的研修活动,有效地促进了同学科教师之间的交流与发展。

“以课领训“让参与学习的教师们,在看得见摸得着的“一例一题一研一改一得”(一堂真实案例课,一个围绕案例课主题展开的专题理论提升,一起围绕本次主题活动开展的有深度和广度的交流研讨,一次改进主题教学活动的实践,完成训后行为跟进尝试的一点收获)中改善实践,让全体参与者在活动收获的过程中,潜在的自主学习意识和能力得到唤醒,生命的激情和思维的火花被点燃,教师成长得更扎实。

(四)强化了师训机构自身“造血”功能

“以课领训”是既能帮助一线教师实现个体专业成长,又能推动基层学校校本研修的内涵发展,更能促进农村县级教师培训机构自身强身健体的一种有效教师培训模式。在谋求课堂教师“教”和学生“学”的方式变革中,有效地解决了教师培训的实效性与针对性,真正实现了提升教师培训质量的目标。利用“微学习”便捷、实用、高效的特点,多形式、多层次赋予了教师培训主体更多的实践,不仅实现了“训——研——教”的结合,有效实现了教师培训行为方式的变革,亦有效地帮助县级教师培训机构实现了加强自身的“造血”功能。通过案例课教师的团队磨课,促进了校本研修的回归,本土理论“专家”通过搭建不同主题的理论框架,与案例课授课教师不断地相互磨合,实现了区域内骨干教师学科带头人的可持续发展。总之,祁门县师训部门一边在借船过海(引进名师专家团队突破制约“理论提升”的瓶颈)，一边联动健体、合力共举，发展了县域内的师训专兼职队伍，真正实现了强身健体的“造血”功能。

【案例5.3】校本课例研究六部曲

——校本课例研究的基本环节和实践策略①

2009年至2011年，北京教育学院数学系小学数学团队开展了北京市“绿色耕耘”培训项目的子项目“再提高培训”、北京市中小学学科教师市级培训项目“校本教研能力提升”，培训对象以教研组组长为主，培训方式是校本课例研究。以上项目探索了两种模式：一种是教师培训的模式，即培训中采取“在校本教研中学习校本教研”，使学员们亲自经历研究过程，使其自身的研究能力和引领校本教研的能力得到双提高；另一种是校本教研的模式，即教研组组长真实地在其所在的学校开展校本课例研究的模式。作为两种模式共同探索的成果，“校本课例研究六部曲”是在培训实践中应用的程序，同样也可应用于真实情境中的校本教研。换句话说，作为一个培训项目，培训流程主要按照“六部曲”展开，同样，若教研组组长回到学校，也可以用“六部曲”来开展本校的教研活动。

课例研究属于实践研究，它以具体的一节课为对象展示研究，解决教学中存在的某些问题，把研究融入备课、说课、上课、观课、评课的全过程。本文中的课例研究旨在解决学校课堂教学中的难点问题，是有主题、有目标、有过程地研究一堂课如何改进，并在此基础上提炼出一类课的教学策略。限于篇幅，文中不再对校本课例研究的价值、内涵等方面作具体阐述，仅聚焦于“校本课例研究六部曲”(流程图参见图1)并结合案例进行说明和阐述。

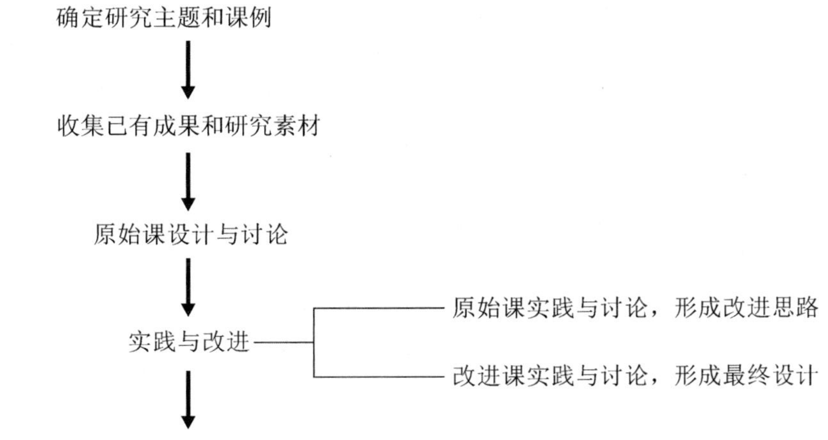

图1

① 作者系北京教育学院白永潇、张丹，本文刊于《中小学教师培》2012年第6期。

一、确定研究主题和课例

校本课例研究强调问题来自于本校的“草根层次”，即普通教师，以保证问题的真实性以及尽可能多的教师可以参与。在这一环节中，一般要经历以下步骤。

1. 提出问题，聚焦主题

请老师们提出平时在教学中遇到的问题，从中选择大家共同的和最想研究的问题，形成聚焦主题。在这一过程中，可以运用罗列问题清单、课堂观察、头脑风暴等方式。例如，在 2009 年的培训中，有一个研究小组经过集体讨论，共同关注了应用题教学中出现的问题。他们提出了这样的现象和问题：

“教师平时讲课不爱讲应用题，作课更是回避应用题。很多学生上课不喜欢上应用题，每次检测应用题失分也是最多的。在成人看来非常简单的问题到了学生那里，就是无法理解，任凭教师讲得口干舌燥，学生还是一头雾水。或者在教师引导进行分析时，学生似乎都是懂的，可当他们自己去做时，就如同迷路的孩子一样，找不到‘题路’。特别两步解决实际问题出现之后，对量与量之间是否有关联缺少敏感，尤其面对多余条件，更是无法提取有效信息，形成正确解答。为什么会出现这种状况呢？”

教师们将所提出的若干个问题进行筛选和归类，并通过课堂观察发现学生的困难主要体现在学生“不善于”审题，于是最终将研究主题聚焦为：小学数学应用题如何促进学生有效审题的教学策略研究。

2. 梳理课例，确定课例

梳理课例的目的是找到研究主题下重要的课，从中选出本次校本课例研究的课例，同时梳理课例也能进一步帮助聚焦主题。课例梳理有几个层次，最基本是先罗列研究主题下有哪些相关的课。但是，我们所提倡的教材分析不仅仅是罗列，而是基于整体把握小学数学课程的理念，归纳提炼出此部分内容的课程主线，并从比较的视角对不同版本教材进行横向的比较梳理，主要是比较各单元结构与呈现形式。

例如，2011 年培训中的一个小组通过讨论将内容确定为“分数运算”，但一直没有聚焦成研究主题。到底应该研究什么呢？这一组教师首先对教材中分数运算的内容分年级进行了罗列，然后经过组内的讨论和分析，进一步将运算的内容归纳为如下的主线（参见图 2）。

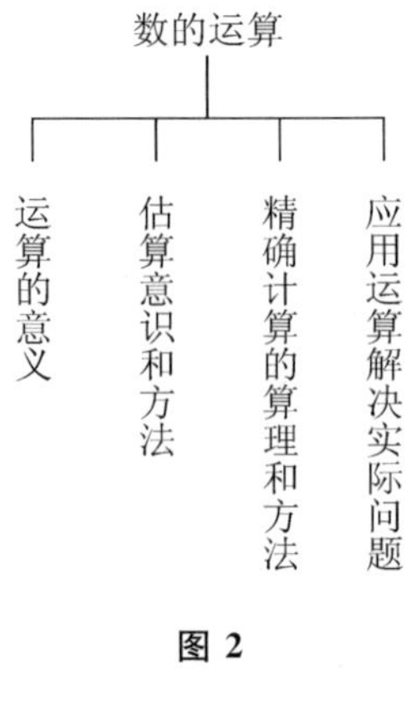

图 2

最后根据主线，他们进一步梳理了每节课的重点，并且选择了两节课：整数乘分数（一个数的几分之几是多少）和一个数除以分数，并说明了选取两节课的理由，体现了两节课的重要研究价值。

3. 清晰地表述研究主题

在课例梳理的基础上确定将要研究的课及研究问题，并明确表述出来。例如，上面分数运算的小组最终将主题表述为"分数乘除法运算中学生学习路线的研究"。相应地，待解决的具体研究问题包括：分数乘法运算中学生理解运算意义的学习路线是什么？分数除法运算中学生理解算理、探索方法的学习路线是什么？基于学生学习路线的合理的教学设计是什么？

二、收集已有成果和研究素材

围绕所确定的研究主题和课例，收集已有相关的研究成果和素材并进行整理，此环节相当于一般研究意义下的文献综述。这个环节能够使研究者克服以经验来决定研究内容的局限，从更宽阔的视野来看待研究的内容。与一般的文献综述所不同的是，这里的成果和素材除包括相关著作、论文外，还包括发表的课例分析、教学片断和点评文章以及光盘课例等。

例如，2009 年有一个研究小组的主题是"利用直观模型帮助学生理解十进位值制的教学策略"，他们通过分析数学课程标准中对数的要求、不同版本教材对直观模型的使用、模型在学生认数和理解十进位值制的相关理论研究，以及一线教师教学中对直观模型的应用和比较等几个方面，在撰写的文献综述中写道："综上所述，大家一致认为使用直观模型是帮助学生理解十进位值制原则的有效方法，一线教师也在教学中进行了一些有益的尝试。但在教学中如何根据教学内容恰当地选用直观模型？在各个认数阶段它们的使用有哪些优缺点？如何使用才能充分发挥直观模型的作用？这些问题还需要进行更加深入的研究。"

三、原始课设计和讨论

原始课的教学尽管由某一位教师完成，但是研究小组内所有教师都需要参与到教学设计工作中。在共同查阅书籍以及搜索别人做过相似研究的基础上，由一两个教师执笔写出初步教案，经整个研究小组讨论，再形成原始课教学设计。

原始课教案形成之前的准备工作，还应包括对所教内容进行分析，并对执教年级的学生进行学情调研，在此基础上确定教学目标和相应的教学活动。

再看上面的"分数乘除法运算中学生学习路线的研究"，以第一节课整数乘分数（二）（一个数的几分之一是多少）为例，教师们通过做教材分析，发现各版本教材都是先设计一个问题情境（例如，480 千克水果的 3/8 是多少），鼓励学生尝试解决。学生一般都会利用以前学习的知识列出 $480\div8\times3$ 或者 $480\div8\div3$，在此基础上，至于如何使学生认识到解决这一问题可以列式为"$480\times\frac{3}{8}$"，各个版本采取了不同的路线：有的是直接介绍；有的是类比整数倍……

于是，原始课的教师决定借助“类比倍”的形式引入分数乘法，确定了相应的教学目标，并设计了如下问题情境。

淘气有12个苹果，他的朋友这样介绍自己的苹果的数量。a：我的苹果是淘气的3倍；B：我的苹果是淘气的$\frac{1}{2}$；C：我的苹果是淘气的$\frac{5}{6}$。

(1) a的苹果是淘气的3倍是什么意思？可以如何列式？

(2) 12个苹果的$\frac{1}{2}$可以如何列式？说说你的理由？

四、原始课实践与讨论，形成改进思路

共同完成原始课教学设计后，由小组中某一位教师执教，组内所有的教师都来听课。听课的教师细心观察并记录学生的行为，必要时了解学生真实的想法。

上完原始课，研究组的所有教师立刻针对本节课展开讨论，即某些研究中所提到的“反馈会议”。一般地，由授课教师先发言，就这堂课的教学效果以及存在的问题和不足进行反思，其他教师再对这堂课提出自己的观点，大多数是针对课本身的看法和改进建议。讨论中有三方面是应该涉及的：(1)教学目标是否达成、是否合理；(2)关键事件及反思；(3)改进点及改进建议。特别是要善于捕捉教学关键事件，这往往是讨论的聚焦点，且由此生成改进点。例如，在分数乘法的课中出现了如下的关键事件。

在处理“我的苹果是淘气的是$\frac{1}{2}$”这一问题时，学生出现了$12\times\frac{1}{2}$的列式。

师：解释一下你的算式的含义？

生：因为12的2倍用12×2，所以12的$\frac{1}{2}$，可以看成12的$\frac{1}{2}$倍也用乘法。

看似顺利地达到了教学目标，学生“认可”一个数的几分之几用乘法，但不少学生脸上出现了困惑。

师：还可以怎样解释呢？有没有用画图的方法解释的？

学生沉默。突然一个学生用画图的方式进行了“不同”的解释。

生：12的$\frac{1}{2}$可以用12÷2(见图3)。还可以这样画(见图4)，相当于12个$\frac{1}{2}$，所以可以用$12\times\frac{1}{2}$。

这一点教师没有预估到，于是仓促结尾了。

图3

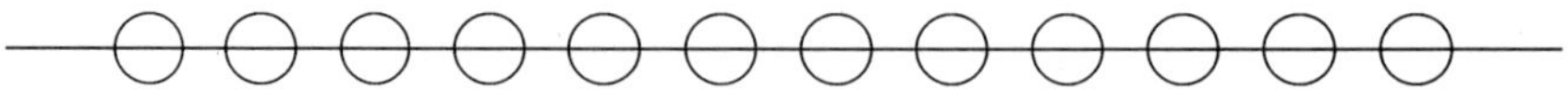

图4

针对这一关键事件，经过讨论大家认为，直接类比“倍”引入分数乘法，虽然可以从学生的原有基础着手，学生可以认同，但似乎并不理解。另外，学生可能用自己理解的路线（如上面的画图），看来原始课并没有找准学生的真正学习路线，需要重新做学生调研。通过调研、发现学生理解的路线是多种的，教学中应该充分暴露，并且尽可能沟通各种路线之间的联系，于是据此又重新确定了改进课的教学目标。

五、改进课实践与讨论，形成最终设计

根据执教者对原始课的反思和集体讨论后形成的改进点，进行改进课的教学设计，然后再次实践。

上完改进课，与原始课类似，需要再次召开对课的讨论会，不同的是，这次除了讨论如上的三点外，还需要聚焦改进点，分析改进点是否落实和合理。

通过对改进课的讨论（可多次改进），形成最终的教学设计。当然，如果条件允许，还可以对最终的教学设计进行教学实践。

六、同类课实践与讨论，确定教学策略

如前所述，课例研究不仅满足于研究如何上好一节课，还需要在此基础上提炼出一类课的教学策略。因此，在完成最终教学设计后，教师们还需要讨论在此过程中形成的一些教学策略。并且，将这些教学策略运用于与所研究的课例相同类型的课上，再次检验总结，得出这一类课的教学策略。这样，就达到了课例研究"举一反三"的作用，使得出的教学策略能有效地迁移到相关的教学情境中，体现了对"一类课"的研究，使研究成果具有更大的价值。

随着培训的不断推进，我们还将继续探索和完善校本课例研究的"六部曲"，并将进一步建立校本教研基地校，在基地校内不断加以实践，推动校本教研的有效实施。

【案例5.4】研课磨课教师培训综合性实践课程的实施流程①

——以2015年滑县初中语文研课磨课培训班为例

河南滑县教师进修学校2007年完成新课程通识培训后，尝试探索和运用研课磨课教师培训综合性教学实践课程形态，举办多期中小学骨干教师研课磨课培训班，总结出三天磨一课的"一备一听三展三评"研课磨课操作流程，并取得了很好的培训成效。下面就以2015年滑县初中语文研课磨课培训班为例，说明教师中心研课磨课的实施过程。

研课磨课的实施过程，分为设计培训方案、前期准备、中期实施、后期材料整理和追踪问效等几个阶段。

一、设计培训方案

在前期充分调研的基础上，先确定培训的主题，然后再制订培训方案。培训方案的内容，我们认为主要包括指导思想、培训目标、培训时间、培训地点、培训对象及人数、培训模式与方式方法、培训课程、组织管理、考核评价与经费预算等方面。《2015年滑县初中语

① 滑县教师进修学校王长丽供稿。

文教师研课磨课培训方案》如下。

2015 年滑县初中语文教师研课磨课培训方案

根据《国务院关于加强教师队伍建设的意见》，国家教育部、省教育厅《中小学教师继续教育规定》和滑县教育体育局《关于印发某县 2015 年教师培训方案的通知》的文件精神，参照《河南省中小学幼儿园教师培训课程标准（试行）》，结合我县教师培训工作的实际，特拟定 2015 年滑县初中语文教师研课磨课培训方案。

一、培训指导思想

深入落实科学发展观，以国家教育政策法规及《国家中长期教育改革和发展规划纲要（2010—2020）》为依据，以提升中小学教师的整体素质为主线，创新教师培训模式，有目的、有计划地对全体中小学教师进行分类、分层、分岗培训，促进教师专业化发展，建设一支师德高尚、业务精湛、结构合理的教师队伍，为全面实施素质教育提供保障。

二、培训目标

(1) 能从不同文体入手，精心进行教学设计，从而提高初中语文教师教学设计与文体教学的能力。

(2) 提升初中语文教师的专业素养与业务能力，逐步构建初中语文高效课堂。

三、培训安排

(1) 时间：5 月 19 日～21 日

(2) 培训地点：滑县教师进修学校

(3) 培训对象及人数：各乡镇初中语文骨干教师，共 48 人

(4) 培训模式及方式方法：短期集中（专题讲座＋自主研修＋课例观摩＋互动研讨）

四、培训课程

日期	时间	培训内容	培训形式
5 月 19 日	8:50—9:40	开班典礼，组建班级	
	10:00—11:30	磨课理论讲座	专题讲座
	14:00—15:40	磨课——完善教学设计	主题讲座
	16:00—17:00	个人撰写教学设计	自主研修
5 月 20 日	8:30—11:30	组内撰写教学设计	互动研讨
	14:00—17:00	各小组微型课或说课展示	课例观摩 互动研讨
5 月 21 日	8:30—11:30	班级课例展示	课例观摩 互动研讨
	14:00—17:00	总结培训成果	互动研讨 成果展示

五、组织管理（略）

六、培训考核

(1) 考勤占 30%。

(2) 作业占30%。根据培训情况,撰写不少于800字的培训心得,培训结束一周内发到 huaxianyuwen@163.com。

(3) 实践占40%。学员返岗后,所在单位认真组织听评课,学员根据授课情况,认真填写《学员返岗实践信息反馈表》,一月内纸质稿交到滑县教师进修学校语文工作室,电子稿发至 huaxianyuwen@163.com。

七、经费预算

课时费×××元,学员食宿费×××元,资料费×××元,合计×××元。

滑县教师进修学校

2015年3月5日

二、前期准备

当培训方案经过反复论证,最终完善成熟之后,在研课磨课培训班举办之前,要进行前期准备,以保证培训班的顺利举办。在前期准备阶段又分为下发通知、布置场地、协调事务、准备材料与召开筹备会等。

1. 下发通知

根据培训方案,拟定并下发通知。通知拟定好后,由领导审核,然后上报教体局师训科,由教体局下发到各乡镇中心校,再由乡镇中心校通知到各学校,最后直到通知到学员本人。一般情况下提前一周下发通知,以便学校及学员有充足的准备时间。《关于2015年滑县初中语文教师研课磨课培训班开班通知》如下。

关于2015年滑县初中语文教师研课磨课培训班开班通知

各乡(镇)中心校、产业集聚区中心校:

根据《滑县2015年教师培训工作计划》,为提高初中语文教师教学设计与文体教学的能力,提升初中语文教师的专业素养与业务能力,逐步构建初中语文高效课堂。特举办滑县初中语文教师研课磨课短期班,现将具体事宜通知如下。

一、培训主题:完善教学设计

二、培训对象:初中语文骨干教师(名单见附件)

三、培训时间:5月19日~21日

四、培训地点:滑县教师进修学校

五、培训形式:专题讲座+自主研修+互动研讨+课例观摩

六、培训说明

(1) 请各乡镇(产业集聚区)中心校按时通知各位学员,于5月19日上午8:20前到进修学校办公楼二楼合堂教室报到。

(2) 研课磨课准备材料(以下材料均需有电子稿与纸质稿)。

①教材解读、单元分析;②作者、作品背景及相关资料搜集;③编者目的分析;④本学段、本册、本课需落实哪些课标要求(课标分析);⑤本学段学生情况分析;⑥课例教学设计《散步》(八年级下册第五单元)。

(3) 研修时带初中语文苏教版八年级下册课本、教师教学用书。

(4) 本次培训为期三天，免培训费，免费提供住宿。其他费用自理，由任职学校按规定报销。有住宿需要的学员自带生活用品。

(5) 培训期间注意交通饮食安全。

(6) 联系电话：8167918　8668022

滑县教育体育局
2015 年 5 月 12 日

2. 布置场地

布置场地主要包括检查并打扫卫生，调试机房及教室设备，领场地钥匙、遥控器、饮水器具，悬挂场内条幅或布置电子屏字幕，打印并摆放领导、专家座签，张贴指示标签等。例如，2015 年滑县初中语文研课磨课培训班的第二天上午，当组内经过研讨形成教学设计共案时，每个小组要把组内共案的纸质稿形成电子稿，并且要根据教学设计制成课件，这就需要到机房完成。因此，机房的电脑必须在布置场地时进行检查、调试，以保证培训的进度与学员的需求。布置场地时，针对培训班的实际，更多的是要考虑细节问题，细节决定成败，细节往往彰显培训的专业性。

3. 协调事务

一个培训班的举办，要有很多保障，除了技术层面的，还有后勤保障。因此，培训班举办之前，项目负责人要协调总务处，上报学员就餐与住宿情况；协调保卫处，上报学员人数及培训天数，以便保卫处妥善安排学员的停车问题及设计安全防范预案；与授课教师联系，沟通课程名称、授课教师简介、授课时间、授课地点等内容。有时，还要报请教体局行政部门，以及与乡镇中心校、学校进行沟通。事务协调，体现了一名专业培训者的沟通与协调能力，沟通的顺畅可以助推培训班圆满举办。

4. 准备材料

准备材料包括制定并打印学员考勤表、学员座位图；准备学员书写纸张及班级组建的彩笔，印刷学员手册等。例如，2015 滑县初中语文研课磨课培训班的学员手册，内容包括《2015 年滑县初中语文教师研课磨课培训方案》《关于 2015 年滑县初中语文教师研课磨课培训班开班通知》、六环节磨课培训流程、磨课的概念、磨课——完善教学设计讲座 PPT、教学设计表、研讨记录表、学员返岗实践信息反馈表等。

教学设计样表如下。

教学设计

<table>
<tr><td>年级</td><td colspan="3" rowspan="2">课题名</td><td>共　　课时</td></tr>
<tr><td>第　课</td><td>第　　课时</td></tr>
<tr><td>主备人</td><td></td><td>执教人</td><td colspan="2"></td></tr>
<tr><td>教学目标</td><td colspan="4"></td></tr>
<tr><td>教学重点</td><td colspan="4"></td></tr>
<tr><td>教学难点</td><td colspan="4"></td></tr>
<tr><td>教学资源</td><td colspan="4"></td></tr>
</table>

续 表

教学板块 （注明各板块解决目标序号及所需时间）					设计意图
第一板块					
第二板块					
学科		作课（说课）人		研讨日期	
……					
板书设计					
教学反思					

研讨记录表样表如下。

研讨记录表

组别		记录人	
发言人			
发表意见			
发言人			
发表意见			
发言人			
发表意见			
小组 达成 共识			

注：各小组一定要详细记录本组教师在整个活动中的发言情况，并作为过程材料整理、存档。

5. 召开筹备会

制定详细的培训人员分工，并在培训的前一天召集培训的相关人员召开培训筹备会，为培训活动的开展做好准备工作。

三、中期实施

河南滑县教师进修学校总结出三天磨一课的“一备一听三展三评”磨课研修操作流程，并取得了很好的培训成效。2015 年滑县初中语文研课磨课培训班按照这个操作流程就《散步》一课进行研磨。

1. “一备一听”

“一备”指参训学员个人自主独立备课。参训学员开班一周前按照进修学校指定的课题，在进行课标分析、学情分析、教材解读的基础上，结合自己的课堂教学经验，个人独立完成《散步》一课教学设计的一稿。

“一听”指培训第一天参训学员进行破冰活动和班级组建，并聆听培训教师《磨课的概念》与《磨课——完善教学设计》的专题讲座。讲座围绕培训主题，从磨课的内容、流程、所要注意的问题等展开，使学员明确磨课研修的任务与要求，清楚自己在接下来的三天磨课活动中，要做什么，怎么做，尤其对如何进行教学设计有了新的认识。学员在听报告的基础上，对自己《散步》一课的教学设计一稿重新进行完善，并书写在教学设计样表上。

2. “三展三评”

“一展一评”指第一天下午个人组内展示和相互点评《散步》教学设计的一稿。根据学员人数分成 6 至 8 人一组，选出组长 1 名，记录员 1 名，整理员 2 名。组长负责活动主持，组内每个学员展示自己的教学设计，其他成员评议。评议有两种形式：一是学员依次展示完教学设计后再集体评议；二是组内学员按教学设计诸环节依次展示和评议。记录员负责记录展示及评议内容。展评后本组成员共同生成《散步》教学设计二稿，由整理员整理成电子版，并根据教学设计制好课件，同时推出本组一位教师代表在下一流程中进行微型课展示。

“二展二评”指第二天组间进行《散步》一课的微型课展示和评议。上午每组推出教师代表抽签确定顺序，依次进行不超过 15 分钟的微型课展示，其他小组推出教师代表进行评议。各组记录员记录其他小组对本组微型课的评价建议，填写研讨记录表。下午每个小组的成员根据评课建议修改完善本组的教学设计，形成《散步》一课的教学设计三稿，全班推出一名教师代表准备进入下一流程的现场课例展示。

“三展三评”指第三天教师代表到基地校现场作《散步》一课的展示课，全班学员进行分组分任务观课议课。学员分成了 5 个小组，每组的观课议课任务如下。

第一组：教学目标的设置是否合理？为什么？教学目标是通过哪几个板块（环节）落实的？每个板块分别落实哪个目标？落实的情况如何？请结合课堂内容具体加以评议，并提出本组的困惑与问题。

第二组：在每个板块中，学生的学习任务是否明确、合理？教师的策略与方法有哪些？效果如何？请结合课堂内容具体加以评议，并提出本组的困惑与问题。

第三组：请从教师的角度（教态、语言、板书、教学机智等多个方面）评议这节课，并提出本组的困惑与问题。

第四组：请从学生的角度（情绪状态、参与面、活动时间、参与方式、参与效果等多个方面）评议这节课，并提出本组的困惑与问题。

第五组：课例展示组全面综合评议，并对其他小组提出的困惑与问题做出回应。

第三天上午教师代表借班上课，其他学员分组分任务从不同角度进行课堂观察，返回培训课堂小组研讨后，每组推选代表议课，议课人说明所领议课任务后结合课堂观察议课，并把议课建议形成电子版。下午培训教师作最后的总评，进行业务引领。展示组根据议课建议修改完善，形成《散步》教学设计四稿。每位参训学员结合磨课体会和收获，分析学情，最后修订完善自己的《散步》教学设计一稿，为参训教师返岗课堂改进奠定基础。

在研课磨课的中期实施过程中，每个研修小组的组长起着关键的作用。为此，我们给每个小组发了一份《组长职责》（内容如下），使组长明确自己职责的同时，组员也明白应该在组长的带领下，共同完成小组的磨课研修任务。

组长职责：

(1) 调动小组成员的积极性，精心商讨组名与口号，并带领小组成员用独特的形式展示出来。

(2) 协调组内成员，对记录、整理进行合理分工，人人有事做，事事有人做。

(3) 主持小组研讨活动，调动研讨气氛，调控好研讨与梳理成果的时间。

(4) 激励小组成员在各个磨课环节大胆、有序发言。

(5) 协调、组织小组成员进行材料整理，不清楚的地方及时与班主任进行沟通。

(6) 小组成员没有按时签到，应积极主动地打电话询问，及时了解组员的情况与动向，并与班主任沟通。

四、后期材料整理

1. 打扫场地，归还物品

培训结束后，组织人员打扫场地卫生，归还钥匙、饮水器具、遥控器以及其他材料。

2. 撰写简报

培训活动结束后针对培训内容与过程，撰写培训简报，经领导审核后上报教体局。

3. 纸质材料存档

培训活动中的过程性材料，如签到表、通知、方案、简报、手册以及其他材料等装入活动档案袋，标识存档。

4. 撰写培训总结

培训活动结束，及时撰写培训总结，反思不足，总结经验，从多方面提炼成果。例如，我们针对 2015 年滑县初中语文研课磨课培训班的 48 个学员，进行了培训后的“需求与建议”调研，在 44 份有效问卷调查中，学员主要从“培训内容”“培训形式”“后期延续”“食宿安排”等方面提出了自己的需求与建议。（见下表，表格中数字指提出该建议的人数）

初中语文研课磨课培训班需求与建议汇总

培训内容	培训形式	后期延续	食宿安排	时间与其他
班级管理 2；小组活动（合作、激励方法）1	利用网络 1	多组织这样的磨课培训活动 15	住宿条件有待提高（卫生、安定、简单生活用品）5	假期或周末 2
写作指导 1；作文教学 1	名师指导（讲解、面对面接触、观摩课、课例）7	优质课例推广到一线，多送课下乡 3	交通工具统一安排 1	上课时间调课不方便，晚上回去上课太累 1
根据课标进行各环节教学设计 1	理论讲座与实践相结合 2	让每个教师都有磨课培训机会 5	有生活补助 1	偏远地区交通不便，时间紧迫 1
课件制作 5	多组织观摩课 3	研修的成果、照片装订成册，直接发给每位学员（每位教师、学校邮箱）39	早、午、晚提供便饭 4	历次磨课成果共享 2
课外阅读的指导与操作 1	应该结合团队活动进行，例如参观、锻炼 1	建议建立一个培训圈（微信群、网络磨课平台、学习群）4		留下美好回忆，留下合影 1
驾驭课堂能力 1		建议把重点课文都能以磨课的形式形成精品课 1		把培训制成视频记录下来 1
听评课 1；专业技能 1		多到校指导 1		

在学员的“需求与建议”中，有 39 名学员提出应该把研修的成果、照片装订成册，直接发给每位学员或发到学校邮箱，说明他们在研磨过程中付出了辛苦与努力，共享了经验与智慧，并对研磨的成果充分珍视。有 15 名学员提到应该多组织这样的研课磨课培训活动，说明我们的培训是有成效的，受到一线教师欢迎。

通过研课磨课活动，尤其是研课磨课内容、流程及方法的学习与操作，一线教师普遍感觉提高了自己的课堂教学能力、执教水平与反思能力，切实解决了农村初中语文教师教学中的一些问题。

五、追踪问效

培训活动结束后，为了落实培训成果，参训学员要有任务驱动，以便把培训学习的内容在实践中加以运用。例如，2015 年滑县初中语文研课磨课培训班结束后，布置了两项任务。

第一是学员在培训结束后，根据培训情况与自己对平时教学的反思，撰写不少于 800 字的培训心得，培训结束一周内发到 huaxianyuwen@163.com。

第二是学员返岗后，所在单位认真组织观课议课活动，学员根据授课情况，认真填写学员返岗实践信息反馈表(见下表),一月内将纸质稿交到滑县教师进修学校。

学员返岗实践信息反馈表

<table>
<tr><td>姓名</td><td></td><td>学科</td><td></td><td>学校</td><td></td><td>乡镇</td><td></td></tr>
<tr><td>课题</td><td colspan="3"></td><td>授课时间</td><td colspan="3"></td></tr>
<tr><td>教学反思</td><td colspan="7"></td></tr>
<tr><td colspan="8">所在单位意见:

单位(公章)

年　　月　　日</td></tr>
</table>

学员在反思培训内容与课堂教学的同时,把学习反思的成果在实践中加以运用,并且在全校范围内进行了观课议课活动,起到了很好的示范与引领作用,同时,也提高了培训的实效性。

第六章 项目运作研课磨课

第一节 项目运作研课磨课的背景与特点

一、项目运作研课磨课产生的背景

2011 年 1 月,《教育部关于大力加强中小学教师培训工作的意见》中指出:“改进教师培训的教学组织方式,倡导小班教学,采取案例式、探究式、参与式、情景式、讨论式等多种方式开展培训。鼓励教师自主选学,在培训课程内容、培训时间、培训途径、培训机构等方面,为教师提供个性化、多样化的选择机会,增强培训的吸引力和感染力。”文件将实际课堂教学作为案例,进行探究研讨。

2013 年 5 月,《教育部关于深化中小学教师培训模式改革　全面提升培训质量的指导意见》指出:“改进培训内容,贴近一线教师教育教学实际。各地要将提高教师教育教学技能作为培训的主要内容,以典型教学案例为载体,创设真实课堂教学环境,紧密结合学校教育教学一线实际,开展主题鲜明的技能培训。实践性课程应不少于教师培训课程的50%。要将中小学教师专业标准、师德教育和信息技术作为通识课程,列入培训必修模块。遵循立德树人的根本要求,增强教师教书育人的责任感和使命感。国家制订教师培训课程标准,建立资源共享平台,促进资源共建共享。各地要加强优质课程资源建设,重点建设典型案例和网络课程资源,积极开发微课程。”文件明确了依托典型课堂教学案例,开展主题鲜明的技能培训。同时指出“营造网络学习环境,推动教师终身学习。各地要积极推进教师网络研修社区建设,推动教师网上和网下研修结合、虚拟学习和教学实践结合的混合学习;开展区域间教师网上协同研修,促进教师同行交流;培养网络研修骨干队伍,打造教师学习共同体,实现教师培训常态化。要推动网络研修与校本研修整合,推进高等学校、培训机构与中小学结对帮扶,引进优质培训资源,建立校本研修良性运行机制。丰富研修主题,通过集体备课、观课磨课、课题研究等方式,促进教研与培训有机结合,切实发挥校本研修的基础作用。鼓励各地建设教师培训创新实验区,推动培训模式综合改革”。文件进一步明确了备课、观课与磨课作为教师基本的研训方式。

“国培计划”自 2010 年启动实施以来,逐步从规模扩张转向内涵提升,从任务驱动转向机制驱动,针对教师课堂教学现状和教师培训需求,科学设计“网络研修与校本研修整合融合""送教下乡培训"等项目。2016 年 1 月教育部《送教下乡培训指南》中，明确将研课磨课作为主要环节之一："学校组织教师围绕研修主题，按照研修任务，结合校本研修，开展研课磨课。研课环节着力开展课例研讨，进行对照反思，突出经验学习。磨课环节突出课堂教学问题解决，围绕教学目标、教学内容、教学方法与手段、教学评价等进行打磨，不断改进教学设计。送培团队针对学校研课磨课的难题，通过示范教学、同课异构、专题研讨等方式进行现场指导，生成合格课、优质课、精品课。"

基于此，以"国培计划"实施为载体的项目运作研课磨课，逐步在实践探索中形成具有中国特色、体现本土意识的教师研修方式。

二、项目运作研课磨课的特点

项目运作研课磨课是基层教师参与教育行政部门委托专门教师继续教育机构组织的研课磨课形式。指"高等学校＋网络培训机构＋县级教师发展中心＋片区研修中心＋中小学校"五位一体协同实施，为了解决某一教学问题，通过在一定时期内，对该教学问题的相关教学内容进行反复地、深入地学习、研究与实践，找到对这一教学问题比研课磨课之前更为有效的解决方案，从而在实现参训教师专业发展和课堂教学质量提高的同时，为中小学校开展校本研课磨课，留下"种子"，探索出"路子"。

项目运作形式研课磨课具有以下基本特点。

一是项目设计科学，运作专业。项目运作研课磨课依托的是具有丰富培训经验的高校、专业培训机构等，每次研课磨课活动主题鲜明、目的明确，前期都进行了培训情况统计、需求网络问卷调查、实地走访座谈等形式调研，制订出切实可行的运作方案，提供专业研课磨课工具和量表，组建专家为主、基层为辅的五位一体项目运作团队，极大程度地减少了无目的性、无计划性、随意性和不规范性。

二是监督力度大，效果显著。每个运作的项目都有教育行政部门的监督，如国培对每次培训项目都进行全员的匿名问卷，并进行统计分析排队，反馈评价，极大地促进了国培接地气、重实效。由于运作主体的自身专业性及大力度的监督评价机制，使得项目运作形式的研课磨课成效显著。特别是最新教育理念的普及，最新教学方式的推广，从教师培训的深度和广度上是其他形式的培训无法相比的。

三是推动了教师专业水平的可持续发展。项目运作研课磨课在提升教师课堂教学能力的同时，为基层学校研课磨课培养了"种子"选手，帮助他们加工生成了一批本土化研课磨课资源，探索出一种专业规范的研课磨课模式，有力地促进了基层学校校本研修常态化开展和教师素质持续提升。

以上是从优势方面分析项目运作研课磨课的特点，但这些优势能否显现出来，发挥到何种程度，要看五位一体的协同实施机制是否真正建立起来。一些成功实践案例证明，上联高校、下结中小学校的县级教师发展中心的服务和支撑作用，在研课磨课项目运作过程中不容忽视。

第二节　网络研修与校本研修整合项目研课磨课案例

山东省“国培计划”(2013)网络研修与校本研修整合项目中,较早尝试探索出项目运作研课磨课的一套做法,可供我们借鉴。

一、制定《研修组磨课操作使用手册》作指导

(一) 登录

为了方便所有参训人员快捷迅速进入磨课平台,小学教师研修平台的首页、地区首页、学科首页,甚至群组页面、个人页面上都有“课例打磨”的链接,点击它,即可进入磨课平台,如图 6-1 所示。

图 6-1 “课例打磨”入口

【温馨提示】

(1) 平台首页的“课例打磨”链接是在主菜单的“磨课”中。

(2) 由于入口不同,进入后的平台展示也不一样。例如,从平台首页进入“课例打磨”看到的是所有课例,从地区首页进入“课例打磨”看到的是该地区的所有课例,以此类推。

(二) 研修小组如何进行磨课

第一步:使用用户名和密码登录平台。

第二步:进入工作室。

第三步:打开左侧导航栏的“学习”按钮(组长是专题按钮),进入专题的学习导引。

第四步:打开左侧导航栏的“磨课”按钮,进入磨课平台。

第五步:开会讨论制定磨课计划,分配磨课任务,并由研修组组长上传讨论结果即研修小组的磨课计划。

第六步:上传磨课计划。进入磨课平台后,打开您所在群组的课例,只要您是该课例研究的成员,就可以在页面的右上角看到一个“磨课操作”按钮。所有的操作均在此完成。

二、对课例研究的有关事项进行说明

(一) 研修组磨课时间要求

2011 年小学研修要经历两类学习:以名师群组课例研究为示范的行动导向学习(1 至 6 专题)和研修组全程磨课的参与体验学习(7 至 8 专题)。课例打磨专题是由研修组自主组织的、以磨课计划任务驱动的、综合性学以致用专题。

研修组课例打磨专题从 11 月 21 日开始,至 12 月 11 日结束,用三周时间完成研修组的课例打磨任务。省课程团队和县(市区)指导教师团队将跟进研修组磨课过程并给予实时指导,因此,第 7、第 8 两个专题同时开始,两个专题的时间整合在一起。

研修组磨课要从制订课例研究计划开始,经历"三次备课、两轮打磨"全周期,故在第 6 专题之后,各研修组要尽早制订磨课计划,进入磨课,并用足三周时间(不建议提早结束磨课),从时间上保证课例研究每个环节做细做好。

研修组磨课专题完成后,将进入研修组磨课县(市区)、省两级评选,在评选期间将关闭研修组磨课材料的提交,这段时间研修组磨课材料既不能增加,也不能删除。待评选结束后,研修组磨课平台会重新开放。

(二) 研修组磨课方式和任务

本次研修组集体磨课统一采用"三次备课、两轮打磨"的基本式,暂不开放和支持其他变式的磨课操作流程。磨课基本流程包括 10 个环节的任务,各环节的任务均在研修组自主制订磨课计划后生成。研修组须按照平台设置好的基本流程,制订磨课计划,生成磨课任务,进而依序完成计划确定的各项任务。

基本式磨课具体环节及要求见表 6-1。

表 6-1 基本式磨课具体环节及要求

集体磨课环节	活动要求	参与者
制订计划	全组讨论:确定课例研究目标任务、要研讨的问题(问题要具体,不要大不要多)、教学课题(要求是新课)、上课老师,落实全组每人的工作任务,做好全程时间安排,填写生成网上磨课计划表。 负责提供相关资源的老师要尽早上传有关本课例研究的资源。	全组老师
第一次备课	上课老师按确定的教学课题进行基于个人经验的备课,并在规定时间将教案发布上网。教案格式可参考名师课例研究案例使用的格式,也可自行设计。	上课老师
备课研讨	集体备课是全组老师参与的活动。参与方式包括组内老师线上直接修改教案和发帖,线下研修组的备课研讨。线下备课研讨会要有详细记录,会后及时整理提交上网。	全组老师

续 表

集体磨课环节	活动要求	参与者
第二次备课	上课老师经同伴互助后，对教案进行修改，修改后的教案，要在规定时间发布上网。	上课老师
上课	上课与观摩。上课前，要做好录像、录音、观课记录等各项准备。	全组老师
观课	开好观课前的观课准备会：明确观课主题和要求、确定观课维度、做好观课分工、准备观课工具、选择观察点、落实观课时间等。为减少开会次数，观课准备会议可作为备课研讨后的一个内容，与备课研讨会一并召开。 观课人要按照分工在观课同时做好记录，课后要对观课记录进行整理、补充和分析，写出观课报告。上述材料均要按时提交上网。观课工具和观课报告可参考学习导引或名师群组课例打磨提供的样例。	全组老师
课后评议	召开课后评议会，全组议课。会后，要将观课报告、问题讨论、上课老师说课和会议记录等及时整理提交上网。	全组老师
第三次备课	经课后评议，上课老师调整修改教案，进行实践反思后再次备课，并提交自己第三次备课的教学设计。	上课老师
总结反思	全组老师可利用线上研讨、组会座谈、撰写反思文章等多种方式对磨课活动进行总结反思，对上课老师第三次备课进行点评。反思文章和磨课总结提交上网。 会后，要对研修组本次磨课的亮点特色写出短简的自荐意见和挑选3至5篇支持自荐意见的文章，完成本组本次磨课的自评。	全组老师
课例研究 组间互评	研修组磨课完成后，每组要评价另一组的磨课，同时接受他组的评价。互评配对由平台自动随机生成。研修组可按照成员分工对评价对象的磨课各环节进行评价，并写出互评意见(可组内每位成员分开写，也可全组讨论后集中写)，各组要利用互评开展组际间的相互学习与交流。	

（三）磨课流程的操作

磨课流程是教师开展课例协同研究的网上工作流程。磨课流程按分类资源、流程环节和成员任务三个维度聚合相关信息，分别支持信息归类查询、按流程实施磨课和参与成员的计划任务管理。三个维度信息聚合的基础是磨课群体讨论确定的磨课计划。其具体操作包括以下几点。

1．制订计划，生成磨课任务

磨课从制订计划开始。磨课任务要随计划设定而生成。计划制订前，任务不存在，平台显示出空白磨课计划表。磨课系统要研修组通过制订计划生成任务，一是凸显计划环节的重要，养成做协同研修、认真制订计划的好习惯。二是体现以人为本的服务理念。磨课系统作为一种工具，要服务于老师的需要。老师需要什么、设定什么，系统即跟进老师所设定的课例研究，提供追随服务。磨课流程可以用于用户所需要的各种教学内容的协同研究。三是方便过程跟进的指导和管理。计划生成任务后，计划确定的人和事，以及工作进度要求，将由系统自动跟进反馈进展情况，方便做好协同研究的过程指导和管理。四是方便信息的查询。计划的每一选择，都给了一个标签。被标签的内容，会自动归类、存储，方便今后查询。

学习、研制和提交是制订计划的三个步骤。

(1) 学习。制订计划前，先要学习课例研究评价标准，以及第7、第8专题的学习导引及相关资源。了解磨课及其各环节的一般要求和学科要求，这些材料都是研修组确定和分解计划任务的指导性资源。同时还要学习磨课操作指南，学会网上磨课系统的操作。

(2) 研制。召开组会，研究计划。落实课例研究的目标任务、研究问题、磨课各环节的分工参与和协同要求，将各环节完成时间确定，各环节任务分解到组内每位老师，做到人人参与、事事落实，使系统磨课表中各环节所需填写、选择的内容逐一得到落实。

(3) 提交。磨课计划任务经组会研究并由全组教师认同后，由研修组组长对应磨课系统计划表的各项内容逐项填写、选择、提交。首先要确定磨课的学科、学段、年级、上课课题、教材版本，然后，填写提交计划表中的目标任务、研究问题和说明事项、教材版本内容等栏目，再将预设好的10个磨课环节的时间安排和参与老师选择确定后提交。提交成功后，即生成了研修组课例研究的任务，并下达给全组成员，研修组才能开展基于磨课流程的课例研究。只要有一个环节的任务没有落实到人，或者组内有一位成员没有承担具体任务，即被平台系统视为计划制订没有完成而提交不了计划。磨课各环节、组内每位成员和全组协同要做的事项一经生成，就列入管理和评价，系统会自动跟踪反馈各项任务进展完成情况，并最终自动形成磨课是否合格的评价。

磨课计划中的目标任务，是研修组课例打磨要达到的预期目标和应完成的任务，可以从双对接考虑，不要与上课老师的教学目标任务混淆。

磨课计划表中的说明，是对课例研究任务的具体要求、完成任务的措施和研修组磨课的协同要求等所作的具体说明。

若因故需要修改磨课计划，务必在任务完成前修改好。

2. 依序磨课，把各个环节做到位

磨课流程是按照教师群体在实践中研究教学、改进教学的过程性规律设计的，依序磨课，把各个环节做到位，是实现磨课效果的重要条件，因此也是磨课评价的规范性要求。研修组要计算好各环节任务的完成时间，掌握好时间节奏，充分用足三周时间，依照计划表中10个环节顺序，将一个个环节完成好，做到位。磨课环节的漏做、跳做和做不到位，都将影响到磨课的实际进展和效果；某一环节的推延，将影响后续环节的完成。每完成一个环节，要及时提交这个环节的材料，平台是依据网上材料提交情况，显示和反馈研修组磨课进展情况。特别是上课环节，在时间上既要与上课老师实际教学进度一致，又要保证上课前磨课各环节都能如期完成。

研修组在完成各环节磨课后，磨课活动还可继续向下延伸，比如，上课者可进行第二次上课，组内老师可第二次观课等。这些延伸活动由各组自行确定，本次研修任务不作要求，磨课延伸所做工作，供课例研究评价时参考。

研修组磨课在研修组组长主持下进行。磨课各环节操作可观看学习平台提供的视频操作指导。磨课中的疑问可提到平台问题区的“研修方式”类别中，项目专家会及时回答老师提出的问题。平台在研讨区还设置了“对话双对接混合式研修”专门区间作为磨课操作的交流区，供老师共同参与讨论。

（四）研修组课例研究的评价

1. 合格课例研究的评价标准和办法

合格课例研究评价办法：平台对符合本标准要求的合格课例打磨进行自动甄别、统计和反馈。并对该课例记 60 分，见表 6-2。

合格学员基本要求：完成 4 个专题的作业；学完专题学习引导所列内容，完成回馈练习；每专题发帖不少于 5 次，共发帖不少于 40 次；参加在线研讨，每次研讨发帖数不少于 3 个；阅读各专题课程简报；全程参与本组磨课，完成本人承担的磨课任务，其中发文章 1 篇或网上发帖 5 次以上；参加研修组的各项研修活动；作业抄袭、粘贴评论者一经核实，视为不合格。

表 6-2　合格课例研究评价办法

评价项目	合格评价	评分	评价说明
磨课计划	教学课题、目标任务、研讨问题、活动安排、保障措施等要素完整	5	每位老师承担的任务要达到本次研修合格学员标准中磨课参与的数量要求
	全组教师都明确所承担的任务	5	
备课研讨	有基于个人经验、基于同伴互助和基于实践反思等三个教案	5	三次备课的教案、全组备课研讨文字记录或综述材料、平均每位老师修改过 1 次教案和有 3 个点评
	备课有研讨，研讨有记录	5	
	全组教师对教案有点评或修改	5	
上课观课	有上课实录（视频或文本）	5	有上课文字或视频实录、准备会有记录、本组老师都参与并承担分工观课任务
	本组老师都参加听课，并有分工	5	
	课前有观课准备会记录	5	
课后评议	本组人人参加评课并发言，提交了评课会记录	5	全组老师参加课后评议，评议讨论、观课报告和上课老师说课稿一应齐全
	提交了各个维度的观课报告	5	
	上课老师有说课稿	5	
磨课总结	反映全组老师所做所想所获的磨课文章不少于 3 篇	5	
合格评价	以上 12 个基本项为合格项，缺一不可	60	

2. 优秀课例研究的评价标准(见表 6-3)

表 6-3 优秀课例研究的评价标准

评优项 (加分条件)	评优项共性要求	评优及加分项说明
生成学生学习 (10 分)	学生学习生成在备课中有预设、上课有实现、观课有检验、评课有分析、再次备课有改进。(能否聚焦学生)	◎优秀课例研究要在合格课例研究中产生。满分为 100 分。 ◎各加分项由各科省课程团队提出学科化要求。 ◎可对加分项划等赋值。 比如,分成 A、B、C、D、E 五等,每等赋予 10、8、6、4、2、1 等不同分值。
全员全程参与 (10 分)	有能说明群组老师参与程度和参与水平高的材料。(全覆盖、无盲点)	

三、特别强调网上磨课问题研讨区及其使用要求

为了让问题研究进过程、进环节,凸显贯穿在磨课各环节的问题研究动态过程,同时为了方便磨课各环节问题研究信息资源的聚合和课例研究跨时空协同参与,研修平台专门为课例研究各环节设置了问题研讨区。

(1) 在磨课流程的计划、备课、观课、课后等环节都有问题研讨区。要启用各环节问题研讨,须在制订磨课计划时,将各环节的问题研讨列入磨课活动计划,为使全组人员都能参与问题研讨,故此项活动参与人员应该是全组成员。各环节问题研讨活动项选定后,课例研究要研究的问题会在各环节问题研讨区置顶呈现。

(2) 各环节问题研讨的一般要求如下。

① "计划:问题研讨"。对本课例研究要改进的教学行为问题用发帖方式进行讨论。包括问题确定和陈述是否恰当、问题的实际存在状态、问题产生的原因分析等。磨课对研究问题的确定,应建立在教师充分讨论的基础上。问题的确定和分析主要做好两个追溯:第一,从学生学的问题反溯教师教的问题;第二,从问题的实际存在状态的描述,追溯问题产生的原因,做好问题的归因分析。

一个课例研究不能研究太多、太大的问题。要选择群组老师最需要解决的教学行为问题。这节课应该研究哪一个或哪两个教学行为问题,应该让本组老师充分发表意见后再集中确定。问题确定后,群组老师要对问题产生的原因进行归因。

② "备课:问题研讨"。对教师提交的教案进行讨论。讨论要集中在上课老师提出的解决问题的教学措施上,因此,上课老师拟先发帖介绍教案预设的教学行为改进措施,群组老师对上课老师提出的教学行为改进策略用发帖方式发表看法,提出支持意见或改进建议。

③ "观课:问题研讨"。为判断教师教学措施的实施效果收集证据,按照"问题——措施——效果"的关联,讨论课堂观察的观课维度(一般三个左右),确定每个维度的观课小组(将全组人员分到各维度观课小组)和各观课维度的观察点、观察方法和观课工具(观课表)等。

④“课后:问题研讨”。依据观课记录和分析,对本节课问题解决的效果得失进行讨论。主要是对预设教学措施方法与学生学习实际生成效果进行比较分析,对教学措施方法的有效性及其改进进行比较分析。

第三节 送教下乡培训项目研课磨课案例评析

“送教下乡培训”是教育部自2015年始针对中西部地区乡村中小学、幼儿园教师实施的一项“国培计划”项目,旨在通过送培团队深入课堂,聚焦教学问题,实施现场指导,着力提升乡村教师课堂教学能力,同时带动校本研修,创新乡村教师培训模式,提升乡村教师培训实效,为乡村教师专业化发展提供长足的保障与支持。该培训由省市教育行政部门统筹规划,建立培训保障机制;区县教育行政部门制订计划与实施方案,区县研训机构与高等院校协同开展。实现“四到”培训,即服务到村校,送培到课堂,指导到现场,支持到校本。

重庆市北碚区教师进修学院朱福荣和他的培训团队,把送教下乡培训的实施流程概括为“三段四环节”。“三段”是指整个培训分为培训准备、培训实施和培训跟踪指导三个阶段,“四环节”是指培训实施这一核心阶段分为诊断示范、研课磨课、成果展示、总结提升四个环节。送教下乡培训的实施流程如图6-2所示。

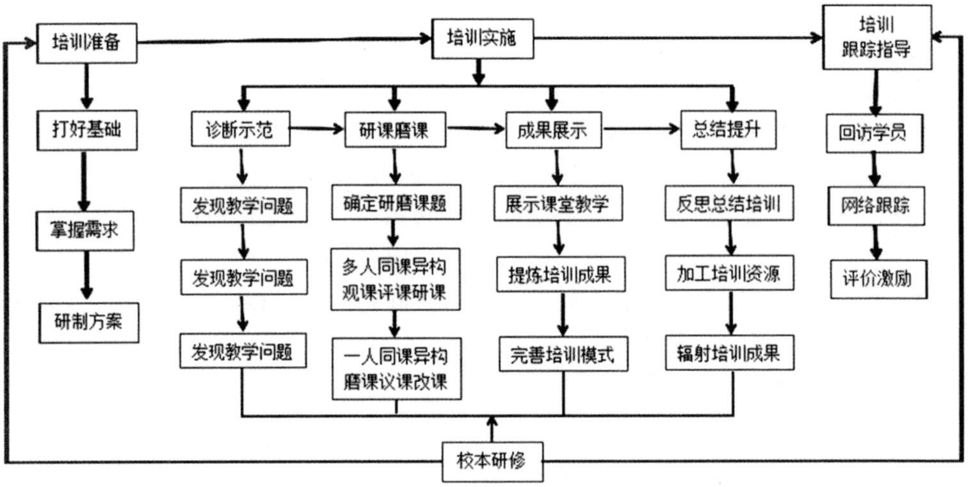

图6-2 送教下乡培训的实施流程

一、培训的三个阶段

(一)培训准备阶段

培训准备是否充分,直接关系到培训实效的高低。通过实践,他们总结出培训准备

“三步走”的实施方式，即打好基础、掌握需求、研制方案。

（1）打好基础。打好送教下乡培训的基础，要做好四方面的工作。第一，做好相关配套政策的制订工作。从组织领导、经费投入、教师配备、地位待遇等方面对乡村教师发展提供保障。第二，做好宣传发动工作。面对乡村地处偏远、教师老龄化、职业倦怠、理念落后、学校没有研修氛围、教师没有提升意识、没有学习习惯等诸多问题，必须加强送教下乡培训的宣传工作，形成“层层宣传、人人知晓、踊跃报名、积极参与”的局面。第三，推进研训整合。《教育部　财政部关于改革实施中小学幼儿园教师国家级培训计划的通知》提出了“县级教师发展中心应实现教师培训、教研和电教等部门的整合”的要求，其目的就是要推进研训整合，提升培训实效。第四，构建资源库支持和平台支持，确保乡村教师培训工作顺利开展。

（2）掌握需求。为确保送教下乡培训的效果，制订切合乡村教师专业发展需求的培训课程至关重要。为此，送培团队必须深入乡村学校现场，通过课堂观察、师生访谈，参与校本教研、工具测评等方式“把脉问诊”，找准乡村教师课堂教学和学校学科校本教研存在的突出问题。把握培训的根本需求，为规划方案的研制、培训课程的设置、课程内容的选择奠定基础，以增强培训的适切性和针对性。

（3）研制方案。培训准备的第三步是研制三年培训规划、年度实施计划和学科培训方案。主要从教师的现状及需求分析、培训的理念和目标、培训形式、培训对象、课程设置及师资情况等方面撰写培训方案。

（二）培训实施阶段

培训实施阶段分为诊断示范、研课磨课、成果展示、总结提升四个环节。四个环节环环相扣，前一个环节为后一个环节奠定基础，后一个环节既是对前一个环节的深入展开，也是对前一个环节的回应。因此，每个环节都必须做细做实。

（三）培训跟踪指导阶段

送教下乡培训的终极目标是实现乡村教师的专业发展，而教师的专业发展是个持续的、动态的过程，是终身学习的过程。教师教学理念的更新，教学行为的转变都需要外部不断为其提供指导和服务。因而必须对乡村教师进行跟踪指导，跟踪指导主要包括回访学员、网络跟踪和评价激励三种形式。

在集中培训阶段，参培者反映出来的问题因时间关系未能得到彻底解决，在培训结束后，参培者在返岗研修中可能又发现了新的问题，产生了新的困惑。如果这些问题得不到及时解决，又将成为阻碍教师专业发展的屏障。因而，后续跟踪指导必须及时跟进，对问题进一步聚焦，形成相应的研究主题，开展持续性研究，尽可能帮助乡村教师形成研究教学问题的能力。

在回访学员的同时，应定时组织参培者借助网络平台，在专家引领下进行主题研讨，群策群力寻找解决问题的策略。同时，参培者还可以在网络平台上分享学习成果，进行经验交流；学科送培专家为参培者及时提供他们所需的学习和教学资源。

培训后续跟踪指导必须采取激励评价方式，激发教师的研修热情。激励评价一般采用发展性目标评价模式，这种评价模式以实现参培者任职学校和参培者自身需求的程度为基础，着眼于改进学校研修评价工作，使评价对象的工作和学习激情得以维持，形成自我完善的自觉。

二、培训实施阶段的四个环节及案例评析

诊断示范、研课磨课、成果展示、总结提升四个环节是送教下乡培训实施阶段的规定动作，它们环环相扣，层层递进，构成有机整体。

（一）诊断示范环节及案例评析

行动始于问题，只有找准了问题，行动才有方向。因此，诊断是示范的基础，是研修主题确立的依据，为研课磨课环节提供靶向。在这一环节，送培团队要深入乡村学校现场，通过课堂观察、师生访谈、工具测评等方式，对乡村教师存在的问题进行梳理、筛选，聚焦突出问题，确立研修主题。然后由送培团队针对问题，选择契合主题的课例，采取说课、上课、评课等多种方式为乡村教师提供示范教学同时，送培团队不要忘记对校本研修活动的诊断，以便为乡村教师提出明确的研修任务。

【案例评析 **6.1**】初中语文学科课堂教学诊断①

2015 年，重庆市北碚区教师进修学院承担了××省××县送教下乡培训任务，送培学科涉及中小学语文、数学和英语。各学段、各学科均按照“诊断示范、研课磨课、成果展示，总结提升”四个主要环节实施送培，取得了较好的培训效果，得到了参培教师的一致好评，参培教师普遍认为此次培训有针对性和实效性。这里我们以初中语文学科为例，分析送培团队是如何精准诊断，为示范环节提供明确靶向的。主要分为以下四步。

一、课前调研

1. 问题调研

送培团队采用三种调研方式：(1)对××县 381 名语文教师进行了问卷调查；(2)让××六中、××中心校等 15 所学校语文教研组填写了培训需求表；(3)对××县教育局语文学科负责人××和 10 名专、兼职教研员进行了电话访谈，做了详细的访谈记录。

【评析】如同医生看病，首先通过病人的自述了解病情一样，进入课堂诊断之前，也要先通过对培训对象的调研，初步了解乡村课堂教学状况。怎样做好问题调研？案例中的送培团队给了我们启示。一是调研方式多元，问卷调查、电话访谈、填写需求量表等方式各有优点，应合理选用。二是调研对象多层次，一线教师会侧重谈教学困惑，罗列教学现象；教研员可能会对地区课堂教学问题有了自己初步的分析判断。三是资料收集丰富真实，为初步诊断做准备。

---

① 此案例由邓凤军老师提供。

2. 梳理信息，初步诊断

送培团队对调研收集的大量资料，如问卷、需求表、访谈记录等进行筛选归类，看哪些是教学目标确立的问题，哪些是教学内容选择的问题，哪些是教学方式运用的问题，如一线教师反映“文言文教学很枯燥”“学生不会质疑”，教研员发现“教师普遍串讲串问”的状况，这些都属于教学方式运用的问题。在筛选归类的基础上做出初步判断，列举出××县乡村课堂教学可能存在的问题。

【评析】需要注意的是，这些信息主观性很强，是基于教师的自我判断，需要将多途径、多层面收集的信息相互印证，做出初步的诊断。

3. 制定诊断工具，拟定观课计划

根据课堂教学问题的可能性判断，送培团队预设下一步课堂诊断的对象、内容、方式，在此基础上，拟定观课计划，准备诊断工具，先做观课量表设计的讲座，再与学员一起设计观课量表，修改观课量表。

【评析】这里的“预设”是基于课堂教学问题的可能性判断，需要在下一步课堂诊断中修正。应根据初步诊断提前准备诊断工具，如课堂观察量表，在第一轮课堂观察中运用，在第二轮课堂观察中选用或修改。

二、课中观察

初中语文学科送培团队成员分为两组，第一组到桥头镇中心校、斜沟中心校、新庄中心校；第二组到××六中、长宁中心校、南门滩学校，和本地专家团队一起深入乡村学校进行课堂诊断。两组专家团队都主要采用课堂观察的方式，进行了两轮观察、两次课堂诊断，为第三步课后综合分析诊断做准备。

1. 第一轮课堂观察

通过课前调研的初步诊断，送培团队确定了从课程性质维度观察目标和内容；从教师教学维度观察环节和指导；从学生学习维度观察倾听和互动。设计了多个观察量表帮助诊断，如下表所示。

序号	设定目标	目标具化			落实措施		
		重点目标	难点目标	其他目标	很有效	较有效	无效
	目标一						
	目标二						
	目标三						

续　表

序号	设定目标	目标具化			落实措施		
		重点目标	难点目标	其他目标	很有效	较有效	无效
	目标四						

2. 第一次课堂诊断

课堂观察结束之后，送培团队梳理发现的问题：乡村教师缺乏目标意识；缺乏生本意识；对学困生关注不够，对学生学习过程的反应不及时甚至无反应，不能及时纠正学生学习过程中出现的错误；教学方法单一，要么教师一讲到底，课堂成了教师的舞台，要么整节课学生都在讨论，表面上看似气氛热热闹闹，最后学生收获甚少等。而最为突出的是对教学内容缺乏选择：将作者介绍、写作背景、字词解释、归纳大意、段落划分、重要词句理解和赏析、主旨解读等逐一讲解，面面俱到，眉毛胡子一把抓，这也是教师一讲到底，教学时间不够，教学效果低下的主要原因。

第一次课堂诊断，将诊断的重点调整为“教学内容的选择及有效实施”。

【评析】第一轮课堂观察按预设的观课计划进行多方面观察，尽可能发现问题；第一次课堂诊断要梳理问题、聚焦问题、确定重点诊断内容。

3. 第二轮课堂观察

修改观察量表，重点观察“教学内容的选择及有效实施”。

观察点主要有四个。

(1) 教学内容的选择：寻找选择的依据。

(2) 教学目标指向：观察每一个教学内容所指向的教学目标，二者是否吻合。

(3) 实施策略：这是教学内容有效实施的保证，观察执教者设计了哪些教学活动，采取了哪些相应的教学方法、手段、策略等。

(4) 学生参与：统计学生回答问题的人次、学生性别、回答效果等。

4. 第二次课堂诊断

根据第二轮课堂观察，梳理“教学内容的选择及有效实施”存在的问题。比如，阅读教学普遍存在教学内容选择的泛化、误化、窄化和野化；教学内容的选择(增、删、合、换)不得当，容量不合适等。究其原因，主要是乡村教师文本解读不到位，文本定位不准确，忽视学情分析，缺乏相关理论知识。

【评析】第二轮的观课和诊断有很强的针对性，找出课堂教学关键性问题，定点诊断，分析原因。

三、课后诊断

在课堂观察的基础上形成学科课堂教学诊断报告，着重分析乡村课堂教学的关键性问题，提出改进建议。比如，如何选择教学内容，建议以文本解读决定教学内容、以文本定位确定教学内容、以学情决定教学内容、提炼组合形成教学内容、知识点统领例文形成教学内容等。

【评析】课后诊断要给出明确的判断，得出结论：课堂教学存在哪些关键性问题，原因是什么，改进的策略是什么？为示范做准备。

四、诊断结果的运用

根据诊断结果，送培团队确定了此次培训的主题："教学内容的选择和有效实施"。

【评析】诊断出的问题都能成为培训主题吗？什么问题才是此次培训要解决的首要问题？这需要送培团队的专业分析，如诊断报告提出的问题是普遍性的还是特殊性的？出现这个问题的可能原因是什么？各个原因有一定联系吗？该问题对教学可能有何影响？影响多大？哪个问题是此次培训首先要解决的问题？经过反复论证斟酌，形成培训主题，由此进行培训方案的撰写。

【案例评析6.2】初中语文学科课堂教学示范①

送培团队专家以《我的教师》为教学篇目，进行了上课示范。专家以"学习一种写作方法"作为教学目标，围绕教学目标确定了教学内容：学习本文选择与表现材料的方法。课型定位为"以读促写"课，有三个主要的教学环节。一是师生分析文本，归纳选择材料的方法。如文中前5件事写的是蔡教师对大家的爱，而6、7件事情写的是蔡教师对"我"个人的爱，既从"面"的角度选材，也从"点"的角度选材，从中学习"点面结合"的选材方法。二是品析片段，学习表现材料的方法。通过研读第三段，学习如何写好一件事：写好中心句、时间写具体、人物写鲜活、写出感情。三是学以致用，用所学的方法也来写写自己的教师。

【评析】先诊断后示范，诊断出什么问题，就据此进行正确的示范，所以××省××县初中语文学科就围绕"教学内容的选择和有效实施"进行课堂教学示范。分析专家的示范课例，我们发现以下几点。

1. 专家的上课示范是"明示"，是显性的课堂教学行为示范

《我的教师》是记叙文写作很好的范例，专家把"学会材料的选择和表现"作为教学内容，还有没有其他的选择呢？模仿专家的方法，有教师发现：本文遣词造句有妙法，如贬词褒用，展示性格，表达情感，这就可以把"学习文本遣词造句的技巧"作为教学内容，通过品析关键词句有效实施；还有教师发现：本文情感表达很充分，字里行间都能读到浓浓的师生情谊，正是作者寓情于叙，使文句含情，巧用反常心理，凸显人物情感，"学习情感表达的方式"也就成为本课教学内容选择之一。这样的示范，针对了乡村教师教学内容选择实施的短板，从操作层面上让参培教师学方法、学策略。

2. 更为重要的是"暗示"，是隐性的教学理念的体现

为什么要将这堂课定位成读写结合课呢？因为本文语言质朴，学生理解比较容易，授课专家将文本定位为"样本"。"样本"就是供学生在阅读过程中获得一定的阅读及写作方法的文本，简而言之，就是学习阅读或写作方法的例子。这样的文本定位决定了教学目标，确定了教学内容。王荣生教授在其论著《语文科课程论基础》中，把语文教材选文分为

---

① 此案例由刘蜀黔、邓凤军老师提供。

“定篇”“例文”“样本”和“用件”四种类型，选文类型不同，所担负的功能就会各异，教学侧重点也会不同，教学方式也会因此而不同。学习了此类学科教学理论，乡村教师知道了文本分类，文本定位，就能进行课堂教学尝试，改变课堂教学行为。

在××省××县的初中语文学科教学示范中，除了上课示范，送培团队还进行了观课评课示范，并安排了相关讲座，如“选择适宜的教学内容”“教学主问题的设计”等，详细阐述了授课专家行为示范背后的设计理念，提供大量案例和教师们一起分析。让乡村教师感觉“我知道怎样做”“我明白为什么这样做”“我也能做得到”，为研课磨课打好基础。

（二）研课磨课环节及案例评析

在研课磨课环节，参培者在送培团队的指导下，亲身经历课堂改进实践，在行动中学习，在改进中发展。参培者根据诊断示范环节所聚焦的研修主题和所提出的研修任务，在送培团队的现场指导下，以课例为载体，对自己的教学设计和课堂教学进行反复研磨。多人同课异构，团队共研共进谓之“研”；一人同课多构，个体经验反思改进与提升谓之“磨”。通过对课例的反复研磨，进行对照反思，突出经验学习，不断改进教学，并在此过程中，力争生成合格课、优质课、精品课。研课磨课的过程实际上也是送培专家引导研修团队开展校本研修活动的过程。此过程可以与课题研究相结合，以课例研究为载体，以课堂教学为落脚点，形成“三课两反思”的校本研修模式，如图 6-3 所示。

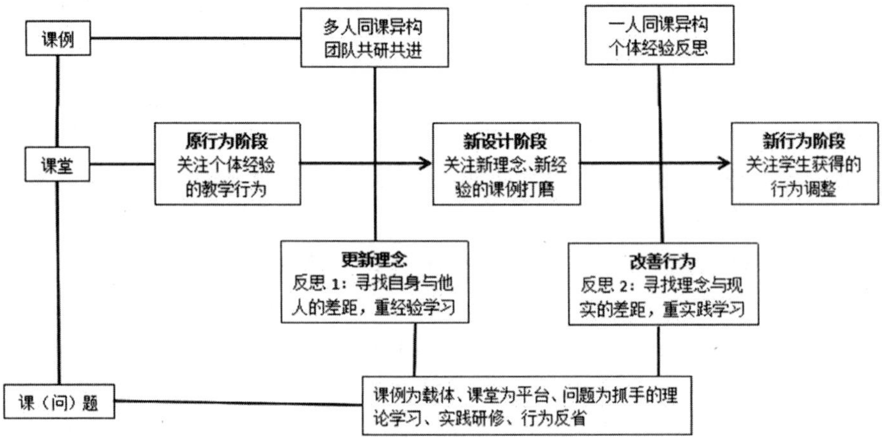

图 6-3 “三课两反思”校本研修模式

【案例评析 6.3】*The Little Match Girl*（《卖火柴的小女孩》）同课异构[①]

本节课是 Project English 八年级上 Unit 3 Topic 3 Section C 的阅读教学案例，主题是学习童话故事 *The Little Match Girl*。三位教师执教同一课题。

课例一（明老师执教）

教学重难点定位：基本语法结构的掌握。重点：①复习 was/were＋doing 的形式；②

① 此案例由曾萍老师提供。

学习过去进行时和一般过去时的综合使用。难点:过去进行时和一般过去时的综合使用;教学环节主要呈现为教师朗读课文,学生寻找过去进行时的语言结构,比较出过去进行时和一般过去时;完成课本阅读练习及导学案上的词句翻译、单项选择等书面作业。本堂课下来,学生的学习积极性不高,以语言知识讲解为主线的课文学习难以吸引学生,课堂对学生的评价表现在枯燥的翻译词组、句子的练习中。

课例二(刘老师执教)

刘老师是一位教学经验比较丰富、教学风格很严谨的教师。她的教学设计中规中矩,对于阅读教学中的PWP模式运用娴熟,pre—reading(读前)阶段对背景知识的准备、词汇障碍的扫除、预测能力的训练,while—reading(读中)阶段对学生阅读微技能(细节理解)的培养,post—reading(读后)阶段讲故事,从口头输出到笔头输出的递进,给观课教师留下了很深的印象。学生也跟着教师,一步一个脚印地完成任务,获得新知。

课例三(罗老师执教)

罗老师整合了前两次的研修,给所有学员呈现了一堂精彩的阅读课。从读前的引入,背景知识的激活,重点词汇的学习,到阅读过程中对学生阅读微技能的培养(预测能力、主旨大意理解、细节信息理解、上下文词义猜测等),读后对文学作品的欣赏、改写故事等,为教师们呈现了一个很好的阅读教学课例。虽然是借班上课,但学生在课堂上的表现非常踊跃,思维情感都投入到了罗老师精心设计的教学活动中。

【评析】在送教下乡培训中,"同课异构"是研课环节运用较多的一种研修方式。有专家与学员的同课异构,学员与学员的同课异构,还有学员与精品录像课的同课异构。这些方式能帮助学员进一步理解教材,明晰教学目标,优化教学方式。本课为阅读课,阅读课的主要目的是培养学生的阅读理解能力。在乡村学校,不少教师还是以传统的知识讲解为主,将阅读课上成翻译课或单纯的语言学习课,对阅读能力的训练只是蜻蜓点水。

在课例一中,明老师的教学就是以语言知识的掌握为主要目的。课后研讨中,大家认为在本节阅读课中,语法结构的掌握不应是教学重心。课文是著名的童话故事,学生对汉语版的故事认知度高,可以把语言欣赏和阅读技能培养作为主要教学目标。语法结构内容可让学生在文本中识别语言现象,理解语言的运用。明老师自身语言素质好,尤其是文段诵读很精彩,可以在本课的语言欣赏中发挥更好的作用。研课活动帮助学员进一步认知了教材文本,根据教师自身特点,在教学策略的选用上达到更优化的效果。

课例二中的刘老师,有较强的培养学生阅读能力的意识,能娴熟地将PWP模式运用于阅读教学,突出阅读技能的培养。刘老师的课程设计,PWP阅读教学模式层次清晰,对于参与观课的学员来说,是一个很好的供解剖学习的课例。但在pre—reading阶段,读前扫除词汇障碍时对重点词语的把握不足,有面面俱到的倾向;while—reading环节对学生阅读技能培养目标比较单一(主要关注了细节理解)。学员们研课时,根据课堂观察量表的分析,给刘老师提出了进一步优化教学的建设性意见。研课过程对每个学员都是一个学习过程。

课例三中的罗老师参与了前两次课例的研讨,她在自己的教学设计中,既吸纳了第一次课例中明老师对语言欣赏的处理方法，又吸收了刘老师在第二次课例中突出阅读技能培养的优点，并根据自己对学情的了解，明确地将本课重难点定位于语言欣赏和阅读技能的培养。通过一些阅读技巧的训练，学生学会了在语境中猜测词语的意思；通过运用图片讲故事，不但帮助学生厘清故事发生的逻辑顺序，而且达到了有效的输出；通过富有感情地朗读课文让学生感知英语语言的美。罗老师的课堂教学在阅读障碍扫除、阅读微技能培养等方面有了新的突破。

通过研课活动，参与同课异构的教师对教学理念的理解逐渐深刻，在教学策略的选取上吸纳同伴建议，并结合自身教学特点进行创新。

在同课异构中，使用课堂观测工具是非常重要的手段，课前要注意给每位观课教师分配观测点，便于观课中突出重点，议课中找到突破口，打破“大一统”的评课传统，由于每位教师的视角不同，观测与评价方式也各有亮点。

研课后，一位教研组组长在反思中写道：“校际间的集体研课打破了一个学校教研组的限制，使我们的研修力量更强了。观察量表和观察提纲的使用，使研课中讲话不会跑题，我们以后在校本研修中可以借鉴这样的方式。”

【案例评析 6.4】《写人要抓住特点》磨课案例[①]

由于“诊断示范”阶段的主题为“教学内容的选择与有效实施”，本次磨课阶段继续对这个主题进行深入研究。下面以青海大通县长宁中心校张建华老师执教的《写人要抓住特点》为例，进行磨课案例评析。

张老师的三次课例均布置了以“我的同学”为题的课前片段写作，这既是对学情的有效把握，又使课前习作也成为教学资源得到了充分运用。

一、第一次课例

导入：图片激趣，引入课堂。

以猪八戒、济公、三毛的图片导入。

【评析】以图片导入，可以激发学生的学习兴趣，但是这三个形象都是艺术形象，它们的特点本来就非常鲜明，不能给学生更多的思维空间。

环节一：展示课前习作，互动评议

（1）猜猜他是谁：展示学生课前习作，猜测所描写的人物是谁。

（2）推选优秀作品师生评议。

【评析】以学生课前写作作为教学资源是很好的做法，但是教师选择的是优秀习作，学生很快就猜出写的是谁。从学生的习作来看，选择的点单一，多为外貌描写，且外貌描写太细，从头写到脚，没有突出人物的主要特点。选择优秀习作进行评议，不利于学生写作问题的发现。

---

① 此案例由刘蜀黔老师提供。

环节二：合作交流，探讨写法

1. 复习回顾，填写表格

回顾课文《福楼拜家的星期天》，填下列表格，思考这些描写方法对人物描写有哪些作用。

人物	人物描写方法	性格特征	侧重描写
福楼拜			
屠格涅夫			
都得			
左拉			

2. 片段欣赏，体会写法

(1) 出示《音乐巨人贝多芬》中的外貌描写片段，学习外貌描写。

(2) 出示母亲注视孩子的细节描写(片段)，学习细节描写。

3. 回忆课文，再探写法

回忆课文《邓稼先》，思考文章选择了哪些事例来表现邓稼先的性格。

【评析】本环节名为写作方法探究，实际上教的是人物描写、细节描写、典型事件的作用，教师实际上是在指导学生再次学习课文，而不是在教学生学习如何抓住人物特点去进行人物描写、细节描写，如何根据人物特点去选择典型事件，即教师想教的和实际在教的发生错位。大量运用课内文本材料作为学习写作方法的例子，但材料没有用好，在选择材料时，要着重思考选择这则材料要达成什么教学目标，如何将写作方法进行细化，使之具有可操作性，学生学后即可运用，切忌概念化的写作教学。对文本资料中提供的写作方法没有选择，教学内容过多，在一节课里根本无法完成，因此每一种方法也就无法细化。

环节三：活用写法，完善片段

1. 归纳写作方法

凸显人物性格的方法有：

(1) 人物描写：外貌、语言、动作、心理；

(2) 细节描写；

(3) 选择典型事件。

2. 修改习作

(1) 运用前面学到的方法，将自己的课前习作片段进行修改完善，然后和同学交流。

(2) 小组内进行交流评价，推荐片段共同交流。

课后作业：运用学到的方法，以“我的同学×××”为题，写一篇文章，不少于500字。

要求：抓住人物特点；选取典型事例；运用细节描写和人物的动作、语言、外貌、心理等描写方法。

【评析】由于教师只教了写作方法的一些概念，方法不具体，学生运用效果不好。

专家建议：根据学情，对教学内容进行精心选择；教学环节不能太琐碎；选择的课内文本材料不宜过多，且教学日目标要明确；精心设计教学活动，具化写作方法。

二、第二次课例

导入:图片激趣,引入课堂。

展示描写猪八戒、济公、三毛外貌的三段文字,让学生猜测他们是谁,并简述原因。

明确:写人要抓住特点。人物的特点分为外在的和内在的两个方面,但最重要的是内在特点,描写外在特点时也要展示人物的内在特点。

【评析】本环节旨在使学生通过外貌描写来判断人物,明确外貌描写必须体现人物特点,人物特点分为内在的和外在的两个方面,重点在于要表现人物内在的思想性格。

环节一:展示预习,互动评议

(1) 展示学生课前习作,猜猜他写的是谁。

(2) 推选优秀习作和病文各一篇,师生评议。

【评析】将学生课前习作纳入教学资源,既探测了学生学习的起点,又利于教师发现学生习作的优点与问题。但让学生评议两篇习作,加上导入环节,时间耗费过多,影响了后面写作方法的教学。专家建议舍弃图片导入的方式,用一篇病文直接导入新课。

环节二:合作交流,探讨写法

1. 回忆课文,探讨写法

(1) 回忆《闻一多先生的说和做》,说说作者为了表现闻一多大无畏的献身精神选了哪些事例。

(2) 根据自己习作中所写的同学,围绕他的特点选择典型事件。

2. 片段欣赏,体会写法

(1) 展示《福楼拜家的星期天》中左拉的外貌描写片段,学习外貌描写——注意凸显人物特点和写作顺序。

(2) 展示描写妈妈注视孩子的细节描写片段,学习细节(动作)描写方法——慢镜头特点的写法,将瞬间的动作放慢拉长,分步描写。

3. 牛刀小试,片段练习

(1) 片段修改:将"他吃芝麻饼"的动作写细致。

(2) 修改课前习作(片段),并展示交流。

【评析】虽然本环节教学内容有所减少,也注意了写作方法的建构,动作描写方法得到了具化,但是根据人物特点选择典型事件这一方法还没有突破。

专家建议:进一步精简教学内容,确定为根据人物特点选择典型事件、动作描写、语言描写三个点,争取每个方法都能得到突破。

环节三:总结写法,妙笔成文

(1) 总结写法,抓住人物特点:选择典型事件;注重外貌描写、细节描写。

(2) 运用学到的方法,完善片段,以"我的同学×××"为题,写一篇记人为主的文章,不少于500字。

【评析】从学生习作反馈的信息来看,学生对于如何选择典型事件掌握不理想,教学内容还必须精简,教学活动还需重新设计,让学生卷入到学习活动中来,师生共同建构写作方法。

专家提炼教学内容选择及有效实施的策略如下。

1. 教学内容选择的原则

(1) 根据学情需要。

(2) 根据单位时间实施的可能。

(3) 阅读课内容的选择还必须根据文本体式和文本个性特点。

2. 写作方法有效性教学的策略

不同的写作方法应采用不同的方式来教。有的写作方法适合在“做中学”,如根据人物特点选择典型事件;有的方法适合用案例法,如动作描写;有的方法适合通过情境体验来建构,如语言描写。

三、第三次课例

导入:激趣导入。

展示一篇有问题的课前习作,猜猜他写的是谁。为什么猜不出来?

明确:写人要抓住特点。

环节一:根据人物特点,选取典型事件

(1) 选本班一个同学,请用一个词来描述他的特点。(生说特点,师板书关键词)

(2) 根据这位同学的特点,选择典型事例。(生说事例,师板书)

(3) 师生评议所选事例是否典型。

(4) 请选其中一个典型事例来写这位同学。

(5) 展示习作,交流评点。

环节二:学习动作、语言描写

1. 片段赏析,学习动作描写

出示《秋天的怀念》中描写母亲动作的片段。

(1) 分析动作描写:作者是如何描写母亲的动作的?

明确:动作描写——凸显人物特点;分解动作、具化动作。

(2) 学生用动作描写,写自己喜欢的同学。

(3) 展示习作,交流评点。

2. 创设情境,学习语言描写

(1) 创设情境,补写语言

自习课时,教室里静悄悄的。突然,小林的文具盒“啪”的一声掉在地上,文具散落一地。这时,贵娇说:“________________________________。”

文星说:“________________________________。”

朝凯说:“________________________________。”

请你将三位同学的语言补充出来,谈谈为什么要这样写?

明确:人物语言必须符合人物特点。

(2) 展示《羚羊木雕》中的语言描写片段。

请同学观察并谈谈本片段语言描写的特点。

明确：说话人的位置可以位于人物语言之前、之中、之后，使行文富有变化；在描写语言时还可对人物说话时的神态、动作、心理、语气和语调进行描写，以增强说话的情境性，使人产生身临其境之感。

(3) 学生运用语言描写，写自己喜欢的同学。

(4) 展示习作，交流评点。

环节三：妙笔成文

(1) 运用学到的方法，以“我的同学×××”为题，写一篇记人为主的文章，不少于500字。

要求：抓住人物特点；选取典型事例；运用动作、语言等描写方法。

(2) 展示交流。

【评析】第三次课例导入简洁，直奔主题，节约时间。学生习作的运用，不但起到导入的作用，而且让学生带着问题去学习，激发了学生的学习期待。

环节一、二主要是学习根据人物特点来选择典型事件，进行人物动作和语言描写。教学目标清晰，教学方法多样，教学活动多变。学习选择典型事件表现人物特点采用的方法是“做中学”，该方法的步骤清晰，可操作性强：描述人物特点——根据特点选择事例——评议事例的典型性——写作典型事例。从学生习作练习来看，多数同学能够根据人物特点来选择典型事件。

人物动作描写采用的是案例分析法，从对案例的分析中建构写作方法，方法具体，易于学生掌握。

语言描写则采用了情境体验法和案例分析法。情境体验法让学生建构语言描写的写作方法，而案例分析法则进一步让学生懂得语言表达形式的多样。由于方法具体，从学生习作反馈的信息来看，学生在这一节课中都有了不同程度的进步。

每一种方法学习之后，立即进行针对性的片段练习，加强对方法的运用和巩固。环节三将前面的片段写作进行整合，完成整篇习作。

专家总结：

(1) 教学内容选择要适宜适量：适合学情，单位时间可完成；

(2) 教学设计环节要清晰、简约；

(3) 教学方法要多样，教学活动设计要多变，使学生自始至终都处于一种紧张兴奋的学习状态。

下面是第三次课例后同一位学生前后习作的对比：

指导前的习作(片段)	指导后的习作(片段)
阿阳是个活泼开朗的女孩，她喜欢搞怪，喜欢笑，喜欢和男生打着玩儿，她每天都微笑着面对一切，把一切困难都踩在脚下，每天玩得特别开心，学得特别认真。她外向，喜欢和一切有趣的人打交道。	阿阳是个幽默的女孩，每天在讲练习册时，她总会放大声音，一字一句地告诉我们如何写这道题。有时我们厌倦了，她的脸上便浮出了笑容，一笑，计上心头，然后只见她眼睛迅速一翻，嘴张得老大，又见她把练习册从头顶往下一放，又变了一个鬼脸。大家看了都笑呵呵地说：“阿阳，你好逗啊，也太不注意形象了吧！”她嘿嘿一笑：“我牺牲形象是要你们开心，振作精神咱们接着讲。”阿阳话音未落，就看见大家拉长着脸，又说：“大家就卖我个面子吧，认真听啦，这样才是对你们好！”“好吧，这面子卖给你了。”原来同学们也是故意逗她呢！

【评析】从指导前后学生的习作来看，进步确实很大，验证了这是一节高效的课。指导前，学生习作多为概括叙述，没有具体事件的描述。指导后，学生围绕阿阳很幽默的特点，选择了评讲练习册时逗疲倦的同学开心这一事件，进行了具体的叙写。在叙写中，事件表述清楚，对人物的表情、动作、语言进行了比较细致的刻画，较好地表现了人物幽默这一特点。

经过三次磨课，张建华教师深有感触，她说："现在我才知道要上好一节课，真不是一件容易的事。以前上课根本没思考这么多，更没思考得这么深。这三次磨课，我不仅把这一节课上好了，找到了作文教学的路径，而且在理论上也有了提升，知道了究竟该怎么研究作文教学。专家的指导为我的教学研究打开了一扇窗，为我以后的教学研究指明了方向。"

（三）成果展示环节及案例评析

成果展示环节是送培团队与乡村学校或研修片区开展的阶段性研修成果展示，采取说课、上课、评课等方式展示教学改进成效，通过微课例、微案例、微故事等形式展示研修成果，通过学科教研活动展示团队培训与研修成果，以总结经验、提炼成果、提升教师自信，体现送教下乡培训的增值效应。

【案例评析6.5】一位新教师的成长故事①

成长在"研磨"的路上

盼望着，盼望着，开学的脚步近了！怀揣着对教育事业的激情，今年6月毕业的我终于在2015年9月正式踏上了教育之路，信心十足地想着自己总算能够大显身手了。不过与丰满的理想相对的却是骨感的现实，我很快便受挫了。虽然我有满腔的激情，但是课堂上不懂得用什么教学方法，面对教材也总是感到束手无策，不知道课堂上该讲什么、讲多少，重难点该如何突出，所以特别希望资历丰富的教师能够给自己一个明确的、可立竿见影的教学模式让我模仿。自己的确这样做了，不断找机会去听课，模仿他们的教学方式，可惜得到的却是东施效颦的效果，失落的情绪袭上心头，一番折腾之后，我变得更加迷茫、不知所措。2015年10月31日，幸运女神悄然降临——"国培计划"(2015)铜梁区送教下乡培训活动正式启动！我很幸运地参与其中，从此踏上了"国培计划"这条幸福而又艰辛的道路。

一磨：初生牛犊不怕虎

当知道仅仅有三个月工作经验的自己即将在各位前辈面前上公开课时，内心虽然有些许忐忑，更有难掩的兴奋。心里估摸着自己这些年来接受的新教育理念可以得到展示，期待得到各位前辈的认可，相信自己的所学在教育教学方面能有所建树，所以心高气傲的

① 此案例由"国培计划"(2015)铜梁区送教下乡培训中学数学学科送培团队提供，作者为旧县中学雷雅。

我在准备课件和教学设计的时候甚至都没有向其他教学经验丰富的同事请教，从开始准备到正式上公开课都是自己在那里埋头苦干，心中还喜滋滋地认为自己准备得很充分，一定可以在同事面前有出色的表现。

而真实的版本却是这样的：12 月 3 日早上集中会议一结束，我就心急火燎地赶到初一 5 班教室，检查课件、教具以及让学生准备好相关的学习用具，因为是自己的学生，所以整堂课学生的配合度是很高的，他们明白我的教学模式，课堂教学自然比较流畅，除了课堂延时外，其他方面我对自己还比较满意。本以为表现不错而沾沾自喜的我，在下午评课阶段顿时偃旗息鼓，同事们的点评让我意识到之前的自己不过是井底之蛙、坐井观天罢了。对于他们提到的课标的解读、数学方法的提炼等方面我一头雾水，因为自己什么都不清楚，所以只能默默地聆听着他们如火如荼的讨论。经过一番热烈的讨论之后，我的教学设计已经变得面目全非，因为需要修改的地方太多了。

二磨：出巢乳燕折翅南墙

有了各位同仁毫无保留的指导建议，我再一次进入埋头苦干的状态，我坚信，只要自己将各位同仁的建议都好好地体现在我的教学设计上，12 月 7 日的课堂无论如何也八九不离十了吧！一连几天我都在修改教学设计和课件，大到框架的修改，小到一道习题里每个小题的位置排列。因为想得太多，脑子里关于课堂的预设总是挥之不去，这样一来，越是临到讲课时间我越是紧张。有了第一次失败的经验之后我发现自己开始变得畏首畏尾了，我担心自己在这么多同仁的悉心指导下依然不能好好表现；担心同仁的付出，尤其是汤永明校长和叶常彬主任的付出付诸东流；担心学生不积极配合自己（这一次是借班上课）……为了让自己七上八下的心平静下来，我不断地叨扰同事，希望从他们那里找到定心丸，他们的安慰让我镇定了不少。可我的课还是以失败告终。我的表现很糟糕，当发现自己辛辛苦苦准备的教学内容在学生那里得到的回应并不热烈，他们的眼神不够渴望的时候，原本紧张的自己顿时有一种如置冰窖的感觉，在那一刻我便知道了，这一堂课注定失败了，心里有说不出的恼火和伤心。

因为对自己的表现感到羞愧，所以我都不好意思和同仁们交流，但他们回馈给我的却是阵阵暖流。虽然我的表现不尽如人意，但是同仁们依然对我投以赞许的目光，肯定我的成长，表扬我的优点，然后针对不足的地方委婉地给出他们的建议，主要有如下几点。

(1) 师生不熟悉，课前，教师应当尽量地去了解学生，也让学生初步认识自己，一来二去，大家熟络之后课堂便更容易展开。作为 90 后的我为什么不发挥这方面的优势呢？

(2) 作图讲解时，教师要规范自己的数学语言，搞清楚“画线段等于已知线段”和“作线段等于已知线段”的区别，二者不能混为一谈，教师不能因为口误而错误地传达知识。

(3) 对于练习题题目的解析应该透彻、明了。虽然是数学学科，但是关于题目的解读一样很重要，平时必须让学生养成自己分析的良好习惯。

当然，这次讲课失败不仅是因为这些原因。在第一次评课的时候，老师们针对很多问题都已经给我提出了建议，而我在这次讲课中没有很好的吸收及应用，主要是因为自己没有真正将同仁们的建议内化，只是为了修改而修改教学设计，这种“治标不治本”的方法是行不通的。

三磨：鸿鹄展翅上青天

经历了两次磨课，我不再像第一次那样一无所知、横冲直撞，也不像第二次那般瞻前顾后。我清楚地知道，只有自己静下心来，认真地考虑同仁们的建议，思考教学重难点究竟如何突破，然后结合自己的教学特点进行有效的修改，把每一个环节的教学语言一字一句考虑清楚，这样修改后的教学设计才是真正属于自己的、有价值的东西。终于，皇天不负有心人，12月8日在东城中学借班上课，我充分吸取之前的教训，课前与学生进行良好的互动，大家你一言我一语打成一片，直至上课。整个课堂的氛围是轻松、活跃的，我的讲解不再那么重复啰唆，学生也积极地配合，一堂课很快就结束了。走出教室，看见同仁们赞赏的目光和竖起的大拇指，我知道我成功了。之前的过程再难熬，再痛苦，在这一刻我认为都是值得的！有同仁说我的课堂如行云流水般自然，让人舒服。我明白其中有褒奖成分，自己的确有了明显的蜕变，这一刻就让我享受这一份成功的喜悦吧！就在我沉浸在成功带给我的喜悦之时，2015年的送教下乡培训已悄然来到了尾声。在这段流逝了却永远难忘的日子中，我经历了喜怒哀乐，也品味了其中的酸甜苦辣。我无怨无悔，也乐在其中！

【评析】这是一位新教师的成长故事，作者给我们讲了她在送教培训中三次磨课的经历和感受。在这个故事中，我们可以获得这样一些启示。

（1）好课是磨出来的。教师的成长，需要通过对课反复打磨，在一次又一次痛苦的折磨、反思、修改、实践中，在过程的历练中不断实现超越、嬗变、涅槃，最后走向成功。从这个意义上说，没有“磨”的经历就没有“课”的生长。

（2）好课是改出来的。好课是在原初经验的基础上，不断吸纳、融合转化他人的经验进行整合创新的结果。作为一名新教师，第一次上课是原行为阶段，第二次上课是在吸纳他人经验的基础上的新行为阶段，第三次上课是在反思前两次课堂基础上的创新行为阶段。三次上课，两次反思，不断改进，最终成就了一堂优质课。

（3）好课是扛出来的。三次上课，前后长达半个多月的折磨，对于一般人，可能早就打退堂鼓了。然而年轻的雷老师，硬是凭着一股不服输的意志，坚持了下来。有一句话说得好：“成功，就是比别人多坚持五分钟。”

除此之外，此案例还告诉我们：好课要关注学情，好课要整合教学内容，好课要注重师生互动，好课要语言干净。当然，教师的成长除了学习同伴的经验之外，还应该通过互联网吸纳全国各地优秀教师的智慧。海纳百川，方能成其大。

（四）总结提升环节及案例评析

送教下乡培训的长远目标是激活乡村教师的教学经验和教学智慧，增强自身的“造血”功能。总结提升环节一方面要“基于现实”，送培团队指导乡村学校和教师对年度送培工作进行系统总结、梳理经验、反思问题、明确改进方向，生成代表性成果；另一方面要“立足长远”，县级教师发展中心（培训教研机构）要做到对各个送培团队课程及学校研修的代表性成果进行加工，形成本土化培训课程资源，支持学校校本研修和乡村教师专业自主发展。

【案例评析6.6】语文学科的"五度"送教①

2016年实施的北碚区初中语文送教下乡培训取得了很好的成效。在总结提升环节，送培团队提炼了"五度"送培策略。

一、问题聚焦，有深度

培训设计有深度。语文教学中有很多问题需要解决，本次培训只针对教师教学中普遍存在的难点进行指导。聚焦作文教学这一主题进行专家示范课、专家讲座、学员微型讲座、学员研课磨课、学员展示课等多个环节的实践研究。

专家讲座有深度。本次送培专家从不同角度，深入阐释了作文教学的要义，既有理论高度又有扎实深厚的实践经验。理论与实践相结合的专家指导更有利于参培教师接受。

学员参与有深度。因为研究的点明确，教师们也钻研得更深入，不只是原来的上课、听课、评课。在上课前参培教师学习了相关理论，明确了概念，梳理策略方法之后再进行教学设计和课堂教学实践。

二、名师示范，有厚度

本次送培中，邀请重庆市语文界的名师上示范课，育才中学胡容教师、重庆市一中张鸣教师、巴川中学李永红教师、南开中学颜运静教师，分别就阅读教学、作文教学进行课堂示范，上课后专家还对自己的课堂设计理念进行讲解，传达教学思想、阐释课堂设计理由。这样的示范有厚度。

三、专家陪伴，有温度

本次送培有强大的专家团队：有高校的专家、重庆市的语文名师、进修学院的专家和本区的语文优秀教师。在培训的整个过程中，专家不再是居高临下的指导，更多的是专业引领和成长过程的陪伴。名师示范课不再是针对优秀学生的表演，而是我们乡村学校的学生实实在在的课堂学习，更接地气。专家讲座不再是高深理论的演讲，而是结合课堂实例、可操作的实践方法的指导，更契合乡村教师的需求。课堂点评不是挑刺式的评价，而是中肯的改进建议和真诚的鼓励。在整个送培过程中，专家不再是冷冰冰的，而是一路陪伴学员前行的良师益友。

四、全员参与，有热度

本次送培，是一次全员深度参与的培训。参培教师上诊断课、四校展示课及微型讲座共22人次，参与展示交流的教师过半。研课磨课中，大家分工协作，整理思路、查找资料、制作PPT，课堂展示中全组语文教师出谋划策，共同打造。每次的展示活动都不是一个人的单打独斗，而是凝聚了全体语文教师的智慧和力量。这样的团队协作，不仅促进了教师的专业成长，更增进了情谊，使团队更有活力。

---

① 此案例由陈家尧老师提供。

五、任务驱动，有效度

这次的培训对象来自四个学校，年龄从 24 岁到 51 岁。培训中，项目组以任务为导向，每个阶段的要求都提前在培训群里公布，然后各校教研组组长负责将任务分解给本校各位教师，形成分工协作的机制，真正实现了人人有事做，事事有人做。同时四个学校又彼此竞争，比学赶超，有效激发了教师的内驱力。正是以任务为驱动，才能很好地达成了送培目标。

【评析】此案例为送教下乡培训团队的总结。这个总结，给我们揭示了优质培训应有的特质。案例中的“五度”涉及培训主题、名师示范、专家讲座、学员参与、任务驱动，从多个方面对送培提出了明确的要求。这样的总结提炼，相当于给以后的送教下乡培训建立了规约。遵循这样的规约，培训自然高效。

【案例评析 6.7】校本研修“掺沙子”①

在送教下乡培训中，每个团队都面临同样的问题：乡村学校规模小，同一学科人数少，校本研修活动开展的氛围不足，实效性难以保证。如何促进乡村学校更好地开展校本研修呢？初中英语学科的送教培训对此做出了很好的探索，并总结提炼，生成了“掺沙子”校本研修策略。

一、跨校结对

打破学校界限，以相邻地域学校为基础，两两组合。一个学校 4～5 个人，两个学校就有了十来个人的规模。在平常的研修中，跨校的 2 人一组，共同协作承担一项研修任务。

二、主客轮换

为了保证参培研修教师参与的广度，采取主客场制，两校轮流担任主场。如第一次研修的主场为夏坝中学，第二次研修的主场就移到了 23 中学，如主场在夏坝中学，就由夏坝中学的两名教师根据研修主题分别提供研究课例，客场的教师只负责参与评论。

三、主题辩课

本着聚焦主题、放大优点、透析缺点、敞开建议原则，每一次研修活动由主场学科教研组组长主持，负责组织开展聚焦研修主题的辩课活动。辩课活动的主要环节为“主题阐释——教者说课——优缺攻防——我来建言”四个环节。“主题阐释”一般放在课前进行，主要讲解本次的研修主题和课堂观察工具。“教者说课”由执教者谈意图、谈课后的反思。“优缺攻防”在课后进行，两校教师混编为两个组，围绕研修主题分别对这节课的优点、不足进行辩论。“我来建言”为自由发言，根据研修主题由其他教师分享自己的教学经验和教训。

① 此案例由曾萍老师提供。

四、成果汇聚

由客场教研组组长负责对本次研修活动做总结性发言。要求概括本次研修过程中生成的问题解决策略，力求对同类教学有所启示，同时也指出后续研修需要解决的问题。

两个学校的参培教师一起观课、磨课、辩课，展示自己的思考与智慧。每个人都被卷入其中，在和谐激烈的氛围之中，在交流分享中共同成长。平常的沉默者，也由被动走向主动，积极发言。正如23中胡雪梅教师所说："这样的活动，我们都敢于发言了。平常的教研活动，人太多，想说还有点怕，现在可以畅所欲言了。并且躲是躲不掉的，大家真正用心来参与，最后发现每个人都收获满满。"

【评析】曾萍老师在谈起"掺沙子"式的校本研修时这样说："我们在英语送培过程中压根没想到这样一个概念，只是为了解决问题而想了一些办法，来推动校本研修。这个概念的提出是在英语学科送教下乡培训总结提升环节时提出来的，在确立了概念之后，又对先前开展的校本研修模式进行了一些加工改造，形成了'掺沙子'式校本研修模式。此模式后来在乡镇学校英语学科校本研修中得到推广运用，大大激发了教师的研修热情，深受教师的欢迎。"需要指出的是，这种"掺沙子"式的校本研修方式，适用于人数不太多的学校。人多了，不能做到人人上阵，有可能影响到教师参与研修的积极性。此案例可以说明：送教下乡培训的总结提升解决了乡村学校的难题，创新了校本研修的形式，具有重要的意义。

【案例评析6.8】参培教师说收获 感悟"有效的数学教学"①

在重庆市对青海大通的送教下乡培训中，我和同事一起经历了培训的全过程。通过本次培训学习，我对优化课堂教学、打造高效课堂有了一些清晰的想法。

一、课堂教学设计

1. 设计有效的教学环节

在教学的过程中，我们要充分认识到课堂是学生的课堂，学生是课堂的主人。每一个教学环节的设计，都要围绕着如何实现自己的教学目标而设计，引领学生主动完成。

2. 设计有效的探究活动

有效的探究活动，就是在新知识的学习过程中开展符合学生年龄特点、具有探究价值的活动，让学生通过切身的体验感受知识产生的过程，利用旧知识，以转化、类推、对比、引申等方法，让学生从自己动手实践中归纳出结论。

3. 设计有效的练习题目

要正确认识学生个体差异，因材施教，使每个学生都在原有的基础上得到发展，要让学生获得成功的体验，树立学好数学的自信心。因此在设计练习时，要层层递进，不断提高。应体现出以下几个层次：巩固练习题——判断技巧题——实际应用题——拓展提高题。

---

① 此案例由青海省大通县长宁小学王生有老师提供。

二、数学教学思想

1. 数学源于生活，应用于生活

数学从生活中来，最终还要回到生活中去解决问题。我们可以对教材进行再加工，整合实际生活中的元素，让学生感觉到数学就在我们身边，数学与日常生活密切相关，认识到许多实际问题可以借助数学方法来解决，“生活经验数学化”，培养学生从生活中发现数学、学习数学的优良品质。

2. 教师大胆放手，促进学生自主探究

有效的课堂，应对学生进行有效的引导，充分体现“教师以学生为主体，把学生当成数学学习的主人，教师是数学学习的组织者、引导者和合作者”的教学理念。通过精简教学语言与环节，给学生更多的时间与空间。在公式的推导、问题的解决上，尽可能地给学生探究的机会。当然教师也要适时搭建支架，创设生活情境，进行方法点拨，降低探究的难度，让学生在问题解决的过程中感受数学的乐趣。

这次送培活动为我们今后自身的发展指明了方向。培训虽然结束了，但研修的路还在继续，我们不会忘记重庆市专家教师的指导，让专家传递的教学理念、研课磨课的方法在我们的校园里生根发芽，并且做到常态化、规范化，实现小学数学课堂的有效、高效！

【评析】此案例是一位教师的培训心得，通过对培训收获的梳理，从教学设计的注意事项和数学学科教学思想的角度进行了归纳总结。这样的总结，能够深化培训的效果，有助于今后教学过程中行为的改进。经过深层次思维的认知相较于一般的感性认知更为深刻。这样的总结才能推动教师课堂教学水平的提升，才能促进教师专业的快速发展。

以上四环节的实施，为乡村教师专业发展找到了一条“一体统整设计、阶段衔接严谨、组织形式多样、充满乡土特色”的培训之路。

第七章　研课磨课培训模式的探索历程

义务教育管理国家实行“以县为主”，就县域教师培训来讲，什么时间引领教师学习什么内容，以什么样的具体方式去学习，县级教育行政部门和教师培训机构有较大的发挥和选择空间。滑县教师进修学校作为县域教师培训主体，1997 年探索提出“科研课合一教学模式”，2011 年开展省教科所立项课题“集中辅导＋校本培训＋自学自练”三结合培训模式研究，近年来结合新课程改革分学科培训教师的需要，提出并尝试实践以研课磨课为载体的教师研修模式，逐步积累了较为丰富的中小学教师培训实践经验和理论知识。

第一节　科研课合一教学模式

一、以科研者的心态投入培训课堂教学

笔者于 1996 年开始教“小学教育科研方法”这门课（以下简称科研课），乍开始几节课的教学效果并不理想。后来，自己在教学实践中不断摸索、总结，讲课逐渐得到各班学员的认可。在河南省进修学校系统教育学、心理学中心教研组的研讨会上，笔者谈了自己在科研课教学中的几点认识和体会，引起了与会者的关注。

（一）突出科研课的特点，上好首次课

小学教师在没有学过科研课之前，往往感到教育科研高深莫测。第一堂课如果讲好了，便打破了学员的神秘感，在他们日常从事的教育教学工作与教育科研之间架起一座桥梁，培养他们学习与实践的兴趣。如果首次课失败了，学员就会失去对这门课的学习兴趣，以后再去激发与培养，只能事倍功半。

要突出科研课的特色，首次课要抓好几个环节。

联系实际，讲清小学教育科学研究的意义。对于小学教育科学研究的意义，省编科研课教材绪论中归纳出四点，但仅作了理论上的简单阐述。讲述时应补充教育史料及具体事例，例如，建国 30 年来，小学教育几经大起大落，小学教育科研没有真正搞上去，小学教育实际工作者缺乏科学的理论指导，是重要的原因之一，当前我国基础教育正面临着由应试教育向素质教育的转轨，素质教育的含义、教学方法和内容、评价机制等，亟须通过教育科研，从理论与实践的结合上给予正确的回答和提出有效的解决措施；安阳市人民大道小

学提出了“科研兴校”的战略目标，北京实验一小把教育科研作为全面实施素质教育的突破口，他们已迈出了积极的一步；从瑞士的斐斯泰洛齐、苏联的马卡连柯，我国的陶行知、杨贤江等中外著名教育家的成材之路，以及当前我国基础教育教学改革中涌现出的顾如佐、魏书生、任小艾等先进典型事迹，说明教育科研是教师由被动的教书匠变为教学能手、教育专家的必由之路。

搞好课堂操作，调动学员学习的积极性。首次课上，利用事先设计好的问卷，当堂向学员就某一问题进行调查，并作简单总结，给全班学员编号，利用教材中的随机量表，当堂随机抽取几个学员回答问题，这些象征性的科研手段的操作，花时不多，却能使学员对教育科研课产生极大的兴趣。

突出重点，不宜抛出一大堆概念。省编教材绪论中，有科学、教育科学、科学研究、教育科学研究、教育科研与教学研究等比较抽象的概念，解释清这些概念，要牵涉不少内容，学员们一时也不好接受，不如不讲。在这方面应抓的重点包括：什么是小学教育科学研究（描述定义）；小学教育科研的任务；小学教育科研的方法与步骤；本地区小学教育科研现状。

（二）联系实际，对教材内容进行适当的调整

省编科研课教材使用意见指出：使用教材，既要注重教学内容的科学性、系统性，注意重点，突破难点，又要强调教材的操作性和实用性，联系实际，增强使用教材的灵活性。当熊掌与鱼二者不可兼得之时，我更注重后者。因为接受成人教育的学员更注重学习内容的实用性，而非知识的储备，教学内容整体性、系统性再强，他们学习起来没有兴趣，你认为是教学重点、难点，下力突出、突破，他们认为学了没用，教学中照样不买你的账。

基于以上认识，我根据本县小学教育科研刚刚起步，尚属初创阶段，缺乏基础和经验，小学教师科研意识淡薄、科研水平偏低这一实际，在教学中对省编教材作了以下调整：增补“安阳市小学教育科研现状”“请小学教师中的科研典型谈体会”等内容，第六章“教育经验总结法”增补“怎样写教后评论”“案例写作”两项内容，以贴近学员实际，删去第七章“相关系数”“差异系数”，第八章“信度分析”“效度分析”等内容，以降低教学难度，把第九章第一、四节提到绪论后作专题讲，第二、三节并入第一章讲，以利于学员的单项训练和照顾内容的前后联系。

（三）指导学员课外阅读，边学习揣摩写法，边收集积累素材

自学能力、写作能力是科研能力的重要组成部分，而阅读是提高这两种能力的有效途径。课堂上阅读时间有限，我就指导学员进行课外阅读，从课后例文和有关报刊中列出一些典型论文，让学员从学习写稿的角度，反复阅读、玩味、揣摩其文章结构及写作方法。读了之后还要想一想，这篇文章分几个层次，写得好在哪里？为什么好？哪个地方值得我们借鉴？是见解深刻，还是观点新颖？是课题选得好，还是角度取得好？为使学员加深印象，要求他们写出自己读后的心得体会。根据学员所选科研课题，利用学校图书馆、阅览室和学员回校后带来的图书、报纸、杂志等，指导学员有针对性地阅读有关文章，收集积累科研写作素材，并写出读书笔记，对学员所写的心得体会和读书笔记进行定期检查，将检

查结果作为科研课考核依据。学员不但习得了写法，积累了素材，培养了自学和写作能力，而且更加认真地参与课堂教学。

（四）深入宿舍、教室，广泛接触了解学员

要教好科研课，一定要利用业余时间走访学员，到宿舍、教室和同学谈心。这是单纯备课所不能代替的。有些问题，也可以说只能通过进教室、入宿舍才能真正了解到。

给语文二班上第二节课时，堂上一位学员总是低下头看书，还一边进行演算，注意力没有集中在本课教学内容上。课后，我到他宿舍了解情况，这位学员仍在看书学习，谈话中了解到他尚是民师，要借骨干培训之机，复习应考，像他这种情况还有几位学员。回去后，我就把近几年民师转正考试语文试卷和《小学教师培训》复习指导中的有关教育教学论文的题目找来，布置给他们让他们练习。结果他们写出文章找我修改，还逐渐对科研课产生了兴趣。

（五）让学员在科研中消化知识，以科研指导教学实践

骨干培训班学员集中学习后大都返回原单位任教，任班主任的相当多。学员用学得的知识指导教育教学及其科研实践，同时，在实践中加深对知识的理解，把知识通过科研实践，转化为科研能力。这方面我的体会是：重视科研选题审题工作，指导学员结合自己所从事的教育教学实际选好课题；强化科研实践活动的指导与管理；征得学员所在乡镇及单位有关领导的支持与配合；做好科研实践活动的评价工作。去年 8 月，我校组织了进修学校部分领导、教师及教研室的有关同志，对第一期小学骨干培训班的 83 名学员的科研论文进行了逐个评审，评出优秀论文 12 篇并颁发了荣誉证书。

二、大胆尝试，探索出科研课合一教学模式

小学教师培训集成人性、师范性、非学历性为一体，如何在教育科学理论的指导下，探索出既符合学员实际又具有学科特色的课堂教学模式，是摆在进修学校教师面前的一大课题。近两年来，我在科研课的教学实践中，逐步探索、总结并尝试运用合一教学模式，收到了较好的效果。科研课合一教学模式是融教学论、教学方法改革、省编教材的增删补调为一体的一种教学实验尝试。含义是围绕提高学员科研意识、科研能力这一主题，将教师的教、学员的学、教学内容等教学过程诸因素进行优化组合，最终合一，落实到学员的科研实践操作上。其理论依据是陶行知的“教学做合一”教学论。“教法、学法、做法是应当合一的”，“教学做合一是：事怎样做就怎样学，怎样学就怎样教。教的法子要根据学的法子，学的法子要根据做的法子”。陶行知解释说：“教学做有一个共同中心，这个中心就是‘事’……教学做都要在‘必有事焉’上用功。”科研课合一教学模式是以马克思主义哲学、教育思想为指导，以陶行知教学做合一教学论为依据，吸收现代教学论思想，把科研课单元教学分为四个基本环节，教师精讲——学员自学——科研操作——交流研讨，其中科研操作是各环节共同的中心，目的是提高学员科研的实际操作能力，突出师训课堂教学的针对性和实用性。

第二节 “集中辅导+校本培训+自学自练”三结合培训模式

一、“三结合”培训模式的提出

为探索提高小学教师综合素质的培训模式，我们组织教师对1994年至1999年的第一轮小学教师继续教育的模式和成效进行了认真反思，普遍认为当时的工作存在三个需要改进的问题：一是培训只注重了知识的传授和信息的传递，而忽视了教师独立性、自觉能动性和积极创造性等综合素质的提高，因此，不能很好地适应当时教育教学改革的实际需要；二是培训形式单一，只抓了集中辅导，进修学校唱独角戏，没有充分开发和利用培训资源，乡镇学校和教师的积极性没有调动起来；三是学员只是听讲座、记笔记、应付考核，完全是被动接受型，没有使教师成为真正的培训主体。据此，我们深入全县22个乡(镇)70多所小学进行了课堂教学和教师综合素质现状调查，广泛征求了小学校长、教师对培训的要求和意见。在反思、调查的基础上，我们认真研究和学习“21世纪民族贫困地区中小学教师综合素质培训计划”，带着问题到项目实验区湖北省长阳县进行了参观考察，结合自身实际，对采择和创设什么样的培训模式去开展教师的综合素质培训进行了认真的研究和分析。

我们认为，采取什么样的培训模式，首先要考虑本地区的特点，只有从实际出发，才能够做到扎实有效。我县的特点是地广人多，经济落后，教师素质参差不齐，且多在农村。全县面积1800多平方公里，3000多名培训对象分布在22个乡镇的600多所小学，最远的离县城有50多公里；我县是传统农业县，经济情况比较落后，人均财政收入只有60多元，多数乡镇教师工资尚难以支付，更没有力量拿出专项经费投入教师培训；我县文化教育发展程度并不算低，小学教师学历达标率达99%，高学历率达20%，但综合素质与发达地区的小学教师相比还有较大距离；从培训的已有格局看，通过第一轮小学教师继续教育，已经初步建立了以县教体局为行政领导和县教师进修学校为业务指导的“县——乡镇——学校”培训系统，县教师进修学校教师的教学力量相对较强。通过多种形式办学，进修学校教学设施、教学基础较好，但教师人手不算充足，且缺乏聘请高校教师和科研部门专家的方便条件。

根据我县的特点，我们对目前国内的教师培训活动方式进行了分析，认为采取哪一种单一的培训方式都难以保证最大限度地实现提高小学教师综合素质的目标。我县虽然地广，但教师不像山区那样分散，如采用单一的自学反思模式，或单一的校本培训模式，虽然看起来简单易行，能调动基层学校参训教师的积极性，但不能充分发挥教师进修学校的“龙头”作用，又属松散型管理，容易使培训工作流于形式；我县交通虽然相对便利，但培训对象又不像城市那样集中，如采用单一的集中辅导模式，虽易于发挥教师进修学校的优势，但会带来“工学”矛盾和加重参训教师的经济负担；同时又由于教师素质有高有低，培训需求多种多样，单一的集中辅导，同样的标准和内容，容易削弱培训内容的针对性，甚至脱离培训对象的基础和实际。因此我们认为如果在培训过程中能将多种形式并行联用，博采众长，可能会收到更好的培训效果。

在具体的培训实践中，我们把“使每一位教师在自己原有的素质水平上都有所提高，以适应教育改革和发展的需要”作为培训目标，把岗位培训作为重点，把培训活动方式作为采择培训模式的重要依据，以《中小学教师自修教程》(以下简称《教程》)中的 6 个专题作为培训内容，尝试探索出了“集中辅导＋校本培训＋自学自练”三结合的培训模式。其中集中辅导是以县教师进修学校送教下乡、组织专题讲授为主；校本培训是参训教师以开展五课功(备课、说课、听课、作课、评课)、七技能(导入、提问、讲解、板书、演示、总结、运用现代教育技术)和教改教科研活动为主；自学自练是以教师自学《教程》的 6 个专题，自练教学基本功和教学技能，自主开展教学研究，形成自己的教学特色为主。三种形式的培训各有侧重，相互交叉，相互融合，形成了一个有机的培训体系。

“三结合”培训模式活动关系如图 7-1 所示。

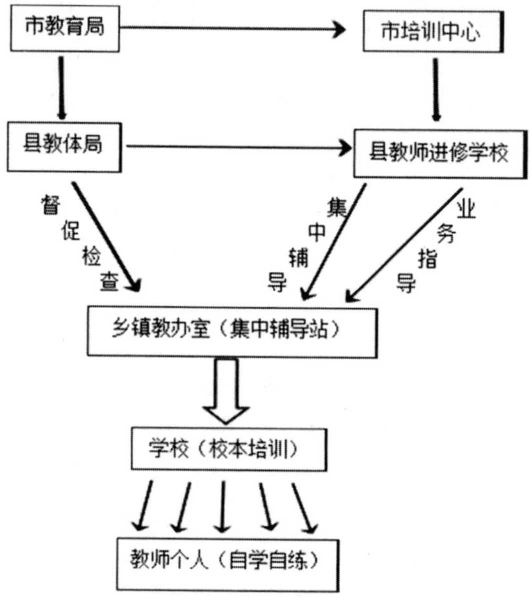

图 7-1 “三结合”培训模式活动关系图

二、“三结合”培训模式的实施过程

在“三结合”培训模式的实施过程中，集中辅导采取“欲放先扶”，校本培训进行“扶中有放”，自学自练达到“扶而后放”，依据《教程》的 6 个专题内容，用阶梯式的学习方法，引导教师一步一个脚印、扎扎实实地登上科学的阶梯，实现提高全县小学教师综合素质的目标。

(一)集中辅导

集中辅导是指培训者准备好专题内容,以课堂教学为主要形式,在短时间内使参训教师获得系统知识和大量新信息,给教师一些新观点、新概念,帮助参训教师领会《教程》编写意图,掌握学习方法,导读《教程》、讨论《教程》。集中辅导安排180学时,利用双休日,采取送教下乡的方式进行。为保证辅导质量,我们采取以下措施。

1. 精心选好辅导内容

首先,培训者要认真阅读《教程》,研究教材,从宏观上把握《教程》的编写意图和整体框架,选出重点、难点和针对性较强的部分作为辅导内容。其次,组织培训者到小学进行问卷调查和座谈,结合小学教师的学习意向和实际需要确定内容。另外,我们还专程到北京国家高级教育行政学院买来全国各地的小学教师继续教育教材,购置了光盘、录像带等音像器材,为培训者提供了充分的备课资料。两年来,我们从实际出发,确定了"如何在课堂教学中落实素质教育""如何弘扬学生的主体精神""素质教育与教师素质""小学教师参加教改教科研问题探讨""教师职业、教师事业、教师专业""师爱——教师职业道德的灵魂"等20多个专题为辅导内容,帮助参训教师解决最困惑的问题,保证辅导内容的实用性和新颖性。

2. 采取灵活多样的辅导方法

集中辅导中,我们力求形式多样、灵活,采用问答、讨论、分析、案例教学及现场作课等多种教学形式,培训者与参训者在互动中共同学习,共同提高。如关于主体性教学专题的辅导,先由进修学校教师从理论上给予讲解,随后由小学骨干教师当堂作体现主体性教育思想的示范课,最后由作课教师自评,参训教师互评,进修学校教师点评。课后要求参训教师结合自身教育教学实际,进行自我反思,自定发展目标,写出心得体会,并上好一堂实验课。

3. 恰当进行课时分配

在进行的第一轮继续教育时,我们把某一门课和课时分给一位培训者。这一次集中辅导,我们在充分征求培训者和参训者意见的基础上,由培训者结合辅导内容自定课时多少,以问题的提出和解决作为辅导的起点和结束。

4. 严格考勤纪律

我们采取乡镇培训专干和进修学校任课教师双点名制,出勤情况一周一统计,三周一公布,参训教师出勤率达到90%,作为继续教育登记的必要条件,凡缺席的,限期在邻近乡镇辅导班及时补上。

以上措施第1～3条是保证集中辅导的高质量,用"内力"吸引学员积极参加培训,第4条是通过纪律约束,用"外力"推动教师保质保量接受培训。由于措施得当,"内""外"形成合力,保证了集中辅导优质高效地进行,提高了教师参加学习的积极性和主动性,收到了较好的培训效果。

（二）校本培训

校本培训是以教师任职学校或学区为基地开展的培训，是“三结合”培训模式中的核心组成部分。由于校本培训对农村小学来讲还属新生事物，没有现成的组织模式，没有固定的培训内容，所以如果组织管理跟不上，很容易流于形式。基于此，我们做了以下工作。

1. 明确职责，齐抓共管

我们经过精心研究，制定了《滑县小学教师新一轮继续教育校本培训实施意见》。其中县教育行政部门负责全县校本培训工作的督促检查；县教师进修学校负责业务指导和计划性指导，并提供必要的学习材料；乡镇教办室负责制订各乡镇校本培训计划，并具体组织实施。县、乡镇、校各负其责，各司其职，齐抓共管，保证了校本培训工作的顺利开展。

2. 开好“两会”，做好宣传发动工作

一是开好乡镇教办室业务主任和培训专干会议，学习实施意见和有关校本培训的理论文章及经验材料；二是分乡镇召开由各学校校长参加的参训教师会，做好布置和动员。

3. 抓好动态管理

从计划制订到实施、检查、总结，抓好每一个环节，及时发现典型，及时召开经验交流会，收到了良好的效果。

4. 在实施过程中，做到“四个结合”和两级考核

“四个结合”是培训同政治业务学习相结合，培训同教研结合，培训与教学结合，培训与竞赛评估相结合。两级考核是：一级是对受训学校的考核，要求学校的培训组织、培训制度、培训计划、培训档案及培训活动款款落实；二是对参训教师的考核，既考核业务知识，也考察业务能力及工作实绩。

（三）自学自练

自学自练是充分放手让参训教师自学、自悟、自化、自练，把培训内容化为自身的知识和教育教学行为，进而提高其教育教学实践能力。为充分发挥自学自练在培训中的作用，我们的做法如下。

（1）下发《自学自练要求》，明确自学教材是《教程》的六个专题，自练内容是五课功和七技能，要求参训教师结合自身实际，有针对性地制订自学实施计划，并交所在学校校长审阅、签批。

（2）协调好集中辅导、校本培训与参训教师自学自练的关系。利用集中辅导，给参训教师提出每个专题自学的具体要求，解决他们在自学中遇到的困难和问题，并帮助他们发挥特长，形成特色。

（3）要求参训教师做好自学笔记，并结合实际，写出心得体会，把教师参加自学的情况纳入继续教育的登记，鼓励和督促参训教师开展好自学自练活动。

(四) 制定《汇录》,保证培训实效

第一轮继续教育得到的最大教训,就是“水过地皮干”,即参训教师听完课后就万事大吉,将培训内容置之脑后,时间一长,脑子里仍是一片空白。针对这一问题,这次我们设计了小学教师继续教育《综合素质提高与能力发展汇录》(即报告册,简称《汇录》),人手一册,要求参训教师认真填写,进修学校教师定期批改。内容分为两大部分:一部分是在集中辅导、校本培训、自学自练的每一个专题结束后,都要求参训教师自学有关教材、资料,整理出课题内容要点或项目基本要求,然后进行自我反思,结合自身的教育教学实践,写出一篇总结提高与能力发展或项目实践与能力发展的论文;另一部分是汇总及导评,分别由本校校长签署导评意见,乡镇辅导站签署复评意见,最后由教师进修学校的教师签署复评意见,并评定等级。学员填写《汇录》和教师批阅《汇录》的过程,就是参训教师自请专家、自定目标、自我实现、自我发展的过程,也是参训教师、校长、培训者交流思想、沟通情感、友善监督、及时指导、共同提高的过程。

集中辅导、校本培训、自学自练三大板块相互融合,相辅相成,同时用《汇录》以文字的形式再现培训过程和培训效果,从而更有效地开发了培训资源,提高了小学教师参训的积极性和主动性,保证了继续教育过程的可操作性和培训的实效性。

三、“三结合”培训模式实践的初步效果

“三结合”培训模式实践强化了全县小学教师对继续教育重要性的认识,广大教师参加继续教育的积极性空前高涨。新一轮继续教育开始,我们通过广泛的宣传发动,让教师树立了终身教育理念,培训者从施教角色转变成引导、组织、信息提供者的角色,突出了参训教师在培训中的主体地位。广大教师参与继续教育由“要我学”向“我要学”转变。两年来,我们已举办集中辅导班 41 个,参训教师达 3038 人,出勤率达 95%,考核合格率达 98.5%。校本培训 22 个乡镇设 365 个活动点(以中心校或学区设点),组织相互听评课 7000 余节,收集自学自练心得体会两万余份,教学设计 6000 多份,使培训活动开展得扎实有效。

参训教师的思想道德、教育理论、教学能力和科研能力等素质都有较大提高。培训与广大教师的教育教学实践相结合,学员在培训中得到了锻炼,在教育教学实践中挑起了更重的担子,从而推动了全县小学各项工作的开展。

初步形成了教师积极参加教改教研的新局面。新一轮小学教师培训在基础教育改革大潮的推动下,在全县小学教师及其管理者认识提高的基础上,由进修学校牵头,涌现出一大批教研教改实验的新典型。如小铺乡三村小学引进北京师范大学心理发展研究所的“教师素质提高与学生能力发展”实验,谢伟老师从一年级数学课教学开始实验,边教学,边学习钻研,在提高学生学科能力发展的同时,自身业务素质也有了显著提高;王庄镇车店小学以陕西师范大学张熊飞教授的“诱思探究”教学论为起点,自发组织全校教师进行理论学习,并逐步实践,效果显著。据统计,参训教师参与研究的课题达 146 个,涌现出省、市、县优质课教师 400 多人,在省、市级以上学术会议上交流获奖或在报刊发表的论文

计1400余篇，参训教师教学基本功水平明显提高。

推动了培训队伍师资自身的发展和壮大。“三结合”培训模式需要复合型师资队伍。首先，我校严格规定了专任教师的职责：选定一个进修方向，确定一个研究课题，开设三至五个专题讲座，开辟一个实验基地。两年来我校继续教育专任教师逐渐成为各小学争相聘请的“教育家”。与此同时，我们还聘请来县教研室教研员，省、市级小学骨干教师及优秀小学校长做兼职教师和辅导员。目前，已基本形成一支素质优良、适应性强、相对稳定的专、兼职教师相互融合的继续教育师资队伍。

第三节 “三磨”研修和“双课堂主题课例式”培训模式

一、骨干教师“三磨”研修模式

（一）“三磨”研修的提出

滑县教师进修学校作为“三磨”研修的组织者和实施者，秉承“来自一线的优秀中小学教师经理论的熏陶、实践的磨炼，能够成为优秀的专业引领者”的培训理念，把通过长期选拔培养的教学一线教师、涵盖全县初中小学18个学科的500余人的兼职研修员队伍作为培训对象，采取培训项目管理制，遵循边培养、边发挥作用的原则，送出去，到清华大学、北京师范大学专题研修，进行自主学习“小灶”培养，暑期集中研磨。在培训实践中，滑县总结出一套“三磨”研修的基本程序。

（二）“三磨”的含义

“三磨”是磨课、磨题、磨文章的合称。

磨课是教师在先进教学理念的指导下，梳理教材，设计方案，共同探讨，反复推敲，生成好课的过程。

磨题是指教师有意识地进行解题锤炼、琢磨，努力形成解题技能和解题教学策略的过程。

磨文章则是教师对教材、教法、教学技能、教学设想、教学体会等进行深入的研修和探讨，撰写成文，反复推敲，产生精品的过程。

（三）磨课基本程序

(1)选定磨课课题。(2)开展备课分析，编制教学方案。(3)在备课组说课，集体讨论修改。(4)观看名师教学录像，对比研讨，二次修改教学方案。(5)组织同伴听课试教，三改教学方案。(6)二次试教，录像回放，四改教学方案。(7)如此反复，直到满意为止，形成终结教案。(8)撰写磨课体会。(9)磨课教案结集共享。

(四)磨题基本程序

1. 磨课时练

课时练是任课教师每课时为学生编制的巩固和检测学习成果的有效练习。基本的研磨程序如下。(1)课时内容、目标和学情分析。(2)编制课时练。(3)同伴教师"下水作业"。(4)备课组集体研讨课时练的科学性、有效性和典型性,提出修改意见。(5)修改课时练,形成终结。(6)设计学段每节课的课时练,结集共享。

2. 磨解题、教题、命题

(1)做学期或学段终考试卷,互评,对易错题目进行解题能力分析。(2)再次做卷,进行题型分析,研究选择最佳的教题方法。(3)第三次做卷,进行难度、命题覆盖和命题趋向分析。(4)分析课标、教材,编制命题双向细目表。(5)试命题并下水做题,研讨命题质量。(6)命题修正。(7)多套结集共享。(8)撰写磨题体会。

(五)磨文章基本程序

(1)题目选择。(2)查阅文献资料。(3)编制写作提纲。(4)交流研讨。(5)撰写成文,集体推敲,修改定稿。(6)交流、投稿。

(六)实践效果

自2007年开始,特别是2011年后的三年暑期研修员(骨干教师)大培训,"三磨"作为一种具体化的教师研修方式在实践中得以提炼和完善。以教师及其群体自主学习为主,以教学要素为内容,按程序推演,以过程记录和终结成果为目标,在磨砺的过程中发生思维的碰撞,分享思想的成果,使教师有效地把握教材、设计教学,进行有效练习设计,开展教学研究,撰写高质量的论文、案例和体会,在探讨与生成、积累与整理的过程中内化成日渐见长的专业能力,研修员的教学能力、理论水平得到显著提高,王世杰、康磊、赵云等一批中青年教师在河南教育界崭露头角,在县域教师培训中成为名人。

二、"双课堂主题课例式"培训模式

(一)"双课堂主题课例式"培训模式

"双课堂"即把培训课堂就设在教学现场,既是学生学习的课堂,也是教师培训的课堂;"主题"即培训自始至终从理论和实践两个层面,突出解决教师在课改理念和操作上遇到的某一方面的问题;"主题课例",就是将培训主题,融入作课教师执教的具体课例中,用实际的课例剖析和阐述主题。我们将这种把培训课堂设在教学现场,专题讲座围绕培训主题展开,实践课例践行培训主题,讨论剖析升华培训主题的培训方式,总结为"双课堂主题课例式"培训模式。该培训模式的培训主体是学科项目负责人和县级研修员组成的研修团队,培训对象是本学科教师,培训目标是解决现实教育教学中的突出问题。培训设计理念是突出培训内容的实用性，强调培训过程的人本性，体现培训方式的自主性。

（二）“双课堂主题课例式”培训模式的操作

具体操作分为三个阶段。

1. 准备阶段

确定主题：培训项目组通过问卷调查，统计、梳理、筛选和提炼培训主题，探讨交流，分析论证，达成共识，确定主题。

明确分工：主持人负责培训课备课指导，研修团队准备“主题课例”，既备一节课，又备课后针对主题的剖析和阐述，如果说课例是实践，那么课后的主题剖析就是由实践衍生出的思想、理念。

分片组班：将全县所有乡镇进行分区划片组班，以参训教师人数不超过60人为宜，告知培训主题，促使他们围绕主题去收集、整理、分析，并在此基础上归纳、总结出一些共性的东西，并在片内选出开展活动的基地学校。

2. 实施阶段：主题课例的展示和组织现场对话与研讨

实施阶段包括以下内容：主持或讲座点明主题、现场课例展示主题、执教者剖析讲解主题、合作交流围绕主题、评委团点评升华主题、活动总结延续主题。

（1）主持或讲座点明主题。

主持人先点明本次培训的主题，或通过讲座阐述主题，使参训教师对本次培训的主题有一个理论的学习与把握。

（2）现场课例展示主题。

“主题课例”由参与本次培训各乡镇的研修员展示，此环节中，参训教师以观课为主，主要观察研修员执教的课例中如何实践主题、教学践行了哪些新的课改理念、课堂上教师与学生的角色行为发生了什么改变、学生的学习方式发生了哪些变化、如何创造性地加工教材、教师运用了哪些方法培养并保护学生学习的积极性，等等。同时，参训教师还要做相应的记录，围绕要点，将自己的体会、感受写下来，以便课后进行快速整理，并在理性思考分析的基础上，提出一些改进的建议。

（3）执教者剖析讲解主题。

执教研修员针对课例进行主题剖析，在说课六项内容的基础上，对本次课例践行的主题作比较全面的阐述，让参训教师进一步明确培训的主题。

（4）合作交流围绕主题。

组织以乡镇为单位分组研讨，推举发言人发表观课感言，对课例展示进行点评，并提出意见与建议，也可以直接提出自己的疑问，与执教者现场对话。主持人在此过程中要适时引导，尽量避免如下情况的发生：一是偏离主题，各乡镇研讨时无视主题的存在，评说时信口开河，不能切中主题；二是按照过去的习惯评课，只说优点或轻描淡写地提一点建议，不能按研讨主题的需要评课；三是发言时三言两语的敷衍，或干脆就说“好”“同意上述老师的意见”等灌水的话语。

（5）评委团点评升华主题。

由县级研修员组成的评委团，在各乡镇教师代表发言的基础上，结合本次培训的主题与课例进行点评，旨在理论与实践结合，升华培训研修主题。

（6）活动总结延续主题。

由主持人围绕主题作总结陈词，并通过一些简单的提问或者互动，来深化明确主题。最后布置培训后的研修任务，延续培训主题，使培训的理念落到参训教师的教学实践中。

在实际培训活动中，我们根据每次活动情况的不同，依照基本的培训模式，采取灵活变通的培训流程安排。一次以“新课程与学习方式的转变”为主题的培训活动流程如下。

本次培训共安排6课时，其中课例展示2课时，理论讲座2课时，交流研讨2课时，整个培训活动共分培训导入、课例1展示、专题讲座、课例2展示四个环节。

第一个环节，培训者导入培训主题，培训者从理论和实践两个层面，阐述研究“学生学习方式转变”的必要性，唤起教师参训的积极性和主动性。然后介绍培训的时间安排、内容设置，提醒应注意的问题。

第二个环节，乡镇教师现场展示课例。作课后，结合“学习方式的转变”这一主题进行自我评述。评述之后，各组的老师分组讨论、交流发言。

第三个环节，“新课程学生学习方式的转变”专题讲座。

让教师对自己目前的课堂作一个自我评估；总结自己在实际教学中针对“学习方式的转变”有哪些心得体会，写出来，培训后与同行交流。

第四个环节，县级研修员现场展示课例。作课后，结合“学习方式的转变”这一主题进行自我评述。评述之后，各组的老师分组讨论、交流发言。

因为前后提供了两节课例，参训教师在观课时，可以看两位作课教师的课堂，在“学生学习方式的转变”上有什么变化，尤其是看一下哪位教师的课堂变化更大，在比较鉴别中对“转变学生的学习方式”产生更深的理解与感悟。

教师在评课时，主要看作课教师的教学设计思路是否围绕“学生学习方式的转变”而展开，评课时也力求围绕这一主题发表自己的见解，紧扣新课改的理念，提出意见与建议；也可以直接提出自己的疑问与作课老师现场对话。我们的活动重在交流，在交流中碰撞思想，在交流中提高水平，在交流中专业成长，在交流中感受课堂鲜活、生动的魅力。

因为作课教师都是身边的老师，没有专家讲课后教师的望尘莫及，所以他们的课堂更容易被参训教师所接受，教师在培训中获得了理论与实践的双收获，更容易指导他们自己的实际课堂。

3. 总结阶段

针对本期培训活动，项目组设计准备了班级组织评价表、参训教师满意度评价表、学生评价表等，参训教师满意度评价表从培训需求、培训主题、培训的方式与方法、培训收获、培训资源和培训团队的服务与管理等六个方面对参训者进行调查。

通过后期的统计与梳理，发现98%的参训者对“双课堂主题课例式”培训表示满意，当然也提出了不少建设性的意见与建议，如参与面窄、活动次数少等；学生评价表则主要是通过一种“筛选征求”的方式，真实了解学生对课堂、教师的需求，凸显新课改理念下学生的主体地位，同时也为下一期培训主题的确定提供帮助。总之，反馈整理的目的是为了进一步完善本土化“双课堂主题课例式”培训模式的环节与细节，力争所有参训者都能参与其中，乐在其中。

三、“双课堂主题课例式”培训模式的特点与工作机制

本培训模式有以下几个特点。

（1）培训主体方面，以培训机构（培训院校）为主，向参训教师岗位实践研修延展。

（2）培训理念方面，以参训教师为本位，以教师需求为导向，以实践活动为中心，以问题解决为重点，以任务驱动为抓手，以专业发展为目标。

（3）培训目标方面，以转变参训教师的教育教学观念，解决具体问题，提高实践能力为核心目标。

（4）培训内容方面，以新课程、新理念、新技术和师德教育为主要内容，聚焦实践问题，突出实践专题研修。

（5）培训手段（方式、方法）方面，集中和分散相结合，远程自主学习和参与合作交流相结合，任务驱动、问题解决、案例分析等方式相结合，专业引领和强调活动参与相结合。

（6）培训管理（过程监控、考核评价）方面，教育行政部门推动，教师培训机构（或专业机构）组织实施，过程性评价和结果性评价相结合。

本培训模式概括为滑县“一二三四五”培训工作运行机制：“一”即一个培训主题，按照教育部《教师教育课程标准（试行）》，结合实际需要确定年度教师培训主题，围绕年度教师培训主题设计培训活动，每次培训活动解决教学中的一个问题，确保教师培训工作的针对性、实效性、可持续性；“二”即两种培训模式，包括骨干教师“三磨”研修模式和“双课堂主题课例式”中小学教师全员岗位培训模式；“三”即三级协同管理，县教体局（县教师进修学校）——乡镇中心校（乡镇中小学教师继续教育工作站）——中小学校（校研修学习小组）协同开展教师培训管理与辅导；“四”即四层专业引领，国内知名专家学者——培训项目团队——学科县级研修员——乡镇研修员——学校参训教师，实施逐级分层引领；“五”即五级培训体系，以“国培”“省培”为抓手，以“县培”为主体，以“乡培”“校培”为拓展补充，五级培训相辅相成，努力满足县域教师的学习需求。

【阅读链接7.1】关于在全县中小学教师校本研修中开展“三磨”活动的意见

滑县教育体育局〔滑教体字（2007）165号〕

各乡（镇）中心校、各局属学校：

根据《滑县中小学教师第三轮继续教育实施方案》《滑县中小学教师校本研修工作实施方案》精神，为使我县中小学教师校本研修围绕课堂教学、课程改革、教师专业素质提升扎实有效的开展，进一步加强我县教师队伍建设，结合我县首期初中研修员学科研修班的成功经验，现就在我县中小学教师校本研修中开展“三磨”（磨课、磨题、磨文章）活动提出如下指导意见。

一、在中小学教师校本研修中开展“三磨”活动的意义

（一）我县校本研修活动现状

中小学教师校本研修工作在我县启动以来，各中心校、中小学校长和教师初步认识到了校本研修的意义，全县各中小学紧紧围绕课程改革和课堂教学这一中心，开展了以有效教学《报告册》为抓手、以提高教学质量、提升教师专业素质为宗旨的中小学教师校本研修活动；建立了县、乡、校三级校本研修工作领导小组和业务指导机构；选拔任命了138名县级校本研修员，一批乡（镇）级研修员；印发了《滑县中小学教师校本研修通讯》。至此，启动阶段的目标已基本实现。反思我们的校本研修工作也还存在着一些问题，其突出表现是：研修方式方法单一、呆板；教师为填写《报告册》而研修，背离了开展校本研修的基本价值，甚至部分教师产生抵触情绪；研修管理与教学管理脱节，校长实施研修管理的自觉意识淡薄。这是启动阶段向学校主动发展阶段转化时我们所面临和主要应该解决的问题。

（二）“三磨”的含义

“磨”即研磨，“三磨”是磨课、磨题、磨文章的合称。磨课是教师在先进教学理念的指导下，梳理教材，设计方案，共同探讨，反复推敲，生成好课的过程。磨题是指教师有意识地进行解题锤炼、琢磨，努力形成解题技能和解题教学策略，主要表现在四个层面上：一是把题目做出来，二是能深刻理解题目的内涵，并能熟练地用多种方式解答，弄清各种解法之间的关系，三是能考虑到各种解法与学生间的适应性，即什么样的解法适合什么样的学生，从而选择相应的教学方法和策略，四是教师能结合学科、学生实际科学命题。磨文章则是教师对教材、教法、教学技能、教学设想、教学体会等进行深入的研修和探讨，撰写成文，反复推敲，产生精品的过程。

（三）在中小学教师校本研修活动中开展“三磨”活动的意义

“三磨”作为一种有效的校本研修方式，为教师搭建了专业成长的舞台，让教师在磨砺的过程中发生思维的碰撞，分享思想的成果，使教师有效地把握教材、设计教学，能进行有效练习设计，有清晰的解题思路，善于开展教学研究，能撰写出高质量论文、案例和体会；教师能在探讨与生成、积累与整理的过程中内化成一个日渐见长的专业能力，从根本上保障教育教学质量的提升。

“三磨”活动作为一种具体化的研修方式，以教师及其群体为主体，以教学要素为内容，按程序推演，以过程记录和终结成果为目标。开展“三磨”活动，便于调动教师的主动性，有利于开展研修管理；开展“三磨”活动，使研修活动成为教学活动的有机组成部分，研修管理与教学管理融为一体，也有利于提高中小学校长实施研修管理的自觉性和积极性，从而顺利实现校本研修由启动阶段向学校主动发展阶段的转化。

二、“三磨”的基本程序

（一）磨课基本程序

（1）选定磨课课题。（2）开展备课分析（附1），编制教学方案（附2）。（3）在备课组说课，集体讨论修改（附3）。（4）观看名师教学录像，对比研讨，二次修改教学方案（附

4)。(5) 组织同伴听课试教(附 5),三改教学方案。(6) 二次试教,录像回放(附 6),四改教学方案。(7) 如此反复,直到满意为止,形成终结教案。(8) 撰写磨课体会。(9) 磨课教案结集共享。

(二) 磨题基本程序

1. 磨课时练

课时练是任课教师每课时为学生编制的巩固和检测学习成果的有效练习。基本的研磨程序如下。(1)课时内容、目标和学情分析(附 7)。(2)编制课时练。(3)同伴教师“下水作业”。(4)备课组集体研讨课时练的科学性、有效性和典型性,提出修改意见(附 8)。(5)修改课时练,形成终结。(6)设计学段每节课的课时练,结集共享。

2. 磨解题、教题、命题

(1)做学期或学段终考试卷,互评,对易错题目进行解题能力分析(附 9)。(2)再次做卷,进行题型分析,研究最佳的教题方法选择(附 10)。(3)第三次做卷,进行难度、命题覆盖和命题趋向分析(附 11)。(4)分析课标、教材,编制命题双向细目表(附 12)。(5)试命题并下水做题,研讨命题质量(附 13)。(6)命题修正。(7)多套结集共享。(8)撰写磨题体会。

(三) 磨文章基本程序

(1)题目选择(附 14)。(2)查阅文献资料。(3)编制写作提纲。(4)交流研讨(附 15)。(5)撰写成文集体推敲,修改定稿。(6)交流、投稿。

三、保障措施

(一) 提高认识、统一思想,切实做好“三磨”工作

各乡(镇)中心校、各中小学校要以高度责任感、使命感狠抓教学质量,在抓教学质量的过程中,充分认识“三磨”活动的地位和作用,把思想统一到抓“三磨”就是抓教学管理、抓教学管理就要抓“三磨”活动的开展上来,在今后一段时间内把“三磨”活动管理作为教学管理、教师管理的一项重要工作,制定规范,建章立制,创造条件,切实保证“三磨”活动的开展。

(二) 切实落实校长第一责任人制

校长的态度和参与程度直接影响着“三磨”活动的开展水平,为此,教体局要求各中小学校长必须以第一责任人的姿态,确立“‘三磨’活动做得好,教学质量能提高”的信念,筹划、组织、考评“三磨”工作,各中心校要与中小学校长签订“三磨”管理责任状,定职定责并纳入校长任职考评。

(三) 任务驱动,保证“三磨”的经常化、制度化

“三磨”作为校本研修的具体操作模式,是提升教学质量、教师素质的根本举措,各中小学必须经常化、制度化的开展活动。要求做到:每课必磨(包括磨课、磨课时练,可安排简磨,程序不少于两轮),周有小结,月有精品课;每位教师每学期磨解题、命题不少于一轮,每位教师每学期磨文章不少于三篇。

（四）按序“三磨”，规范运作，保障实效

“磨”是研磨，是反复推敲，是质量螺旋上升。科学地运作程序是保证“三磨”具体深化的基本条件，直接影响着参与者的研磨状态和研磨效果。在开展“三磨”活动中，必须按照既定程序运作，任何环节的省略、残缺都会对“三磨”的实效性造成缺憾。各乡（镇）中心校要充分发挥首期研究员研修班教师的引领带动作用，逐步为各中小学培养出引领“三磨”的骨干教师。各中小学要依据“三磨”的基本程序，以保证实效性为根本，结合“三磨”内容，制定适合本校实际的“三磨”程序，按序研磨。研磨活动以五、六人同组为宜，学校规模过小，同学科教师不能形成“三磨”氛围的，中心校要酌情安排校际联合，从而保证研磨质量。

（五）建立档案，彰显研磨成果

“三磨”的过程材料、终结材料都是研磨成果的集中体现，要注意入档保存。各中小学要迅速建立健全校本研修档案及管理制度，收集、整理教师的研修成果。档案可分两种模式：逐人建档或分类分学期建档。无论哪种模式，必须做到目录清晰，内容完整，能够真实地反映教师的研修成果，不弄虚作假。档案要方便查阅，有助于教师审视研修历史，实现有效反思，有助于教师相互学习，共同提高。

“三磨”活动是我县中小学教师校本研修模式的一个新探索，也是强化研修与工作的连接，确保研修实效的重要举措。在活动过程中，县中小学教师研训中心要做好专业引领，县、乡研修员要充分发挥示范带动作用。县中小学教师研训中心、乡校本研修辅导站、校校本研修指导组要积极开展“三磨”模式研究，善于发现问题，认真总结经验，为丰富我县中小学教师校本研修活动做出努力。

二〇〇七年九月二十五日

附1：备课分析表

备课分析表

<table>
<tr><td>课题</td><td colspan="2"></td><td>姓名</td><td></td></tr>
<tr><td rowspan="3">学生特征分析</td><td>学生的态度</td><td colspan="3" rowspan="3"></td></tr>
<tr><td>学生思维发展水平</td></tr>
<tr><td>学生的知识基础</td></tr>
<tr><td rowspan="3">教学目标分析</td><td>知识与技能</td><td colspan="3" rowspan="3"></td></tr>
<tr><td>过程和方法</td></tr>
<tr><td>情感、态度与价值观</td></tr>
<tr><td rowspan="4">教学方法选择分析</td><td>采用的教学方法</td><td colspan="3" rowspan="4"></td></tr>
<tr><td>选择的原因</td></tr>
<tr><td>解决的主要问题</td></tr>
<tr><td>师生角色</td></tr>
</table>

续　表

教学媒体选择分析	选用的媒体	
	解决的主要问题	
	教师技术水平	
重点、难点分析	重点	
	处理方法	
	难点	
	处理方法	

附 2：教案体例结构

教案模板 1

教学设计表

学科　　　　授课年级　　　　学校　　　　教师姓名

章节名称		计划学时	
学习内容分析			
学生分析			
教学目标	课程标准：		
	知识与技能：		
	过程与方法：		
	情感、态度与价值观：		
教学重点及解决措施			
教学难点及解决措施			
教学设计思路			
依据的理论			

信息技术应用分析

知识点	学习水平	媒体内容与形式	使用方式	使用效果

教学过程(可续页)

教学环节	教学内容	所用时间	教师活动	学生活动	设计意图

续 表

课堂教学流程图	
教学反思	
专家点评	

教案模板 2

信息化教案标题

一、学科领域

介绍本教案所适用范围的学科领域。如果在教案中涉及多个学科,建议不要超过4门。

二、适用年级

介绍本教案所适用的学生年级,建议不要跨度过大。

三、教学/学习内容概述

在此处对学习内容进行简要的概述,如果涉及角色扮演等,还应该在此处设置情境。

四、学习目标/学习成果

先要写上一两句话,概述一下学生通过此次学习将会获得或学到什么。然后清晰明了地描述学习者行为的最终结果,可以是:

- 学到了一系列知识
- 解答了一系列问题

- 培养了高级思维能力和信息处理能力
- 总结了所创建的事物的特征
- 阐明了自己的立场并进行了说明
- 进行了具有创意的工作

……

五、学习过程

介绍学习者完成任务应遵循的步骤，这一部分是教案的关键所在，一定要使这些步骤简明清晰。你还可以在此处为学生提供一些建议，以帮助他们组织所收集的信息或发展高级思维能力。建议可以采用由复选框组成的问卷形式，其中的问题旨在分析信息或提请对要考虑的事物的注意。如果有必要，可以在此考虑对不同层次学生的个别化教学问题。

(1) 第一步……

(2) 第二步……

……

六、所需材料及资源

利用这一部分介绍学习者可以用于完成任务的材料或参考网址(建议在每个网址后写上一句话，简要介绍通过该网址可以获得的信息)。

附3:磨课记录表

磨课记录表

<table>
<tr><td colspan="2">课题</td><td colspan="3"></td><td>说课人</td><td colspan="2"></td></tr>
<tr><td colspan="2">磨课成员</td><td colspan="3"></td><td>磨课日期</td><td colspan="2"></td></tr>
<tr><td colspan="2">磨课人</td><td colspan="6">磨课意见</td></tr>
<tr><td colspan="2"></td><td colspan="6"></td></tr>
<tr><td colspan="2"></td><td colspan="6"></td></tr>
<tr><td colspan="2"></td><td colspan="6"></td></tr>
<tr><td rowspan="3">达成共识</td><td colspan="2">三维目标调整</td><td></td><td></td><td colspan="2"></td><td></td></tr>
<tr><td colspan="2">教学程序的调整</td><td></td><td></td><td colspan="2"></td><td></td></tr>
<tr><td colspan="2">教学活动的调整</td><td></td><td></td><td colspan="2"></td><td></td></tr>
<tr><td>备注</td><td colspan="7"></td></tr>
</table>

附4:磨课对比表

磨课对比表

课题			备课人	
同课异构备课教师姓名及单位				
对比项	备课教师教学设计	名师教学设计与实施	异同分析	
学生分析				
教学目标				
教学重难点解决措施				
教学设计思路				
依据的理论				
教学方式				
教学媒体				

附5:试教磨课记录表

试教磨课记录表

课题		作课人		试教日期	
教学反思					
发言人	发表意见				
意见汇总					

附 6:录像回放磨课记录表

录像回放磨课记录表

课题				备课人	
作课教师自我对照	对比项	教师教学设想	实况录像效果	差异分析	
	语言技能				
	动作行为				
	精神状态				
	课堂组织技能				
教师姓名	备课组教师观看录像回放提出优点及改进意见				

附 7:课时练设计分析表

课时练设计分析表

课题				姓名	
学生特征分析	学生的态度				
	学生思维发展水平				
	学生知识基础				
	解题技能				
教学目标分析	知识与技能				
	过程与方法				
	情感、态度与价值观				
教学方法选择分析	采用的教学方法				
	选择的原因				
	解决的主要问题				
	师生角色				

续 表

教学内容分析	知识点			
	知识衔接			
	重点			
	难点			
课时练设计目标及侧重点	设计目标			
	侧重点			

附 8:磨课时练记录表

磨课时练记录表

课题		课时练设计人	
设计说明			
下水作业教师评价	符合新课程理念、学生实际的题目及理由		
	本课时必须保留的题目及理由		
	可以删去的题目及理由		
	修改和调整意见		

附 9:磨解题分析表

磨解题分析表

试卷名称		解题人	
易错题号	试题考核知识点、能力点	易错原因	纠错措施

附10:磨教题分析表

磨教题分析表

试卷名称			解题人		
题型	试题考核知识点、能力	多种解法及其关联	最佳解法	最适应学生的解法	教题策略

附11:试卷分析表

试卷分析表

试卷名称									分析人			
命题点分布				课程目标层次							题型	分值
				知识与技能目标				过程性目标				
题号	命题点描述	章（单元）	节（课）	了解（认识）	理解	掌握	灵活运用	经历（感受）	体验（体会）	探索		

注:1. 目标层次中的行为动词因学科不同而有所不同,本表以数学为例。

2. 对近三年的试卷分析,总结命题趋向。

附12:命题双向细目表

命题双向细目表

试卷名称									命题人		
知识点分布			课程目标层次							拟命题	
			知识与技能目标				过程性目标				
章（单元）	节（课）	知识点描述	了解（认识）	理解	掌握	灵活运用	经历（感受）	体验（体会）	探索	题型	分值

注:目标层次中的行为动词因学科不同而有所不同,本表以数学为例。

附 13：磨命题记录表

磨命题记录表

试卷名称		命题人	
命题人设计说明			
同组教师磨命题意见	命题取向评价		
	覆盖面评价		
	难度评价		
	优秀试题		
	需要调整的试题		

附 14：文章选题分析表

文章选题分析表

题目		选题人	
已有研究成果			
已占有的资料			
主要思想			
研究价值			
研究方法			

附 15：磨文章记录表

磨文章记录表

文章题目			
研讨日期	年 月 日	文章作者	
作者文章介绍			
发言人	发表意见		

第四节　研训一体　助推县域课改

在全国深化教师教育和中小学课堂教学改革的今天，教师、课堂是两个绕不开的话题。作为县级教师培训机构，如何创新培训体制机制、深度融入这场改革之中，去引领区域教师专业发展、助推课堂教学质量提升？

笔者带领本县教师培训团队，在总结“三磨”骨干研修和“双课堂主题课例式”全员培训经验的基础上，协同教育行政和教研科研部门，整体布局，精细培训，追踪视导，落地校本，探索县级教师培训机构业务引领和组织服务中小学校的策略路径，探索中小学校学科课堂改进的研课磨课校本路径，试图为我省县域教研培训深度融合，服务农村教师专业发展和课堂教学改革提供一个行动案例。

一、整体布局，科学安排

教师培训是一项政府教育行政部门、培训教研机构、中小学校协同开展的系统工程。我们基于以下三个方面设计县域教师培训方案。

一是由国家教育部和省教育厅颁布的有关课程改革和教师培训方面的文件，这些文件体现了国家意志，给我们设计培训方案指明了方向。如颁布的《教育部关于全面深化课程改革　落实立德树人根本任务的意见》《教育部办公厅关于印发乡村教师培训指南的通知》，省教育厅下发的《河南省中小学幼儿园教师培训课程标准（试行）》《关于建立中小学教师专业发展梯队攀升体系的意见》等。

二是县域开展教师培训的条件支撑，培训的软硬件条件，是制约培训工作开展的客观因素。我县2016年在培训经费上除落实生均公用经费5%以外，县财政在扶贫攻关经费紧张的情况下，纳入预算并落实专项培训经费200万元。县教体局主动承担起教师培训的主体角色，经常召集培训、教研、学校三方力量的圆桌会议。我校以有利于培训工作的开展为原则，报请县教体局，调整学校内部组织结构，设置“一处五部”，即培训处、干训部、信息部、文史部、数理部和体艺部，为支撑分学科精细化培训搭建起行政和业务组织架构。

三是基层学校对培训的态度和需求，是我们开展培训工作的出发点和落脚点。如我县通过多年的“三磨”研修，为基层学校培养了一支业务引领本土行家队伍。基层学校从教师成长、学校发展等方面得到了培训实惠，分得了培训红利，校长支持培训、教师积极参加培训的氛围已经形成。

基于以上分析，我县教师培训工作紧紧围绕县教体局“以阅读为基，创建书香校园；以自主为基，构建高效课堂”这一整体思路，以引领教师专业发展、提升课堂教学质量为中心，有目的、有计划地对全体中小学校长和教师进行分类、分层、分岗培训，以点促面，深化培训模式改革，助推全县中小学课程改革深化。

二、分类组织，精细培训

新课改初始阶段，主要开展通识培训转变校长和教师观念。而在课改深化、理念落地课堂的今天，分类分层、分学科、分年级、分课型的精细化培训，才能保证培训的针对性和实效性。基于此，我们把教育干部培训和教师培训两大类细分为名校长工作室引领、骨干校长高级研修、校长任职资格培训、班主任培训、骨干教师高级研修和学科教师全员培训六大类32个项目，其中初中语文、数学教师培训项目已细化到年级、单元直至课型。

（一）教育干部培训

一是对新任的164名小学校长进行以履行岗位职责必备知识和技能为主要内容的校长任职资格培训。培训分为集中培训提升理念、实地考察互助诊断、跟踪问效考核评价三个环节。

二是组织79名具有丰富管理经验、有较高理论修养和较强研究能力、办学取得一定成效的中小学校长（名校长、骨干校长），分3批去重庆市南岸区进行为期一周的校长跟岗“影子”培训，旨在培养教育教学管理专家。参训校长与专家校长形成“如影随形”的近距离接触，在真实的现场环境中，细致观察专家校长的常规管理做法和动态管理流程，充分发挥影子校长的主动性，把“听、看、问、议、思、写”等自主、合作、探究学习行为融合，深刻感受、领悟专家校长及基地学校的办学思想、理念、制度、方法。培训中通过专题讲座、跟岗学习、小组研讨等培训形式，使参训校长在管理理念与实际操作两方面都有较大提升，就像李宝辉校长总结中说的那样：“学习着，深思着，感动着。短短几天的学习让我看到了真实的自己，看到了不一样的天地……我们现在能做的就是为学生创造优良的环境，让每一个学子在校园都有所收获，有所成就。”

三是建立10个名校长工作室，充分发挥名校长工作室在校长队伍建设中的辐射、引领和示范作用。名校长工作室从成立到运转，经历名校长选拔、工作室命名、按计划开展活动、评估交流等环节。特别是工作室定期组织活动，通过参观学校、深入课堂听课、教师座谈、问题诊断等形式，发现学校管理与教学中存在的问题，并进行深入的交流研讨，把学校管理的现场情景作为课堂，以解决现实问题为目标和归宿，不断提升校长发现问题、分析问题和解决问题的能力和水平。

四是坚持每学期一期的中小学校长论坛制度，为校长交流经验和启迪智慧搭建平台。三年来，围绕“高效课堂的实践与思考”“特色学校建设的实践与思考”“以精细化管理促进学校品质提升”“读书修身、立德树人”“新课程背景下教学管理的策略与途径”等主题，依据论坛主题选聘专家，专家进行专题讲座与现场答疑；通过乡镇前期论坛推荐县内优秀校长，进行论坛发言和经验交流；通过现场随机抽签，确定参训校长即兴演讲，避免校长只做论坛的听客和看客。校长们在理论学习中反思实践，在实践总结中提升理性认识。通过论坛，校长们的展示演讲、交流沟通、实践反思等能力得到显著提升，一大批知名校长从论坛中走出，不少接地气的管理经验经论坛传播而得到推广应用。

（二）教师培训

按照“集中县培初中保全员，重在引领校本研修；小学培养种子教师，乡镇开展全员培训”的教师培训整体思路，分学科、分层次开展形式多样的培训活动。如初中语文、数学教师主要开展全员培训，把全县的初中语文、数学教师分成若干个班级，每班 50 人，在进修学校进行短期集中培训，通过专题讲座、自主研修、互动研讨、课例观摩等形式进行全员培训。小学数学通过教研组组长培训，以主题式研课磨课的形式，培养教研组组长，然后教研组组长再辐射其他教师。小学语文教师重在对学校的学科负责人进行培训，针对小学语文教学中的问题展开研讨，进行教学设计与课例观摩。中小学英语教师培训依托香港天邻基金会开展“英语口语坊”专题培训，中小学美术教师开展以笔会为主要形式的展示交流和研讨活动等。

（三）课题带动

今年，我们以省教科所结项课题“农村义务教育阶段教师培训模式创新研究”的持续深入研究为载体，以县立项课题“探寻课改理念落地农村课堂的路径研究”为抓手，探索两条路径：一个是县级教师培训机构业务引领和组织服务的策略和措施路径，一个是学校学科课堂改进的研课磨课校本路径。试图为我省县域教研培训深度融合，服务农村教师专业发展和课堂教学改革探索出一条新路子，为我省进一步深化农村县域课堂教学改革提供一个行动案例。

培训行动思路是：确定 47 所课改实验基地学校，紧紧围绕“课堂教学改革”这一中心，基地校校长——课改项目负责人——学科负责人——学科教师分层组班研修，研修成果及时运用于课堂教学改革，课改实践检验修正研修成果。

行动的第一步：2016 年 7 月 14 日～16 日，47 所课改核心校校长齐聚进修学校，用三天时间，围绕“高效课堂的特征”“如何有效利用评价机制，提高教师参与课改积极性”“高效课堂创建中体现育人功能”等六个问题，分组展开深入研讨，并在反复的汇报展示与补充完善中达成共识，在校长这个层面，统一认识，生成愿景，为进一步深化课堂教学改革奠定思想基础。

行动的第二步：校长培训返岗后，2016 年 8 月 20 日～22 日举办高效课堂核心校项目人培训班。在项目人培训班中，围绕高效课堂进行问题研讨与创建高效课堂行动实施方案的制订，通过自主研修、互动交流与诊断、专家讲座与点评等形式，使课改项目人对高效课堂创建中的核心问题达成共识，同时通过制订、完善与研讨，对本校的高效课堂行动实施方案有一个明晰的认识。在研修感言中，项目人代表写道：“高效课堂有框架，教学模式需有法；评价标准商议定，行动方案节点卡；群策群力心碰撞，新型课堂燃火花；制度评价谨细微，小组合作收效大；进修搭建好平台，领导指路建灯塔；业务探究永不息，滑州课改育新芽。”

行动的第三步：举办学科负责人高级研修班，组建学科研修共同体。2016 年 12 月，我校组织初中语文、数学学科骨干教师共 90 人，委托深圳龙岗区教师进修学校设计课程与组织培训，组建了深圳高级研修班。这次培训分为四个阶段，首先在培训前组织教师进行了互动研讨、任务分工，针对所领任务分组进行思考交流，并拟订初步的小组培训研修计划；其次，在培训期间，通过每天的课前互动，课上听讲交流，课后分组研讨，对培训内容充分消化吸收，并逐步完善小组研修计划；再次，在培训后，参训教师按照研修计划，以小组为单位，结合滑县学科教学实际，开发培训课程专题，形成对学科教学的深入认识，建立学科培训初步的课程资源库；最后，选出基地学校，分乡镇连片开展培训研修活动，以专题讲座、研课磨课、经验交流等形式展开，把深圳培训学习成果嵌入课堂实践，促进高效课堂的创建。总之，这次培训“任务到人，活动到校，研培一体”，在活动中培养锻炼学科骨干教师，形成学科研修共同体，进而骨干团队辐射引领全员。

三、追踪视导，引领反馈

为深入了解各级各类培训实效，倾听一线声音，整合县教体局培训股、进修学校、教研室和部分乡镇中心校力量，设五个课堂视导组，每月轮换对指定乡镇学校进行工作视导。

视导工作的一般流程如下。

(1) 召开情况介绍会。听取学校高效课堂方案初步实施情况介绍，了解学校的高效课堂整体工作思路、制度修订和落实情况、课题开题分工情况和存在问题情况等，并根据实际进行质询。

(2) 查看材料。查看教师参加学校校本研修(教研培训)工作计划和过程性材料、备课组建设、作业布置与批改、培优补差等高效课堂建设材料。

(3) 随堂听课、看课，初步感知课改效果。

(4) 召开学生教师座谈会。分别召开学生座谈会和学校教师座谈会，了解高效课堂教师培训、研修等的实施情况和教学效果，同时印证前边环节得到的信息。

(5) 小结反馈。小组视导专家在每所学校视导工作即将结束时都要先召开碰头会，形成反馈意见，然后由组长代表向被视导学校和乡镇中心校领导进行反馈，在肯定已取得成绩的基础上，指出下一步的努力方向。

通过视导工作，视导组对一线学校的部分教育教学工作进行了及时的指导，对发现的典型经验做法和榜样教师进行了汇总交流，推动了全县整体教育教学工作的扎实有效开展。

四、落地校本，进入常态

教师培训的价值取向定位于教师专业发展，最终成效落地在常态课堂质量提高和学生的发展上。教师外出培训的时间有限，教师专业水平和课堂教学质量的提升，主要途径是以校为本的自主研修。基于以上认识，我们把引领中小学校校本研课磨课作为课改理念落地常态课堂的主要抓手，主要做法总结如下。

一是通过进修学校举办磨课研修班和外出送培，为中小学培养“种子”教师，在校本研修中起到引领辐射作用。

二是通过举办校长、主任、学科负责人培训班，研讨校本研修的方案制订、组织方法以及操作流程等。

三是充分发挥课改核心校的基地作用,组织不同学科的研课磨课研讨活动。

四是抓好典型,以点带面。城关镇中心校组织全乡教师,将研课磨课活动融入日常教研教学中去,总结出“三周磨一课”的经验:教研组围绕某一教研主题,确定研课磨课课题,组织全体组员历时三周打磨时间,历经学课、说课、研课、讲课、议课和结课六个打磨环节,最终形成精品课,形成精品教案。枣村乡、八里营乡组织全乡教师,主动到进修学校开展研课磨课活动,回去后结合实际,尝试校本研课磨课实践,白道口镇、四间房乡也充分发挥“种子”教师的引领作用,自主开展校本研课磨课活动。这些乡镇在探索以校为本的研课磨课道路上取得了可喜的成果,同时也对全县立足校本开展研修活动起到了引领作用。

总之,我县在研训一体助推课改深化方面进行了积极的实践与探索,整体布局,精细培训,追踪视导,落地校本,注重过程性管理与培训的实效性落实,进一步创新教师培训机制模式并大胆实践,虽然目前取得了阶段性成果和一定成绩,但还有不少问题需要理论创新和实践检验。我们已行走在“研训深度融合,助推区域课改深化”的探索道路上,朝着研训整合之梦勇敢前行,尽管困难重重,道路坎坷,但无怨无悔。

第八章 研课磨课的反思与评价

第一节 研课磨课引领我们成长

——来自一线教师的感言

【感言1】“好课是磨出来的”①

“好课是磨出来的”，真正的好课还需要一遍又一遍的打磨，既需要老师个体的精打细磨，更需要大家的智慧碰撞、集体打磨，最终达到去粗取精、去伪存真的效果，真正让课堂成为课堂应该成为的样子——学生成为学习的主人，学生成为真正的学习者。我们这次呈现给大家的只是一个如何制订计划、合作磨课、不断改进的过程，这或许能给老师们今后开展课堂教学研讨提供一个可资借鉴的思路。(2013年12月19日星期四)

【感言2】

看到自己辛辛苦苦设计的教学环节，被一个细节一个细节地磨掉，心里真的有一种痛和不舍！但我知道，一份精美的教学设计犹如一只凤凰，只有浴火才能重生！磨的过程，就是凤啄香木、凰扇火星点燃那熊熊烈火的过程，凤凰经历了炙烤的苦痛，重获新生！我们经历了磨炼的苦痛，迎来幸福！②

【感言3】

磨课是个舞台，是个促进专业成长的平台。虽然磨课的过程是痛苦的，要经历一次次的碰撞，一次次的推敲，一次次的完善；但磨课也是幸福成长的过程，它让我不断充实、提升、完善、超越。总之，磨一节好课，就像是打造一块美玉，只有经历了无数次的研磨、历练，才能使它散发出耀眼的光芒！③

【感言4】

看着手里的一稿、二稿、三稿、四稿，仿佛一个母亲腹中孕育的胎儿，在黎明的阵阵疼痛中终于降生……

回首研课磨课经历，点点滴滴浮上心头。怎能忘记，一稿后大家的争论不休；怎能忘记，二稿后大家的出谋划策；怎能忘记，三稿后大家的精益求精；怎能忘记，四稿后大家的

---

① 孙明霞，山东省泰安市泰山学院附属中学教师。

② 肖卫霞，河南滑县产业集聚区英民中学教师。

③ 聂世玲，河南滑县老庙乡第一初中教师。

欣喜不已……研课磨课人憔悴，衣带渐宽终不悔。这一天天一幕幕，真是才下眉头，却上心头。

怎能忘记，午休时的奋笔疾书；怎能忘记，深夜里的斟酌揣摩；怎能忘记，梦醒时的星星记忆；怎能忘记，交流中相互的碰撞；怎能忘记，碰撞中激发的灵感；怎能忘记，灵感中升华的震撼。导课深情款款，设计环环相扣，延伸走出文本。星星点点，点点星星，忙碌中，我们痛并快乐着。①

第二节　把经历磨成经验

——来自专家的评说

【评说 1】

我深思，磨课，所磨为何？我们要磨去课的什么？我想所磨的是我们的经历，是我们的日常教学中日复一日、课复一课的“自在的日常生活”，这样的经历充满杂物废屑，导致我们的教学可能低效，甚至无效、负效，所以我们要磨去的就是我们“自在的”课堂上的杂物废屑。教师在这一阶段没有专业发展意识，只是“应付”着每一节课。

我再思，磨课，磨向何处？我们要把课磨到一个怎样的状态？我想磨课是要把我们的“经历”磨成“经验”。所谓经验，是“客观事物在人们头脑中的反映”，是我们把“自在的”课提升为“自为的”课的过程，是从经历到经验的上升。由此，我们开始走上教师专业发展之径，磨课到此开始体现教师的个人价值。

我们知道，经验是认识的开端。但经验有待于深化，有待上升到理论。在日常生活中，亦指对感性经验所进行的概括总结，或指直接接触客观事物的过程。如何从经验进一步上升发展到我们对课堂教学的认识，从我们的行获得我们的知？教师专业发展到这一阶段就到了一个蜕变升华的新台阶。这才是磨课的普遍价值，包括其区域价值，乃至其国家价值。

毛泽东在其哲学名著《实践论》结束时总结说：“实践、认识、再实践、再认识，这种形式，循环往复以至无穷，而实践和认识之每一循环的内容，都比较地进到了高一级的程度。”磨课便是对实践的认识，几度打磨，就是再实践与再认识，我们唯有不断循环，才能发展到更高一级，我们的课的质量、有效性也就不断上升到更高一级，而且永无止境。

如此可知，磨课，作为教师专业发展的路径，永无止境，因为我们追求课堂教学有效性的不断上升，追求教育质量的不断上升。

若您与我们一样，追求课堂的有效性的不断上升，追求教育质量的不断上升，那，请与我们一起磨课吧！②

---

① 润莉，河南滑县城关镇第一初中教师。

② 鲁子问，兴义民族师范学院教授，中国民族师范教育研究中心主任，博士生导师。

【评说 2】

磨是什么呢？在“如琢如磨”中，“玉不琢，不成器”，琢是成型的加工，磨是使其光滑、圆润的加工；磨课是对已经成型的课进行打磨和加工，使其更加精美。议是议论，是对话，是讨论，议课是讨论和发现课堂中各个环节、因素之间的关系，是探讨课堂教学的种种可能，从而认识课堂、理解课堂、改进课堂。①

【评说 3】

我们所讲的磨课，其目的，绝不是让每个研修组去打造一节优质课，而是要发现从实然状态走向应然状态存在的问题和障碍，进而用研修组的团队力量，用远程研修的协同智慧、专家智慧寻找问题的解决之道。这里，基于教师自身经验的问题才是真问题，寻找解决问题之道的研修才是真研修，在寻找问题解决之道中获得的体验和认知才是真收获，也才是真进步。②

【评说 4】

磨课不可能一蹴而就，它永远是一个过程，不是说磨一节课、几节课或磨一年课就完成了我们的专业成长，他应该是伴随职业生涯始终的长久过程，磨课的实质是一种生命的修炼。③

【评说 5】磨课赋④

刀不磨要生锈，课不磨不成功。昭昭师道，磨课般般学风；时时自勉，课磨人人共研。磨课乃真教育手段，不仅口传身教，且有科技电脑；磨课志在立德育人，磨课妙哉磨出余情趣，广及诗词书画，乃至体育舞蹈。磨课中需点燃兴趣、夯实基础，磨课时当谆谆悟训，朝朝同仰；磨课应养成习惯，方可主动发展。磨课练技，从课内走向课外；磨课育人，从书本走向生活。如切如磋，如琢如磨；拳拳报国，苦苦求索。

美哉磨课！乃不断肯定、否定、否定之否定过程向前。磨课过程需要反复揣摩和推敲：试教、推翻、再试教、再推翻，直到最后成功。次次轮回、不断打磨，方能磨出教师创新思维的火花，磨出教师合作交流的默契，磨出教师把握教材的深度，磨出教师对教学艺术的获得。“十年磨一剑”，没有长期课堂磨炼，哪能应付自如，哪能窥探到教育至真至善至美的境界？精雕细磨常态课，独立备课，发现问题；同伴互助改进课，集体指导，行为跟进；创新示范提高课，三次施教，完善提升；学科组共同评课，人人有收获，个个得提高。

妙哉磨课，斯是由量变到质变的过程。焉能一次磨课就成功？磨课要在一次次教学实践中反思、总结和提升课堂经验。磨课非课堂大赛产物，磨课是日常教学手段。不经磨课历练，课堂教学难有质变。磨课交谈，各抒己见，“百家争鸣”，“知无不言”，智者见智、仁者见仁，理解教学环节之妙，破解设计意图之法，探究理论依据之源，方能保证教学流程优化。

---

① 陈大伟，成都大学师范学院副教授。

② 张志勇，山东省教育厅厅长。

③ 李振村，《当代教育家》杂志总编辑，兼任北京十一学校亦庄分校校长。

④ 武宏钧，安徽省阜阳市铁路学校全国著名特级教师、中学高级教师，享受国务院特殊津贴的语文教学专家，本文刊于《科技文汇》2016 年第六期封二。

实哉磨课。磨课之“备课”查教案，看教学基本功和课前准备情况；磨课之“讲课”观上课，看教学组织能力和操控课堂能力；磨课之“评课”评教学，看教学理念和教学策略应用；磨课之“作业”翻作业，看批改质量和督促改进措施；磨课之“检测”析成绩，看教学业绩和教学效果。磨课“五关”积跬步，至千里；细节积小流，成江海。磨课使人自省，科研直教振翅；磨课予人力量，民主令人翱翔。挥手乎蜂飞蝶舞，回首乎龙腾马狂。干千秋之大业，为百世之欢畅。循环磨课，传道授业解惑，学而不厌，诲人不倦；校本教研谱新篇，传承灿烂文化，铸就高尚人格，教师贡献伟焉！

用哉磨课。磨之三尺讲台，领无数学子驰骋天地人间，观宇宙之大；磨课一方教室，引无数心灵游古今未来，察品类之盛；磨课学数理化感自然规律以求真，磨课习文史哲阅世事沧桑以求善；磨课练琴书画悟人间冷暖以求美。磨课若水，水润人和而群贤毕至；磨课润友，亲学重诺而学业繁兴！为人师善磨者，课醉心书香校园，造就品学全优！课堂纪律严明，课间促膝谈心。

悟哉磨课，要“以悟带磨”“以悟领磨”，而不可“以磨淹悟”“以磨埋悟”。只有“以悟领磨”，才能彰显“磨”的积极面，避免“磨”的消极面，才能“磨”得水灵，“磨”得神秀。善磨课者，磨去浮躁，留下沉静；磨去懒惰与怯懦，留下勤奋与自信；磨出夯实基础，磨出循序渐进。“千淘万沥虽辛苦，吹尽狂沙始到金”，一生磨就一节课，课不惊人誓不休。磨课关键在“磨”，集智慧和精力，聚心血与辛劳，反复不断打磨与琢磨。

乐哉磨课，实践出真知。“磨”中“悟”，出好课；“悟”浸“磨”，润优课。磨课，就教师个人备课而言，研究教材、研究学情和善于反思教学的过程，其实就是善于“悟课”的过程；就教师群体备课而言，思想火花的碰撞，集思广益的达成，其实也是善于“悟课”的结果。善磨课者，揣摩悟道，温故知新。磨课时，目光炯炯，洞察物之是非；磨课中，雄辩滔滔，明辨理之错对！磨课久远，修文习性，精益求精！

善哉磨课，教师能征惯战，数载如一，勤学苦练。勤磨课教师，朝习闻鸡，夜练灯阑；慧磨课教师，舍易觅难，以苦为甜。磨课创新，有教无类，不偏不倚；诲人不倦，苦心孤诣；安贫乐道，奉献教坛。善磨之师，“知、能、情、行”四合一；备课悟课大转变。斯当品学兼修，为社会培育栋梁材；知行统一，理想随革新而成事。善磨课者，诚信儒雅，厚德载物；勤学善思，开拓创新思维；自信自立，增强实践技能。立德立人，陶情明理，千朵云霞可圆生徒之美梦；重知重行，益智尚美，万里风烟应是鲲鹏之征程。教书育“人”无小事，一撇一捺总关情。悟课则体验运用之妙，磨课当存乎于智慧之心耳！

悠哉磨课，焉知其妙乎？

第三节 研课磨课打造县域专业学科共同体

——来自媒体的报道

【报道1】滑县:探索教师培训新路径①

“在群里总是能看到激动人心、传递正能量的消息。”这是滑县老庙乡实验小学的王翠老师11月29日在滑县优秀教师读书会群里写下的一句话。用引导教师读书的方法改变其生命状态,实现教师的专业发展,是滑县教师进修学校在学科培训之外的一项新工作。

为配合县教体局推动全县中小学开展新教育实验研究,滑县教师进修学校承担了前期理论研究、教师培训和引领指导工作。该校以推广新教育实验研究为契机,以改变教师的行走方式为切入点,进行了教师培训的新尝试——引领全县教师进行专业阅读和专业写作,打造县域教师专业学习共同体;组织一课多磨,构建有效教学范式,打造县域专业学科共同体;以指导教师研发校本课程,开展校本研修,向形成研发共同体的目标迈进。在县教师进修学校的业务引领下,该县先后成立了滑县优秀教师读书会,滑县数学、语文磨课研修团队,网络研修团队,滑县向阳小学、道口镇第一完全小学、产业集聚区英民小学校本课程研发团队等组织。

滑县教师进修学校副校长郭文革告诉记者,围绕“构筑高效课堂”和“推动师生共读”两大板块,他们还研发出“完善教学设计”“打造完美教室”等8个培训专题,为全县各乡(镇)提供“菜单式”“个性化”培训,实现了滑县教师培训模式的新突破。

为了加强培训管理,滑县教师进修学校实行了培训项目负责制。首先,依据年度培训任务,按学科分解培训活动,并使之项目化,将一系列为完成培训任务而产生的调研、设计、组织、实施、考核、总结视为活动整体;其次,挑选项目负责人,组建项目团队,明确项目目标和职责,全程管理,全面负责。项目负责制的实施,极大地激发了各项目团队工作的主动性,更历练了培训团队策划与组织培训活动的能力——从方案策划,到作课、讲座、主持等,培训团队不仅在各方面都得到了长足的发展,团队成员之间还结下了深厚的友谊,为该县教师的专业成长树立了榜样。

【报道2】滑县暑期教师培训成了“香饽饽”②

8月6日,滑县教师进修学校,46名滑县教师陆续登上前往北京的包车,他们将到北京师范大学接受为期10天的专题研修培训。“这些教师是从500名县级研修员中选拔出来的,希望他们把先进的教育理念和教学方法的‘种子’从北京带回来,在滑县大地上开花结果。”为老师们送行的滑县教师进修学校负责人说。

这次培训是滑县今年暑期教师培训工作的一部分。从7月10日开始,按照《滑县2011年教师培训工作方案》的要求,滑县教师进修学校分批组织了中小学语数外、政史

---

① 作者李若,本文刊于《教育时报》2014年12月5日。

② 作者于刚,本文刊于《教育时报》2011年8月12日。

地、理化生、体音美等学科的县级研修员500人，集中到滑县新区英民学校进行了专题培训。“每天早上8:00集合，现场抽题、备课、分组说课、研讨辩课，再次备课、说课，直到各组推选出优秀教师讲课，最后大家评课。一般到晚上9:30才休息。这种方式我们称之为‘磨课’。老师们学习热情很高，常常会为了某节课的教法、某个教学细节争得不可开交，甚至把争论带到了餐厅里、宿舍里。”滑县教师进修学校副校长郭文革这样介绍。

教师是一个需要不断“充电”方可胜任的职业。然而，在一些地方，教师培训工作特别是暑期培训，因为教师参与积极性不高、培训效果不佳，常常成为食之无味、弃之可惜的“鸡肋”。在滑县，教师培训工作却是另一番景象，成了学校争着举办、教师争着参加的“香饽饽”。地理位置偏远，没有明显区位优势和经济优势的滑县，是如何在教师培训工作上取得突破的？

县财政拨付教师培训专款，引进国内一流教育资源，全力打造教师培训管理队伍，创建最优县级教师培训机制。县教体局局长马修乾定期与培训负责人、中小学教师研讨培训工作，并提出了许多具体的指导意见，极大地激发了培训负责人的工作热情和教师们的学习积极性。

滑县教师培训的一项创举是对县级研修员的选拔和培养，致力打造本土教育专家队伍。县教体局从全县8000名一线教师中，选拔出500名有强烈的成长欲望、有扎实的教学基本功的中青年教师，组成了覆盖各个学科的县级研修员队伍，并对他们实行重点培养，为他们搭建成长的舞台。同时，500名县级研修员组成58个研修指导小组，在全县近40个中小学教师培训基地引领全县教师开展“磨课”“赛课”等活动。事实证明，这种在全员培训的基础上对教师实施分学科、分层次的培养方式，较好地发挥了县内外优秀教师的引领示范作用，有效地提升了全县教师的业务水平和实施新课程的能力。

作为具体负责全县教师培训工作的职能部门，滑县教师进修学校创造性地采取了“培训项目负责制”，15个学科教师培训设立六大项目，分别推选任命了6位协调组织能力强的项目负责人，负责培训计划制订、人员组织、经费使用。项目负责制运行两个多月，效果良好。北京教育学院教务处处长余新教授赞其为“县级教师培训机构的一大实践创新”。

为了避免教师培训假、大、空的弊端，真正让培训工作走进课堂、走进教师心里，滑县教师培训采取了具有校本研修特色的“磨课”“赛课”培训方式，特别是通过课例展示培训主题的做法，使教师培训发生了质的变化：教师积极参与其中，倍感亲切，乐于接受，没有了迟到早退现象。初中语文县级研修员刘素敏说：“从基础知识的考试到文章的教学设计，从相互交流讨论的尖锐犀利到说课的比拼较量，从课例的观摩学习到指正和不停打磨，每一名教师都展现出不同的、靓丽的风采。”

【报道3】磨课，让教学更完美①

近两年来，“磨课”一词出现在网络上的频率越来越高。出于培训工作的需要，我们教师进修学校组织了磨课、磨题、磨文章的“三磨”研修班，取得了令人意想不到的成果。在“三磨”研修班结业典礼上，学员们满怀激情地说：“磨课让我们学会了交流，学会了借鉴别人的长处，学会了如何发挥学生的主观能动性。”“磨课使我感触颇深，受益匪浅，有一种豁

① 作者系滑县进修学校教师王永生，本文刊于《教育时报》2009年12月16日。

然开朗的感觉。”磨即研磨，磨课是教师在先进教学理念的指导下，梳理教材，设计方案，共同探讨，反复推敲，最终生成好课的过程。具体来讲，磨课以教师及其群体为主体，以教学要素为内容，以体验过程和生成好课为目的，让教师在研磨过程中发生思维的碰撞，使研修成为教学活动的有机组成部分，最终实现教师的专业成长。当然，磨课也可以是教师的个体行为，是教师自觉开展教学研究、实现专业成长的有效途径。磨课通常包括以下九个基本程序：选定磨课课题——开展备课分析，编制教学方案——在备课组说课，集体讨论修改——观看名师教学录像，对比研讨，二次修改方案——组织同伴听课试教，三改教学方案——二次试教，录像回放，四改教学方案——如此反复，直到满意为止，形成终结教案——撰写磨课体会——磨课教案结集共享。有效磨课还必须遵守以下四个基本要求。一是磨课活动要以五六人异质同组为宜。这样，易于发现不同问题，提出不同观点。因为，教师只有在不同的思想观念、教学方法的交流与冲突中才能对各种观点作进一步的比较与鉴别，才能获得对问题更为本质、全面的认识，才能实现共同提高。二是遵循磨课程序，实实在在地按序推进。一次磨课活动中，我发现参与磨课的教师不进行备课分析，而是直接编制教案，便问：你们编制这个教案的基础是什么？课标、教材还是学生？教师却回答：经验。缺乏课标和学情基础的教学设计是教师的一厢情愿，这种固守经验、本末倒置的做法违背了磨课的本意——教师在生成好课的过程中获取知识与技能，实现专业成长。三是反复但不重复。反复是不断地推敲，是质量的螺旋上升，而非简单机械地重复。教学是具有创造性的艺术，磨课正是这种创造性呈现的过程。磨课可以使我们在推敲中产生新方法、新理念，促使教学更加完美，这才是反复的价值。四是经常化和制度化。要坚持每课必磨，周有小结，月有精品课。习以为常，我们的教学工作才更具艺术气息，我们的专业水平才能迅速提高。我们要拿出十年磨一课的毅力，让自己的一生在磨课中不断成长。

【报道4】磨课真的很重要——关于教育家培养问题的对话①

西湖，烟雨蒙蒙。早春的消息，已经在枝头，在草叶，在悠然而过的少女的双眸和衣饰里，轻轻悄悄地透露着。在西子湖畔的一家茶社，温暖的茶香伴随着热烈的气氛，杭州长寿桥小学的几位优秀老师围绕“磨课”的话题，展开了对话和研讨。

磨课，就是认认真真、仔仔细细、反反复复地推敲、打磨课。磨课与青年教师的成长关系极大，一位教师，要想从普通走向优秀，从优秀走向卓越，从卓越走向教育家，必须要经历无数次的磨课——

□对话人：楼磊　陈林玉　任一平　王曦玫　徐元昕　胡早娣　徐蔚　李振村

□主　持：董诞黎

磨课为什么如此重要

董诞黎：我们首先要探讨的一个话题就是，既然我们有常规的备课，磨课为什么还如此重要？

楼磊：我感觉磨课和常规的备课还是有很大不同的。我一走上讲台，就体会到了磨课

① 本文刊于《中国教师报》2010年4月28日。

的好处。参加工作第一年，我的师傅朱来龄老师听我上课后说：“楼磊，我今天给你数了，你一节课说了12个‘就是’。”我吃了一惊，我怎么会有这个口头禅？第二次上课，我拿来录音机给自己全程录音，重放录音，我发现自己的确在不断重复“就是”。后来，朱老师就帮我从细节上一点点打磨，经过一段时间的打磨，我终于把这个毛病改掉了。

李振村：刚登上讲台的老师，就好比是一块没有经过打磨抛光的大理石，虽然可能是一块优质的石材，但它是粗糙的。只有经过精心打磨，粗糙的大理石才能变得细腻圆润、光可鉴人。对于一个刚刚登上讲台的老师而言，磨课的过程就是让粗糙的大理石变得光滑如镜的过程。

董诞黎：磨课从大的范围来讲，属于备课的范畴，但从另外一个角度讲跟备课又有很大的差异。第一，磨课的目标比之一般的备课要求更高，磨的肯定是精品，是站在艺术的层面来要求自己的课堂；第二，它对老师的职业精神，对老师投入的时间和精力成本要求更多；第三，磨课最重要的是来来回回推敲打磨的过程，在这样一个不断重复的过程中，磨课者的水平获得螺旋式的上升和提高。

陈林玉：我印象最深的就是我在一次公开教研活动中执教《四季的脚步》，那次因为是跟全国著名特级教师靳家彦老师一起上课，我压力很大，前前后后磨了六次。《四季的脚步》是二年级的一首儿童诗，内容简单，读通读懂比较容易，因此我的教学重点是引导学生说话，然后仿照着来写一段或两段儿童诗。在第一个班试讲，结果学生读这首诗都困难，读不出诗的味道，所以大部分时间花在引导学生朗读、理解这首诗上了。课后我马上修改教案，把目标定在读懂、感受四季美丽的景色。到第二个班试讲，结果又发现这个班的孩子朗读非常好，我立即在课堂上调整目标，把重点放在引导学生说和写上……这样一堂堂上下来，每次学生的表现都不一样。上过六遍以后，我对学生在这节课上可能出现的各种情况有了充分了解，最后公开展示的时候非常顺利。所以我感觉，一次次磨课的过程，就是不断接近和理解学生的过程。

李振村：磨课磨到最后，不是把某一种方法固定下来，恰恰相反，真正好的磨课，最后是建立了非常好的学生观，能够因材施教。

董诞黎：在反复磨课的过程中，可以暴露我们平时没有关注到的盲点和问题，解决这些盲点和问题，不只是对这一节课有意义，它可以给我们许多触类旁通、举一反三的东西。

李振村：这个说法好，虽然磨的是一节节具体的课，但收获的是共性的教学规律。我们通过一节节的磨课，逐渐接近教学真谛。

王曦玫：我曾经磨过一节课《1000以内数的认识》。三年前上这节课时，注重的是动手实践和操作，当时依据这个理念，设计了很多关于1000的体验活动，比如认识1000在长度上的表现——1000厘米有多长？1000在质量上的表现——1000克有多重？1000在数量上的表现——1000颗红豆有多少？……课上得热热闹闹。三年后再来上这节课，我意识到，数学教学应该更注重追求数学本质，要让二年级孩子真正认识1000的话，应该是从数数开始的。我就从数数这个角度出发，加强学生数数策略意识的培养。我先从无序的、杂乱的1000个小正方体入手，问学生这里有多少个正方体。学生觉得好多，很杂乱，在这样又乱又多的情况下，怎样才能知道它的数量呢？他们想到要先排列整齐，这就是一种思维训练：从无序到有序。开始学生是一个一个数，发觉要数很长时间，就想到10个排一排,这样有100个10,数起来还是不方便,最后学生想到100个排成一层,有10层,叠成一个大的正方体,这样从点到线再到面,最后到体,就触到了数学本质,从数与代数的思想沟通了空间与图形的思想。这样的磨课,虽然跨越了较长的时间段,但是让我的教育教学理念得到了提升,现在我越来越注重从数学本质上去思考问题,认识到数学更重要的是教给学生一种思维方法。

董诞黎:王老师的案例让我很受启发。一是磨课的过程可以是短期的,例如一周、一个月磨一堂课;也可以是长期的,像王老师这样磨了三年,尽管那堂课三年前上过,但是这个课一直留在你心中,其实有意无意你一直在思考。全国著名特级教师王崧舟老师有一节课《我的战友邱少云》,他第一次上的时候,问学生:"你认为邱少云怎么样?"一个小朋友说,邱少云太傻了,只要逃掉就烧不死了。当时王崧舟年轻气盛,一冲动就说:你才傻呢!引得满场哄堂大笑。这堂课在他心里留下了一个阴影。多年以后再上这节课的时候,又有学生说邱少云傻,这时候他没有生气,而是说:"你也认为他不应该死,对吗?"他首先是认同学生,肯定学生的这种想法其实是不想让我们的英雄死。结果课堂很顺利地引了过去。为什么他能这样改变呢?这就是从一节课的失败后,他一直在反思,最终获得了提升。

李振村:看来,磨课不能急功近利,要放长线钓大鱼。全国著名特级教师于漪,七十多岁了,作报告滔滔不绝,这样的水平是怎么练出来的?其实也是磨出来的。于漪老师刚开始上课时,口才不好,讲课学生不愿听,怎么办呢?她采用了一个笨办法,就是每天把课上准备讲的内容一字不落地写出来,然后把讲稿一字不落地背下来。这样,到上课时她就可以脱离讲稿,根据课堂实际情况自如应对,就这样写啊背啊,几年下来,于漪磨出了好口才。

徐元昕:磨课有助于我们找到自身的价值。我们小学老师收入不高,没有中学老师、大学老师社会地位高,如果我们一天到晚只是备课上课,这样的生活多没意思呀。但磨课不一样,我们是带着研究的态度对待课堂,我们是把自己当教育家来钻研课堂,这样就让我们觉得自己的工作是很有意义的,自己也是有价值的,能够体验到一种成就感。

李振村:综合刚才大家所说,我感觉磨课的意义有这么几点值得关注。第一,磨课是一种发现。在磨课过程中我们不断发现问题,发现矛盾,发现盲点,当然也不断发现教育教学的规律,不断发现知识特征和知识的美,不断发现教师自身的优势和劣势,不断发现学生的个性……这种发现为我们打开了一个又一个新的天地,吸引我们前行。第二,磨课是一种带着发现的重新出发。磨课不是一直往前走,像刚才陈林玉老师介绍自己一节课上了六次,从形式上看每一次都是回到原点重新上这节课,其实每一次都是带着前一次的发现重新出发,每一次出发都是在不断地接近教学的真理。第三,磨课可以让我们享受到职业的高峰体验。就像徐元昕老师讲的,天天没有变化的备课上课会让人对教学产生一种厌倦,而打破这种平衡来磨一节课,感觉就不一样了。它让你的智慧和才华汇聚到这节课里,让你产生一种成就感、价值感。第四,磨课不可能一蹴而就,它永远是一个过程。不是说磨一节课、几节课或磨一年课就完成了我们的专业成长,它应该是伴随职业生涯始终的长久过程。于漪老师、李吉林老师,都是七八十岁的高龄了,依然在研究课堂——可以说,她们依然在磨课,磨人生的课。据此看来,磨课的本质实际上是一种生命的修炼。

磨课，究竟该磨些什么

董诞黎：既然磨课有这么多的好处，那么，我们要思考一下，到底我们该磨些什么东西呢？

徐元昕：我觉得，决定一堂课好坏的关键还是自己的独立思考能力。

李振村：也就是说是磨课磨的是一种思考力。

徐元昕：对，就是磨思考力。现在网上资源很多，许多老师拿到一节课后，第一反应就是到网上去找各种资料。我不喜欢这样做，我在备课之前最多看一下教参，然后会把这课放一放，如果有时间就放它十天半月，但我会时不时去想这堂课。在想的过程中，会产生各种各样的困惑。然后就是跟各种各样的人——例如教研员、同事、朋友等去交流，来接受各方面的启发。我曾经上过一堂三年级课《直线和线段》，其实生活中根本没有真正意义上的直线。我跟教研员讨论，我说我这堂课不可能从生活实际出发来抽象出直线，能不能让学生先来画画他们心目中的直线是什么样子？还有，既然生活中找不到真正意义上的直线，我还有没有必要再让学生到生活中去找直线，这个环节还需不需要？反复讨论的结果，最后决定这个环节还是要的。但这个问题该怎么问？如果问“生活中什么是直线”，这个问法是不对的。单是怎么问，我也想了很久，最后决定这么问：“生活当中的什么东西可以看作是直线？”但是要从生活中找出可以看作是直线的东西还不容易，最后学生想到孙悟空的金箍棒可以看作是直线。

董诞黎：对磨课中产生的问题穷追不舍，这是一种深度思考，是一种追问，同时还是一种执着。这个时候磨出来的，就是一种对职业的热爱。

徐蔚：大家刚才都在讲磨出什么，我想，有时候我们应该思考磨掉什么。前段时间我刚刚磨了一节六年级的略读课文《大瀑布的葬礼》。我觉得我磨掉的是一些惯性思维。新课程从三年级开始就增加了略读课文，而且随着年级越高，略读课文的比例越大，很多老师对略读课文的设想就是教出这个略读味。我在磨这个《大瀑布的葬礼》时也是这样的，老是想着怎么样解放学生，教出这个略，老师不要教得太多。但是通过一次次磨后发现，其实不是这样的，略读课文该略的略，该聚焦的地方还得聚焦。所以我在想，我们在磨课的过程中磨思考力，其实也要把一些走入误区的思想、一些惯性的思维方法给磨掉。

李振村：磨思考力，其一是穷追不舍，穷追不舍磨出的是思考的深度；其二是独立思考，独立思考磨出的是自己的个性；其三是去粗取精，磨去一些不科学的思维方法和错误理念。

徐蔚：有时候我们老师会觉得磨课很费时间，很花精力，其实，通过磨课发现教育教学规律之后，反而能够减轻负担。

李振村：教育智慧是一种实践智慧，这种实践智慧你要掌握它，仅仅靠先知前贤们的告知是不够的。我们今天讲的许多教育理念，比如因材施教、启发式教学，等等，孔子两千五百多年前说过，苏霍姆林斯基说过，陶行知说过，我们老师都耳熟能详，但为什么依然不会做或者做不好？因为它是一种实践智慧，你不在课堂上去实践，你是悟不到它的真谛的。磨课就是把这些先知前贤已经得出的教育真谛通过实践内化为你自己的智慧。你不磨，就悟不到真谛；你不磨，就不会有那种豁然开朗醍醐灌顶的感觉。比如陈老师一篇课文教了六次,六个班的学生都不一样。通过这样的磨课,相信陈老师能够深深体会到真正了解学生并不容易,"因材施教"这简单的四个字需要我们用一生去领悟。所以,磨课是对教育智慧的一种内化。

楼磊:我感觉,磨课最终磨的是个性,是特色,是自我。有一次我要执教公开课,课前请教一位专家,他所说的方法我觉得不错;我又找另外一位专家,他说的方法我感觉也很好。我们当时的教导主任楼屹兰老师跟我说:"你有没有静下心来把两个专家的意见好好思考过?不要这个专家这么说你就这么做,那个专家那么说你就那么做。你应该学会取舍,把你认为适合你自己的东西拿来,不适合的东西丢掉。"所以我觉得,不是和专家一起磨课就一定要全部听专家的,不适合你的东西一定要丢掉,在磨课中一定要保持自我。还有,一堂课不要追求样样精彩,要舍得放弃,能够有一两个亮点就不错了。

李振村:是的,就像天空中只能有一个太阳,多了就变成灾难了一样,不要无限度地追求课堂亮点。

任一平:刚才大家讲的都是个人磨课,我们教研组一般都是集体磨课。我们先集体一起备课,然后由一个老师上课,再推敲打磨,再由第二位老师去上课,这样不断地磨,不断地由不同的老师去实践。这样的方式,让成熟的教育智慧集体共享。尤其对年轻老师帮助很大。

徐蔚:我认为磨课最重要的是磨细节。规律是看不见摸不着的,规律都潜伏在细节里面。磨课要充分关注细节,才能逐渐接近教育教学的规律。

徐元昕:磨课有点功夫在课外的感觉。积累,包括平时理论上的积累十分重要。还有,平时要做一个有心人,将自己和其他老师一些好的教学环节、教学设计、教学灵感记录下来,积累多了,磨课的时候随时都能用上。

胡早娣:我们学校的磨课过程可以分为四个环节。首先是个人磨课,自己独立思考。第二,教研团队互磨,也就是集体磨课。第三个环节,邀请专家来引领磨课。第四个环节,做好理论提升,要求老师把磨课的成果写下来。

李振村:真好!这是磨课的四种方式,独磨、互磨、引磨、研磨。

磨课为什么会失败

董诞黎:有一个问题请大家思考。既然磨课过程中有这么多的引领,有这么多的该做、不该做,那会不会把我们的思维约束住?会不会越磨越细、越磨越精的同时,磨去了灵气和创意,磨得我们课堂上不敢越雷池一步?我们老师在磨课过程中要注意什么?

徐元昕:磨课不能迷信权威。专家往往有他自己的立场,有他自己的专业背景,他很容易忽略我们的存在。

李振村:这点很重要。因为教育智慧是一种实践智慧,必须靠自己通过实践去获得。磨课一定要从自我教学风格、专业积淀、个性气质出发往前走。所谓专家引领,只不过借助他们智慧的光芒,把我们前行的路照得更亮一些,而不是跟着他走,走到他的胡同道里。你跟着王崧舟走,你永远成不了王崧舟,学王崧舟只是死路。

还有一种情况,向大家请教,有的老师磨课下了很大功夫,但到了"战场"一亮相溃不成军。磨课为什么会失败?

董诞黎：很多时候，老师们磨课的重心几乎都在教材教法上，却忽略了学生。磨课最重要的是以学生为本，心中必须有学生。忽略了这一点，就很容易导致磨课的失败。

李振村：也就是说，老师在磨课的时候，你的每一个技巧、每一个环节、每一个方法都要指向学生。举个例子，你不能提前做好一套衣服带到课堂上，不管学生的身材大小就往上套，磨课是要准备好充分的布料、针线，到了课堂上，根据学生的身材现场量体裁衣。

董诞黎：是的。导致磨课失败还有一个原因，就是过于追求完美。因为磨课磨到最后，所有来帮助你的人，包括你自己在内，总希望把课设计得周全完美，设计得滴水不漏，但面面俱到的结果就是面面不到。

陈林玉：磨课最终并不是要体现我的设计有多好，环节有多妙，老师上得有多好，而是最终要看学生学得怎么样。

李振村：可以归纳四点，磨课不能迷信权威；磨课不是亮点的大拼盘；不能期望磨课解决所有的问题；磨课的最终效果要体现在学生的学习状态上。

董诞黎：其实所有的教到最后都是为了不教，我们磨课磨到最后，是为了让学生能自主地学习，也可以说磨课是为了“不磨”！

后　　记

教师是教育发展的第一资源，教师教育是教育事业的工作母机，是提升教育质量的动力源泉。转变培训模式，改进培训内容，紧密结合教育教学一线实际组织高质量的培训，一直是教师培训工作者的不懈追求。本人全身心投入县域中小学在职教师教育三十余载，对教师培训工作充满真挚热爱之情并乐此不疲，在基层培训工作实践中，经历了我国1992年以来的各周期(轮)中小学教师继续教育的探索与发展过程。

光阴荏苒。2006年正当新课改教师培训由通识走向学科的困惑之时，我从《人民教育》上看到江苏海安磨课的消息，如获至宝，学习考察、实践探索、交流分享，十年间把带领教师研课磨课作为自己钟爱的一项事业。能有机会以图书的方式对研课磨课进行实践总结和理论探索，要特别感谢国内外教师培训的专家和省、市、县教育行政领导，也真挚感谢清华大学教育扶贫办公室、河南省县级教师培训机构联盟、滑县教师进修学校的领导和同仁，尤为感谢同我一起投身研课磨课实践的研修团队和广大中小学教师。

本书编写过程中得到了中国教育科学研究院课程教学研究所所长郝志军研究员、成都师范大学陈大伟教授、重庆市北碚区教师进修学院朱福荣院长的悉心指导，同时参阅了许多专家的相关研究成果，特别是引用了我国教师培训工作者和中小学校的许多研修案例，该书的出版，也得到了河南大学出版社的大力专业支持，在此一并向他们致谢!

由于本人水平有限，对研课磨课的认识还处于肤浅阶段，书中的一些观点可能还有些稚嫩，体例和内容还有许多缺陷和不妥之处，诚请大家斧正。

郭文革

2017年12月于河南滑县西湖畔半坡居室

参考文献

1. 佐藤学.学习的快乐:走向对话.钟启泉译.北京:教育科学出版社,2004.11

2. 陈大伟.观课议课与课程建设.上海:华东师范大学出版社,2011.11

3. 朱福荣.送教下乡培训的理论与实践.重庆:西南师范大学出版社,2016.10

4. 余新.教师培训师专业修炼.北京:教育科学出版社,2012.9

5. 毛泽东.实践论.北京:人民出版社,1991.7

6. 顾泠沅,杨玉东.教师专业发展的校本行动研究.教育发展研究,2003,23(6):1~7

7. 张铁道.探索教师研修20年.中国教育科学,2015(1)

8. 郝志军.当代国外教学理论.北京:教育科学出版社,2012.1

9. 李方.教师培训管理工具箱.北京:高等教育出版社,2010.10

10. 陈永明.教师教育研究.上海:华东师范大学出版社,2003.1

11. 代蕊华.教师专业发展与校本培训.北京:教育科学出版社,2011.4

12. 朱永新.过一种幸福完整的教育生活:朱永新教育讲演录.上海:华东师范大学出版社,2008.8

13. 张向众,叶澜."新基础教育"研究手册.福州:福建教育出版社,2015.10

14. 胡庆芳.课例研究,我们一起来:中小学教师指南(第二版).北京:教育科学出版社,2014.4

15. 张铁道,吴正宪.团队研修的实践探索——来自吴正宪小学数学教师工作站的报告.北京:北京师范大学出版社,2012.9

16. 朱福荣.浇根式改善型教师培训.重庆:西南师范大学出版社,2016.10

17. 凤光宇."研训教一体"的实践研究.上海:上海教育出版社,2011.3

18. 张广君,徐继存.当代教学论文选.济南:山东教育出版社,2013.1

19. 王荣生.听王荣生教授评课.上海:华东师范大学出版社,2007.8

20. 钟启泉.读懂课堂.上海:华东师范大学出版社,2015.5

21. 项家庆,潘海燕.教师怎样上好公开课.北京:中国轻工业出版社,2007.5

22. 张彩云.中小学教师工作政策研究.北京:人民教育出版社,2015.3

23. 许新海.做新教育的行者.福州:福建教育出版社,2014.4

24. 汤立宏.校本研修专论——中小学教师人力资源开发与专业发展研究.北京:海洋出版社,2006.11

25. 李孔珍.教师教育课程不容忽视的内容:实践性课程.课程·教材·教法,2007(9):74~79

26. 王漫.教师培训项目中实践课程的设计.北京教育学院学报,2012,26(1):23~26